Fairy Tales

Bilingual Editi
English-Danish

Hans Christian Andersen

The tinder-box

A soldier came marching along the high road: "Left, right - left, right." He had his knapsack on his back, and a sword at his side; he had been to the wars, and was now returning home. As he walked on, he met a very frightful-looking old witch in the road. Her under-lip hung quite down on her breast, and she stopped and said, "Good evening, soldier; you have a very fine sword, and a large knapsack, and you are a real soldier; so you shall have as much money as ever you like."

"Thank you, old witch," said the soldier.

"Do you see that large tree," said the witch, pointing to a tree which stood beside them. "Well, it is quite hollow inside, and you must climb to the top, when you will see a hole, through which you can let yourself down into the tree to a great depth. I will tie a rope round your body, so that I can pull you up again when you call out to me."

"But what am I to do, down there in the tree?" asked the soldier.

"Get money," she replied; "for you must know that when you reach the ground under the tree, you will find yourself in a large hall, lighted up by three hundred lamps; you will then see three doors, which can be easily opened, for the keys

Fyrtøjet

Der kom en soldat marcherende hen ad landevejen: én, to! én, to! Han havde sit tornyster på ryggen og en sabel ved siden, for han havde været i krigen, og nu skulle han hjem. Så mødte han en gammel heks på landevejen; hun var så ækel, hendes underlæbe hang hende lige ned på brystet. Hun sagde: "God aften, soldat! Hvor du har en pæn sabel og et stort tornyster, du er en rigtig soldat! Nu skal du få så mange penge, du vil eje!"

"Tak skal du have, din gamle heks!" sagde soldaten.

"Kan du se det store træ?" sagde heksen, og pegede på et træ, der stod ved siden af dem. "Det er ganske hult inden i! Der skal du krybe op i toppen, så ser du et hul, som du kan lade dig glide igennem og komme dybt i træet! Jeg skal binde dig en strikke om livet, for at jeg kan hejse dig op igen, når du råber på mig!"

"Hvad skal jeg så nede i træet?" spurgte soldaten.

"Hente penge!" sagde heksen, "du skal vide, når du kommer ned på bunden af træet, så er du i en stor gang, der er ganske lyst, for der brænder over hundrede lamper. Så ser du tre døre, du kan lukke dem op, nøglen sidder i. Går du ind i

are in all the locks. On entering the first of the chambers, to which these doors lead, you will see a large chest, standing in the middle of the floor, and upon it a dog seated, with a pair of eyes as large as teacups. But you need not be at all afraid of him; I will give you my blue checked apron, which you must spread upon the floor, and then boldly seize hold of the dog, and place him upon it. You can then open the chest, and take from it as many pence as you please, they are only copper pence; but if you would rather have silver money, you must go into the second chamber. Here you will find another dog, with eyes as big as mill-wheels; but do not let that trouble you. Place him upon my apron, and then take what money you please. If, however, you like gold best, enter the third chamber, where there is another chest full of it. The dog who sits on this chest is very dreadful; his eyes are as big as a tower, but do not mind him. If he also is placed upon my apron, he cannot hurt you, and you may take from the chest what gold you will."

det første kammer, da ser du midt på gulvet en stor kiste, oven på den sidder en hund; han har et par øjne så store som et par tekopper, men det skal du ikke bryde dig om! Jeg giver dig mit blåternede forklæde, det kan du brede ud på gulvet; gå så rask hen og tag hunden, sæt ham på mit forklæde, luk kisten op og tag lige så mange skillinger, du vil. De er alle sammen af kobber, men vil du hellere have sølv, så skal du gå ind i det næste værelse, men der sidder en hund, der har et par øjne, så store, som et møllehjul, men det skal du ikke bryde dig om, sæt ham på mit forklæde og tag du af pengene! Vil du derimod have guld, det kan du også få, og det så meget, du vil bære, når du går ind i det tredje kammer. Men hunden, som sidder på pengekisten, har her to øjne, hvert så stort som Rundetårn. Det er en rigtig hund, kan du tro! Men det skal du ikke bryde dig noget om! Sæt ham bare på mit forklæde, så gør han dig ikke noget, og tag du af kisten så meget guld, du vil!"

"This is not a bad story," said the soldier; "but what am I to give you, you old witch? For, of course, you do not mean to tell me all this for nothing."

"Det var ikke så galt" sagde soldaten. "Men hvad skal jeg give dig, din gamle heks? For noget vil du vel have med, kan jeg tænke!"

"No," said the witch; "but I do not

"Nej" sagde heksen, "ikke en

ask for a single penny. Only promise to bring me an old tinder-box, which my grandmother left behind the last time she went down there."

eneste skilling vil jeg have! Du skal bare tage til mig et gammelt fyrtøj, som min bedstemoder glemte, da hun sidst var dernede!"

"Very well; I promise. Now tie the rope round my body."

"Nå! Lad mig få strikken om livet!" sagde soldaten.

"Here it is," replied the witch; "and here is my blue checked apron."

"Her er den!" sagde heksen, "og her er mit blåternede forklæde."

As soon as the rope was tied, the soldier climbed up the tree, and let himself down through the hollow to the ground beneath; and here he found, as the witch had told him, a large hall, in which many hundred lamps were all burning.

Så krøb soldaten op i træet, lod sig dumpe ned i hullet og stod nu, som heksen sagde, nede i den store gang, hvor de mange hundrede lamper brændte.

Then he opened the first door. "Ah!" there sat the dog, with the eyes as large as teacups, staring at him.

Nu lukkede han den første dør op. Uh! Dér sad hunden med øjnene, så store som tekopper og gloede på ham.

"You're a pretty fellow," said the soldier, seizing him, and placing him on the witch's apron, while he filled his pockets from the chest with as many pieces as they would hold. Then he closed the lid, seated the dog upon it again, and walked into another chamber, and, sure enough, there sat the dog with eyes as big as mill-wheels.

"Du er en net fyr!" sagde soldaten, satte ham på heksens forklæde og tog lige så mange kobberskillinger, han kunne have i sin lomme, lukkede så kisten, satte hunden op igen og gik ind i det andet værelse. Eja! Dér sad hunden med øjne så store, som et møllehjul.

"You had better not look at me in that way," said the soldier; "you will make your eyes water;" and then he seated him also upon the apron, and opened the chest. But when he saw what a quantity of

"Du skulle ikke se så meget på mig!" sagde soldaten, "du kunne få ondt i øjnene!" Og så satte han hunden på heksens forklæde, men da han så de mange sølvpenge i kisten, smed han alle de

silver money it contained, he very quickly threw away all the coppers he had taken, and filled his pockets and his knapsack with nothing but silver. Then he went into the third room, and there the dog was really hideous; his eyes were, truly, as big as towers, and they turned round and round in his head like wheels.

"Good morning," said the soldier, touching his cap, for he had never seen such a dog in his life. But after looking at him more closely, he thought he had been civil enough, so he placed him on the floor, and opened the chest. Good gracious, what a quantity of gold there was! enough to buy all the sugar-sticks of the sweet-stuff women; all the tin soldiers, whips, and rocking-horses in the world, or even the whole town itself There was, indeed, an immense quantity. So the soldier now threw away all the silver money he had taken, and filled his pockets and his knapsack with gold instead; and not only his pockets and his knapsack, but even his cap and boots, so that he could scarcely walk. He was really rich now; so he replaced the dog on the chest, closed the door, and called up through the tree: "Now pull me out, you old witch."

"Have you got the tinder-box?" asked the witch.

"No; I declare I quite forgot it." So he went back and fetched the

kobberpenge han havde, og fyldte lommen og sit tornyster med det bare sølv. Nu gik han ind i det tredje kammer! nej det var ækelt! Hunden derinde havde virkeligt to øjne så store som Rundetårn! Og de løb rundt i hovedet, ligesom hjul!

"God aften!" sagde soldaten og tog til kasketten, for sådan en hund havde han aldrig set før; men da han nu så lidt på ham, tænkte han, nu kan det jo være nok, løftede ham ned på gulvet og lukkede kisten op, nej gudbevares! Hvor der var meget guld! Han kunne købe for det hele København og kagekonernes sukkergrise, alle tinsoldater, piske og gyngeheste, der var i verden! Jo der var rigtignok penge! Nu kastede soldaten alle de sølvskillinger, han havde fyldt sine lommer og sit tornyster med, og tog guld i stedet, ja alle lommerne, tornystret, kasketten og støvlerne, blev fyldte, så han knap kunne gå! Nu havde han penge! Hunden satte han op på kisten, slog døren i og råbte så op igennem træet: "Hejs mig nu op, du gamle heks!"

"Har du fyrtøjet med?" spurgte heksen!

"Det er sandt!" sagde soldaten, "det havde jeg rent glemt," og nu

tinderbox, and then the witch drew him up out of the tree, and he stood again in the high road, with his pockets, his knapsack, his cap, and his boots full of gold.

gik han og tog det. Heksen hejsede ham op, og så stod han igen på landevejen, med lommer, støvler, tornyster og kasket fulde af penge.

"What are you going to do with the tinder-box?" asked the soldier.

"Hvad vil du nu med det fyrtøj," spurgte soldaten.

"That is nothing to you," replied the witch; "you have the money, now give me thc tinder-box."

"Det kommer ikke dig ved!" sagde heksen, "nu har du jo fået penge! Giv mig bare fyrtøjet!"

"I tell you what," said the soldier, "if you don't tell me what you are going to do with it, I will draw my sword and cut off your head."

"Snik snak!" sagde soldaten, "vil du straks sige mig, hvad du vil med det, eller jeg trækker min sabel ud og hugger dit hoved af!"

"No," said the witch.

"Nej," sagde heksen.

The soldier immediately cut off her head, and there she lay on the ground. Then he tied up all his money in her apron, and slung it on his back like a bundle, put the tinderbox in his pocket, and walked off to the nearest town.

Så huggede soldaten hovedet af hende. Der lå hun! Men han bandt alle sine penge ind i hendes forklæde, tog det som en bylt på ryggen, puttede fyrtøjet i lommen og gik lige til byen.

It was a very nice town, and he put up at the best inn, and ordered a dinner of all his favourite dishes, for now he was rich and had plenty of money.

Det var en dejlig by, og i det dejligste værtshus tog han ind, forlangte de allerbedste værelser og mad, som han holdt af, for nu var han rig da han havde så mange penge.

The servant, who cleaned his boots, thought they certainly were a shabby pair to be worn by such a rich gentleman, for he had not yet bought any new ones. The next day, however, he procured some good clothes and proper boots, so

Tjeneren, som skulle pudse hans støvler, syntes rigtignok, det var nogle løjerlige gamle støvler, sådan en rig herre havde, men han havde ikke endnu købt sig nye; næste dag fik han støvler at gå med, og klæder som var pæne! Nu var

that our soldier soon became known as a fine gentleman, and the people visited him, and told him all the wonders that were to be seen in the town, and of the king's beautiful daughter, the princess.

soldaten blevet en fornem herre, og de fortalte ham om al den stads, som var i deres by, og om deres konge, og hvilken nydelig prinsesse hans datter var.

"Where can I see her?" asked the soldier.

"Hvor kan man få hende at se?" spurgte soldaten.

"She is not to be seen at all," they said; "she lives in a large copper castle, surrounded by walls and towers. No one but the king himself can pass in or out, for there has been a prophecy that she will marry a common soldier, and the king cannot bear to think of such a marriage."

"Hun er slet ikke til at få at se!" sagde de alle sammen, "hun bor i et stort kobberslot, med så mange mure og tårne om! Ingen uden kongen tør gå ud og ind til hende, fordi der er spået, at hun skal blive gift med en ganske simpel soldat, og det kan kongen ikke lide!"

"I should like very much to see her," thought the soldier; but he could not obtain permission to do so.

"Hende gad jeg nok se!," tænkte soldaten, men det kunne han jo slet ikke få lov til!

However, he passed a very pleasant time; went to the theatre, drove in the king's garden, and gave a great deal of money to the poor, which was very good of him; he remembered what it had been in olden times to be without a shilling. Now he was rich, had fine clothes, and many friends, who all declared he was a fine fellow and a real gentleman, and all this gratified him exceedingly. But his money would not last forever; and as he spent and gave away a great deal daily, and received none, he found himself at last with only two

Nu levede han så lystig, tog på komedie, kørte i Kongens Have og gav de fattige så mange penge og det var smukt gjort! Han vidste nok fra gamle dage, hvor slemt det var ikke at eje en skilling! han var nu rig, havde pæne klæder, og fik da så mange venner, der alle sagde, han var en rar en, en rigtig kavaler, og det kunne soldaten godt lide! Men da han hver dag gav penge ud, og fik slet ingen ind igen, så havde han til sidst ikke mere end to skillinger tilbage og måtte flytte bort fra de smukke værelser, hvor han havde boet, og op på et lille

shillings left. So he was obliged to leave his elegant rooms, and live in a little garret under the roof, where he had to clean his own boots, and even mend them with a large needle. None of his friends came to see him, there were too many stairs to mount up.

bitte kammer, helt inde under taget, selv børste sine støvler og sy på dem med en stoppenål, og ingen af hans venner kom til ham, for der var så mange trapper at gå op ad.

One dark evening, he had not even a penny to buy a candle; then all at once he remembered that there was a piece of candle stuck in the tinder-box, which he had brought from the old tree, into which the witch had helped him. He found the tinder-box, but no sooner had he struck a few sparks from the flint and steel, than the door flew open and the dog with eyes as big as teacups, whom he had seen while down in the tree, stood before him, and said, "What orders, master?"

Det var ganske mørk aften, og han kunne ikke engang købe sig et lys, men så huskede han på, at der lå en lille stump i det fyrtøj, han havde taget i det hule træ, hvor heksen havde hjulpet ham ned. Han fik fyrtøjet og lysestumpen frem, men lige i det han slog ild og gnisterne fløj fra flintestenen, sprang døren op, og hunden, der havde øjne så store, som et par tekopper, og som han havde set nede under træet, stod foran ham og sagde: "Hvad befaler min herre!"

"Hallo," said the soldier; "well this is a pleasant tinderbox, if it brings me all I wish for." - "Bring me some money," said he to the dog. He was gone in a moment, and presently returned, carrying a large bag of coppers in his month.

"Hvad for noget!" sagde soldaten, "det var jo et morsomt fyrtøj, kan jeg således få, hvad jeg vil have! Skaf mig nogle penge," sagde han til hunden, og vips var den borte! Vips var den igen, og holdt en stor pose fuld af skillinger i sin mund.

The soldier very soon discovered after this the value of the tinder-box. If he struck the flint once, the dog who sat on the chest of copper money made his appearance; if twice, the dog came from the chest of silver; and if three times, the dog with eyes like towers, who

Nu vidste soldaten, hvad det var for et dejligt fyrtøj! Slog han én gang, kom hunden der sad på kisten med kobberpengene, slog han to gange, kom den, som havde sølvpenge, og slog han tre gange, kom den, der havde guld. Nu flyttede soldaten ned i de smukke

watched over the gold. The soldier had now plenty of money; he returned to his elegant rooms, and reappeared in his fine clothes, so that his friends knew him again directly, and made as much of him as before.

værelser igen, kom i de gode klæder, og så kendte straks alle hans venner ham, og de holdt så meget af ham.

After a while he began to think it was very strange that no one could get a look at the princess. "Every one says she is very beautiful," thought he to himself; "but what is the use of that if she is to be shut up in a copper castle surrounded by so many towers. Can I by any means get to see her. Stop! where is my tinder-box?" Then he struck a light, and in a moment the dog, with eyes as big as teacups, stood before him.

Så tænkte han engang: Det er dog noget løjerligt noget, at man ikke må få den prinsesse at se! Hun skal være så dejlig, siger de alle sammen! Men hvad kan det hjælpe, når hun skal alle tider sidde inde i det store kobberslot med de mange tårne. Kan jeg da slet ikke få hende at se? Hvor er nu mit fyrtøj! Og så slog han ild, og vips kom hunden med øjne så store, som tekopper.

"It is midnight," said the soldier, "yet I should very much like to see the princess, if only for a moment."

"Det er rigtignok midt på natten," sagde soldaten, "men jeg ville så inderlig gerne se prinsessen, bare et lille øjeblik!"

The dog disappeared instantly, and before the soldier could even look round, he returned with the princess. She was lying on the dog's back asleep, and looked so lovely, that every one who saw her would know she was a real princess. The soldier could not help kissing her, true soldier as he was.

Hunden var straks ude af døren, og før soldaten tænkte på det, så han ham igen med prinsessen, hun sad og sov på hundens ryg og var så dejlig, at enhver kunne se, det var en virkelig prinsesse; soldaten kunne slet ikke lade være, han måtte kysse hende, for det var en rigtig soldat.

Then the dog ran back with the princess; but in the morning, while at breakfast with the king and

Hunden løb så tilbage igen med prinsessen, men da det blev morgen, og kongen og dronningen

queen, she told them what a singular dream she had had during the night, of a dog and a soldier, that she had ridden on the dog's back, and been kissed by the soldier.

skænkede te, sagde prinsessen, hun havde drømt sådan en underlig drøm i nat om en hund og en soldat. Hun havde redet på hunden, og soldaten havde kysset hende.

"That is a very pretty story, indeed," said the queen.

"Det var såmænd en pæn historie!" sagde dronningen.

So the next night one of the old ladies of the court was set to watch by the princess's bed, to discover whether it really was a dream, or what else it might be.

Nu skulle en af de gamle hofdamer våge ved prinsessens seng næste nat, for at se, om det var en virkelig drøm, eller hvad det kunne være.

The soldier longed very much to see the princess once more, so he sent for the dog again in the night to fetch her, and to run with her as fast as ever he could. But the old lady put on water boots, and ran after him as quickly as he did, and found that he carried the princess into a large house. She thought it would help her to remember the place if she made a large cross on the door with a piece of chalk. Then she went home to bed, and the dog presently returned with the princess. But when he saw that a cross had been made on the door of the house, where the soldier lived, he took another piece of chalk and made crosses on all the doors in the town, so that the lady-in-waiting might not be able to find out the right door.

Soldaten længtes så forskrækkelig efter igen at se den dejlige prinsesse, og så kom da hunden om natten, tog hende og løb alt hvad den kunne, men den gamle hofdame tog vandstøvler på, og løb lige så stærkt bagefter; da hun nu så, at de blev borte inde i et stort hus, tænkte hun, nu ved jeg hvor det er, og skrev med et stykke kridt et stort kors på porten. Så gik hun hjem og lagde sig, og hunden kom også igen med prinsessen; men da han så, at der var skrevet et kors på porten, hvor soldaten boede, tog han også et stykke kridt og satte kors på alle portene i hele byen, og det var klogt gjort, for nu kunne jo hofdamen ikke finde den rigtige port, når der var kors på dem alle sammen.

Early the next morning the king and queen accompanied the lady

Om morgnen tidlig kom kongen og dronningen, den gamle

and all the officers of the household, to see where the princess had been.

hofdame og alle officererne for at se, hvor det var, prinsessen havde været!

"Here it is," said the king, when they came to the first door with a cross on it.

"Dér er det!" sagde kongen, da han så den første port med et kors på.

"No, my dear husband, it must be that one," said the queen, pointing to a second door having a cross also.

"Nej dér er det, min søde mand!" sagde dronningen, der så den anden port med kors på.

"And here is one, and there is another!" they all exclaimed; for there were crosses on all the doors in every direction. So they felt it would be useless to search any farther.

"Men dér er ét og dér er ét!" sagde de alle sammen; hvor de så, var der kors på portene. Så kunne de da nok se, det kunne ikke hjælpe noget at de søgte.

But the queen was a very clever woman; she could do a great deal more than merely ride in a carriage. She took her large gold scissors, cut a piece of silk into squares, and made a neat little bag. This bag she filled with buckwheat flour, and tied it round the princess's neck; and then she cut a small hole in the bag, so that the flour might be scattered on the ground as the princess went along.

Men dronningen var nu en meget klog kone, der kunne mere, end at køre i karet. Hun tog sin store guldsaks, klippede et stort stykke silketøj i stykker, og syede så en lille nydelig pose; den fyldte hun med små, fine boghvedegryn, bandt den på ryggen af prinsessen, og da det var gjort, klippede hun et lille hul på posen, så grynene kunne drysse hele vejen, hvor prinsessen kom.

During the night, the dog came again and carried the princess on his back, and ran with her to the soldier, who loved her very much, and wished that he had been a prince, so that he might have her for a wife.

Om natten kom da hunden igen, tog prinsessen på sin ryg, og løb med hende hen til soldaten, der holdt så meget af hende, og ville så gerne have været en prins, for at få hende til kone.

The dog did not observe how the

Hunden mærkede slet ikke,

flour ran out of the bag all the way from the castle wall to the soldier's house, and even up to the window, where he had climbed with the princess. Therefore in the morning the king and queen found out where their daughter had been, and the soldier was taken up and put in prison.

hvorledes grynene dryssede lige henne fra slottet og til soldatens vindue, hvor han løb op ad muren med prinsessen. Om morgnen så da kongen og dronningen nok hvor deres datter havde været henne, og så tog de soldaten og satte ham i kachotten.

Oh, how dark and disagreeable it was as he sat there, and the people said to him, "To-morrow you will be hanged." It was not very pleasant news, and besides, he had left the tinder-box at the inn. In the morning he could see through the iron grating of the little window how the people were hastening out of the town to see him hanged; he heard the drums beating, and saw the soldiers marching. Every one ran out to look at them, and a shoemaker's boy, with a leather apron and slippers on, galloped by so fast, that one of his slippers flew off and struck against the wall where the soldier sat looking through the iron grating.

Der sad han. Uh, hvor der var mørkt og kedeligt, og så sagde de til ham: I morgen skal du hænges. Det var ikke morsomt at høre, og sit fyrtøj havde han glemt hjemme på værtshuset. Om morgnen kunne han mellem jernstængerne i det lille vindue se folk skynde sig ud af byen, for at se ham blive hængt. Han hørte trommerne og så soldaterne marchere. Alle mennesker løb af sted; der var også en skomagerdreng med skødskind og tøfler på, han travede sådan i galop, at hans ene tøffel fløj af og lige hen mod muren hvor soldaten sad og kiggede ud mellem jernstængerne.

"Hallo, you shoemaker's boy, you need not be in such a hurry," cried the soldier to him. "There will be nothing to see till I come; but if you will run to the house where I have been living, and bring me my tinder-box, you shall have four shillings, but you must put your best foot foremost." The

"Ej, du skomagerdreng! Du skal ikke have sådant et hastværk," sagde soldaten til ham, "der bliver ikke noget af, før jeg kommer! Men vil du ikke løbe hen, hvor jeg har boet, og hente mig mit fyrtøj, så skal du få fire skilling! Men du må tage benene med dig!" Skomagerdrengen ville gerne have

shoemaker's boy liked the idea of getting the four shillings, so he ran very fast and fetched the tinder-box, and gave it to the soldier. And now we shall see what happened.

de fire skilling, og pilede af sted hen efter fyrtøjet, gav soldaten det, og ja nu skal vi få at høre!

Outside the town a large gibbet had been erected, round which stood the soldiers and several thousands of people. The king and the queen sat on splendid thrones opposite to the judges and the whole council.

Uden for byen var der muret en stor galge, rundt om stod soldaterne og mange hundrede tusinde mennesker. Kongen og dronningen sad på en dejlig trone lige over for dommeren og det hele råd.

The soldier already stood on the ladder; but as they were about to place the rope around his neck, he said that an innocent request was often granted to a poor criminal before he suffered death. He wished very much to smoke a pipe, as it would be the last pipe he should ever smoke in the world.

Soldaten stod allerede oppe på stigen, men da de ville slå strikken om hans hals, sagde han, at man jo altid tillod en synder før han udstod sin straf, at få et uskyldigt ønske opfyldt. Han ville så gerne ryge en pibe tobak, det var jo den sidste pibe han fik i denne verden.

The king could not refuse this request, so the soldier took his tinder-box, and struck fire, once, twice, thrice, and there in a moment stood all the dogs; the one with eyes as big as teacups, the one with eyes as large as mill-wheels, and the third, whose eyes were like towers.

Det ville nu kongen ikke sige nej til, og så tog soldaten sit fyrtøj og slog ild, én, to, tre! Og der stod alle hundene, den med øjne så store som tekopper, den med øjne som et møllehjul og den, der havde øjne så store som Rundetårn!

"Help me now, that I may not be hanged," cried the soldier. And the dogs fell upon the judges and all the councillors; seized one by the legs, and another by the nose, and tossed them many feet high in the air, so that they fell down and were

"Hjælp mig nu, at jeg ikke bliver hængt!" sagde soldaten, og så før hundene ind på dommerne og hele rådet, tog en ved benene og en ved næsen og kastede dem mange favne op i vejret, så de faldt ned og sloges rent i stykker.

dashed to pieces.

"I will not be touched," said the king. But the largest dog seized him, as well as the queen, and threw them after the others. Then the soldiers and all the people were afraid, and cried, "Good soldier, you shall be our king, and you shall marry the beautiful princess."

"Jeg vil ikke!" sagde kongen, men den største hund tog både ham og dronningen, og kastede dem bag efter alle de andre; da blev soldaterne forskrækkede og alle folkene råbte: "Lille soldat, du skal være vor konge og have den dejlige prinsesse!"

So they placed the soldier in the king's carriage, and the three dogs ran on in front and cried "Hurrah!" and the little boys whistled through their fingers, and the soldiers presented arms. The princess came out of the copper castle, and became queen, which was very pleasing to her. The wedding festivities lasted a whole week, and the dogs sat at the table, and stared with all their eyes.

Så satte de soldaten i kongens karet, og alle tre hunde dansede foran og råbte "hurra!" Og drengene peb i fingrene og soldaterne præsenterede. Prinsessen kom ud af kobberslottet og blev dronning, og det kunne hun godt lide! Brylluppet varede i otte dage, og hundene sad med til bords og gjorde store øjne.

The princess and the pea

Prinsessen på ærten

Once upon a time there was a prince who wanted to marry a princess; but she woul have to be a real princess. He travelled all over the world to find one, but nowhere could he get what he wanted. There were princesses enough, but it was difficult to find out whether they were real ones. There was always something about them that was not as it should be. So he came home again and was sad, for he would have liked very much to have a real princess.

Der var engang en prins; han ville have sig en prinsesse, men det skulle være en rigtig prinsesse. Så rejste han hele verden rundt, for at finde sådan en, men alle vegne var der noget i vejen, prinsesser var der nok af, men om det var rigtige prinsesser, kunne han ikke ganske komme efter, altid var der noget, som ikke var så rigtigt. Så kom han da hjem igen og var så bedrøvet, for han ville så gerne have en virkelig prinsesse.

One evening a terrible storm came

En aften blev det da et frygteligt

on; there was thunder and lightning, and the rain poured down in torrents. Suddenly a knocking was heard at the city gate, and the old king went to open it.

vejr; det lynede og tordnede, regnen skyllede ned, det var ganske forskrækkeligt! Så bankede det på byens port, og den gamle konge gik hen at lukke op.

It was a princess standing out there in front of the gate. But, good gracious! what a sight the rain and the wind had made her look. The water ran down from her hair and clothes; it ran down into the toes of her shoes and out again at the heels. And yet she said that she was a real princess.

Det var en prinsesse, som stod udenfor. Men gud hvor hun så ud af regnen og det onde vejr! Vandet løb ned af hendes hår og hendes klæder, og det løb ind af næsen på skoen og ud af hælen, og så sagde hun, at hun var en virkelig prinsesse.

"Well, we'll soon find that out," thought the old queen. But she said nothing, went into the bed-room, took all the bedding off the bedstead, and laid a pea on the bottom; then she took twenty mattresses and laid them on the pea, and then twenty eider-down beds on top of the mattresses.

"Ja, det skal vi nok få at vide!" tænkte den gamle dronning, men hun sagde ikke noget, gik ind i sovekamret, tog alle sengeklæderne af og lagde en ært på bunden af sengen, derpå tog hun tyve madrasser, lagde dem oven på ærten, og så endnu tyve edderdunsdyner oven på madrasserne.

On this the princess had to lie all night.

Dér skulle nu prinsessen ligge om natten.

In the morning she was asked how she had slept.

Om morgnen spurgte de hende, hvorledes hun havde sovet.

"Oh, very badly!" said she. "I have scarcely closed my eyes all night. Heaven only knows what was in the bed, but I was lying on something hard, so that I am black and blue all over my body. It's horrible!"

"Oh forskrækkeligt slet!" sagde prinsessen, "jeg har næsten ikke lukket mine øjne den hele nat! Gud ved, hvad der har været i sengen? Jeg har ligget på noget hårdt, så jeg er ganske brun og blå over min hele krop! det er ganske forskrækkeligt!"

Now they knew that she was a real princess because she had felt the pea right through the twenty mattresses and the twenty eider-down beds. Nobody but a real princess could be as sensitive as that.

Så kunne de se, at det var en rigtig prinsesse, da hun gennem de tyve madrasser og de tyve edderdunsdyner havde mærket ærten. Så ømskindet kunne der ingen være, uden en virkelig prinsesse.

So the prince took her for his wife, for now he knew that he had a real princess; and the pea was put in the museum, where it may still be seen, if no one has stolen it.

Prinsen tog hende da til kone, for nu vidste han, at han havde en rigtig prinsesse, og ærten kom på Kunstkammeret, hvor den endnu er at se, dersom ingen har taget den.

There, that is a true story.

Se, det var en rigtig historie!

Little Ida's flowers

Den lille Idas blomster

"My poor flowers are quite dead," said little Ida, "they were so pretty yesterday evening, and now all the leaves are hanging down quite withered. What do they do that for," she asked, of the student who sat on the sofa; she liked him very much, he could tell the most amusing stories, and cut out the prettiest pictures; hearts, and ladies dancing, castles with doors that opened, as well as flowers; he was a delightful student. "Why do the flowers look so faded to-day?" she asked again, and pointed to her nosegay, which was quite withered.

"Mine stakkels blomster er ganske døde!" sagde den lille Ida. "De var så smukke i aftes, og nu hænger alle bladene visne! Hvorfor gør de det?" spurgte hun studenten, der sad i sofaen; for ham holdt hun så meget af, han kunne de allerdejligste historier og klippede sådanne morsomme billeder: hjerter med små madammer i, der dansede; blomster og store slotte, hvor dørene kunne lukkes op; det var en lystig student! "Hvorfor ser blomsterne så dårlige ud i dag?" spurgte hun igen, og viste ham en hel buket, der var ganske vissen.

"Don't you know what is the matter with them?" said the student. "The flowers were at a ball last night, and therefore, it is no wonder they hang their heads."

"Ja ved du, hvad de fejler!" sagde studenten. "Blomsterne har været på bal i nat, og derfor hænger de med hovedet!"

"But flowers cannot dance?" cried little Ida.

"Men blomsterne kan jo ikke danse!" sagde den lille Ida.

"Yes indeed, they can," replied the student. "When it grows dark, and everybody is asleep, they jump about quite merrily. They have a ball almost every night."

"Jo," sagde studenten, "når det bliver mørkt og vi andre sover, så springer de lystigt omkring; næsten hver evige nat har de bal!"

"Can children go to these balls?"

"Kan der ingen børn komme med på det bal?"

"Yes," said the student, "little daisies and lilies of the valley."

"Jo," sagde studenten, "småbitte gåseurter og liljekonvaller!"

"Where do the beautiful flowers dance?" asked little Ida. "Have you not often seen the large castle outside the gates of the town, where the king lives in summer, and where the beautiful garden is full of flowers? And have you not fed the swans with bread when they swam towards you? Well, the flowers have capital balls there, believe me."

"Hvor danser de pæneste blomster," spurgte lille Ida. "Har du ikke tit været ude af porten ved det store slot, hvor kongen bor om sommeren, hvor den dejlige have er med de mange blomster? Du har jo set svanerne, der svømmer hen til dig, når du vil give dem brødkrummer. Derude er rigtigt bal, kan du tro!"

"I was in the garden out there yesterday with my mother," said Ida, "but all the leaves were off the trees, and there was not a single flower left. Where are they? I used to see so many in the summer."

"Jeg var der ude i haven i går med min moder!" sagde Ida, "men alle bladene var af træerne, og der var slet ingen blomster mere! hvor er de? I sommer så jeg så mange!"

"They are in the castle," replied the student. "You must know that as soon as the king and all the court are gone into the town, the flowers run out of the garden into the castle, and you should see how merry they are. The two most beautiful roses seat themselves on

"De er inde på slottet!" sagde studenten. "Du må vide, at lige så snart kongen og alle hoffolkene flytter herind til byen, så løber blomsterne straks fra haven op på slottet og er lystige. Det skulle du se! De to allersmukkeste roser sætter sig på tronen, og så er de

the throne, and are called the king and queen, then all the red cockscombs range themselves on each side, and bow, these are the lords-in-waiting. After that the pretty flowers come in, and there is a grand ball. The blue violets represent little naval cadets, and dance with hyacinths and crocuses which they call young ladies. The tulips and tiger-lilies are the old ladies who sit and watch the dancing, so that everything may be conducted with order and propriety."

konge og dronning. Alle de røde hanekamme stiller sig op ved siden, og står og bukker, de er kammerjunkere. Så kommer alle de nydeligste blomster, og så er der stort bal, de blå violer forestiller små søkadetter, de danser med hyacinter og krokus, som de kalder frøkener! Tulipanerne og de store gule liljer, det er gamle fruer, de passer på, at der bliver danset net, og at det går pænt til!"

"But," said little Ida, "is there no one there to hurt the flowers for dancing in the king's castle?"

"Men," spurgte lille Ida, "er der ingen, som gør blomsterne noget, fordi de danser på kongens slot?"

"No one knows anything about it," said the student. "The old steward of the castle, who has to watch there at night, sometimes comes in; but he carries a great bunch of keys, and as soon as the flowers hear the keys rattle, they run and hide themselves behind the long curtains, and stand quite still, just peeping their heads out. Then the old steward says, 'I smell flowers here,' but he cannot see them."

"Der er ingen, som rigtigt ved af det!" sagde studenten, "sommetider, om natten, kommer rigtignok den gamle slotsforvalter, der skal passe på der ude, han har et stort knippe nøgler med sig, men så snart blomsterne hører nøglerne rasle, så bliver de ganske stille, skjuler sig bag ved de lange gardiner og stikker hovedet frem. 'Jeg kan lugte, her er nogle blomster inde,' siger den gamle slotsforvalter, men han kan ikke se dem."

"Oh how capital," said little Ida, clapping her hands. "Should I be able to see these flowers?"

"Det er morsomt!" sagde den lille Ida og klappede i hænderne. "Men kunne jeg heller ikke se blomsterne?"

"Yes," said the student, "mind you

"Jo," sagde studenten, "husk bare

think of it the next time you go out, no doubt you will see them, if you peep through the window. I did so to-day, and I saw a long yellow lily lying stretched out on the sofa. She was a court lady."

på, når du kommer der ud igen, at kigge ind af vinduet, så ser du dem nok. Det gjorde jeg i dag, der lå en lang gul påskelilje i sofaen og strakte sig, det var en hofdame!"

"Can the flowers from the Botanical Gardens go to these balls?" asked Ida. "It is such a distance!"

"Kan også blomsterne i den botaniske have komme der ud? Kan de komme den lange vej?"

"Oh yes," said the student "whenever they like, for they can fly. Have you not seen those beautiful red, white, and yellow butterflies, that look like flowers? They were flowers once. They have flown off their stalks into the air, and flap their leaves as if they were little wings to make them fly. Then, if they behave well, they obtain permission to fly about during the day, instead of being obliged to sit still on their stems at home, and so in time their leaves become real wings. It may be, however, that the flowers in the Botanical Gardens have never been to the king's palace, and, therefore, they know nothing of the merry doings at night, which take place there. I will tell you what to do, and the botanical professor, who lives close by here, will be so surprised. You know him very well, do you not? Well, next time you go into his garden, you must tell one of the flowers that there is going to be a grand ball at the castle, then that

"Ja, det kan du tro!" sagde studenten, "for når de vil, så kan de flyve. Har du ikke nok set de smukke sommerfugle, de røde, gule og hvide, de ser næsten ud som blomster, det har de også været, de er sprunget af stilken højt op i luften, og har da slået med bladene, ligesom de var små vinger, og så fløj de; og da de førte sig godt op, fik de lov at flyve om også ved dagen, skulle ikke hjem igen, og sidde stille på stilken, og så blev bladene til sidst til virkelige vinger. Det har du jo selv set! Det kan ellers gerne være, at blomsterne inde i den botaniske have aldrig har været ude på kongens slot, eller ved, at der er så lystigt der om natten. Nu skal jeg derfor sige dig noget! så vil han blive så forbavset, den botaniske professor, der bor ved siden af, Du kender ham jo nok? Når du kommer ind i hans have, skal du fortælle én af blomsterne, at der er stort bal ude på slottet, så siger den det igen til alle de andre, og da flyver de af

flower will tell all the others, and they will fly away to the castle as soon as possible. And when the professor walks into his garden, there will not be a single flower left. How he will wonder what has become of them!"

sted; kommer da professoren ud i haven, så er der ikke en eneste blomst, og han kan slet ikke forstå, hvor de er henne."

"But how can one flower tell another? Flowers cannot speak?"

"Men hvor kan blomsten fortælle det til de andre? Blomsterne kan jo ikke tale!"

"No, certainly not," replied the student; "but they can make signs. Have you not often seen that when the wind blows they nod at one another, and rustle all their green leaves?"

"Nej, det kan de rigtignok ikke!" svarede studenten; "men så gør de pantomime! Har du ikke nok set, at når det blæser lidt, så nikker blomsterne, og bevæger alle de grønne blade, det er lige så tydeligt, som om de talte!"

"Can the professor understand the signs?" asked Ida.

"Kan professoren da forstå pantomime?" spurgte Ida.

"Yes, to be sure he can. He went one morning into his garden, and saw a stinging nettle making signs with its leaves to a beautiful red carnation. It was saying, 'You are so pretty, I like you very much.' But the professor did not approve of such nonsense, so he clapped his hands on the nettle to stop it. Then the leaves, which are its fingers, stung him so sharply that he has never ventured to touch a nettle since."

"Ja, det kan du tro! Han kom en morgen ned i sin have og så en stor brændenælde stå at gøre pantomine med bladene til en dejlig rød nellike; den sagde, du er så nydelig og jeg holder så meget af dig! men sådan noget kan professoren nu slet ikke lide, og slog straks brændenælden over bladene, for de er dens fingre, men så brændte han sig, og fra den tid tør han aldrig røre ved en brændenælde."

"Oh how funny!" said Ida, and she laughed.

"Det var morsomt!" sagde den lille Ida og lo.

"How can anyone put such notions into a child's head?" said a tiresome

"Er det at bilde barnet sådan noget ind!" sagde den kedelige

lawyer, who had come to pay a visit, and sat on the sofa. He did not like the student, and would grumble when he saw him cutting out droll or amusing pictures. Sometimes it would be a man hanging on a gibbet and holding a heart in his hand as if he had been stealing hearts. Sometimes it was an old witch riding through the air on a broom and carrying her husband on her nose. But the lawyer did not like such jokes, and he would say as he had just said, "How can anyone put such nonsense into a child's head! what absurd fancies there are!"

kancelliråd, der var kommen i visit og sad i sofaen; han kunne slet ikke lide studenten og gnavede alle tider, når han så ham klippe de løjerlige, morsomme billeder: snart en mand, der hang i en galge og holdt et hjerte i hånden, for han var en hjertetyv, snart en gammel heks, der red på en kost og havde sin mand på næsen; det kunne kancellirāden ikke lide, og så sagde han, ligesom nu, "er det noget, at bilde barnet ind! det er den dumme fantasi!"

But to little Ida, all these stories which the student told her about the flowers, seemed very droll, and she thought over them a great deal. The flowers did hang their heads, because they had been dancing all night, and were very tired, and most likely they were ill. Then she took them into the room where a number of toys lay on a pretty little table, and the whole of the table drawer besides was full of beautiful things. Her doll Sophy lay in the doll's bed asleep, and little Ida said to her, "You must really get up Sophy, and be content to lie in the drawer to-night; the poor flowers are ill, and they must lie in your bed, then perhaps they will get well again." So she took the doll out, who looked quite cross, and said not a single word, for she was

Men den lille Ida syntes dog, det var så morsomt, hvad studenten fortalte om hendes blomster, og hun tænkte så meget derpå. Blomsterne hang med hovedet, fordi de var trætte af at danse hele natten, de var bestemt syge. Så gik hun med dem hen til alt sit andet legetøj, der stod på et pænt lille bord, og hele skuffen var fuld af stads. I dukkesengen lå hendes dukke, Sophie, og sov, men den lille Ida sagde til hende: "Du må virkelig stå op, Sophie, og tage til takke med at ligge i skuffen i nat, de stakkels blomster er syge, og så må de ligge i din seng, måske de da bliver raske!" og så tog hun dukken op, men den så så tvær ud og sagde ikke et eneste ord, for den var vred, fordi den ikke måtte beholde sin seng.

angry at being turned out of her bed.

Ida placed the flowers in the doll's bed, and drew the quilt over them. Then she told them to lie quite still and be good, while she made some tea for them, so that they might be quite well and able to get up the next morning. And she drew the curtains close round the little bed, so that the sun might not shine in their eyes.

Så lagde Ida blomsterne i dukkesengen, trak det lille tæppe helt op om dem og sagde, nu skulle de ligge smukt stille, så ville hun koge tevand til dem, at de kunne blive raske og komme op i morgen, og hun trak gardinerne tæt om den lille seng, for at solen ikke skulle skinne dem i øjnene.

During the whole evening she could not help thinking of what the student had told her. And before she went to bed herself, she was obliged to peep behind the curtains into the garden where all her mother's beautiful flowers grew, hyacinths and tulips, and many others. Then she whispered to them quite softly, "I know you are going to a ball to-night." But the flowers appeared as if they did not understand, and not a leaf moved; still Ida felt quite sure she knew all about it.

Hele aftnen igennem kunne hun ikke lade være at tænke på, hvad studenten havde fortalt hende, og da hun nu selv skulle i seng, måtte hun først hen bag gardinerne, der hang ned for vinduerne, hvor hendes moders dejlige blomster stod, både hyacinter og tulipaner, og så hviskede hun ganske sagte: Jeg ved nok, I skal på bal i nat! men blomsterne lod, som om de ingenting forstod og rørte ikke et blad, men lille Ida vidste nok, hvad hun vidste.

She lay awake a long time after she was in bed, thinking how pretty it must be to see all the beautiful flowers dancing in the king's garden. "I wonder if my flowers have really been there," she said to herself, and then she fell asleep. In the night she awoke; she had been dreaming of the flowers and of the student, as well as of the tiresome lawyer who found fault with him.

Da hun var kommet i seng, lå hun længe og tænkte på, hvor nydeligt det kunne være at se de dejlige blomster danse derude på kongens slot. "Mon mine blomster virkelig har været med?" Men så faldt hun i søvn. Ud på natten vågnede hun igen, hun havde drømt om blomsterne og studenten, som kancelliråden skændte på og sagde ville bilde hende noget ind. Der var

It was quite still in Ida's bedroom; the night-lamp burnt on the table, and her father and mother were asleep.

"I wonder if my flowers are still lying in Sophy's bed," she thought to herself; "how much I should like to know." She raised herself a little, and glanced at the door of the room where all her flowers and playthings lay; it was partly open, and as she listened, it seemed as if some one in the room was playing the piano, but softly and more prettily than she had ever before heard it.

"Now all the flowers are certainly dancing in there," she thought, "oh how much I should like to see them," but she did not dare move for fear of disturbing her father and mother. "If they would only come in here," she thought; but they did not come, and the music continued to play so beautifully, and was so pretty, that she could resist no longer. She crept out of her little bed, went softly to the door and looked into the room. Oh what a splendid sight there was to be sure!

There was no night-lamp burning, but the room appeared quite light, for the moon shone through the window upon the floor, and made it almost like day. All the hyacinths and tulips stood in two long rows down the room, not a single flower

ganske stille i sovekammeret, hvor Ida lå; natlampen brændte henne på bordet, og hendes fader og moder sov.

"Mon mine blomster nu ligger i Sophies seng?" sagde hun ved sig selv, "hvor jeg dog gerne ville vide det!" Hun rejste sig lidt og så hen til døren, der stod halv på klem, derinde lå blomsterne og alt hendes legetøj. Hun lyttede efter, og da var det ligesom om hun hørte, at der blev spillet på klaver inde i stuen, men ganske sagte, og så nydeligt, som hun aldrig før havde hørt det.

"Nu danser vist alle blomsterne derinde!" sagde hun, "oh Gud, hvor jeg dog gerne ville se det!" men hun turde ikke stå op, for så vækkede hun sin fader og moder. "Bare de dog ville komme herind," sagde hun; men blomsterne kom ikke og musikken vedblev at spille så nydeligt, da kunne hun slet ikke lade være, for det var alt for dejligt, hun krøb ud af sin lille seng og gik ganske sagte hen til døren og kiggede ind i stuen. Nej, hvor det var morsomt, hvad hun fik at se!

Der var slet ingen natlampe derinde, men alligevel ganske lyst, månen skinnede gennem vinduet midt ind på gulvet! det var næsten ligesom det kunne være dag. Alle hyacinterne og tulipanerne stod i to lange rækker på gulvet, der var slet

remained in the window, and the flower-pots were all empty. The flowers were dancing gracefully on the floor, making turns and holding each other by their long green leaves as they swung round. At the piano sat a large yellow lily which little Ida was sure she had seen in the summer, for she remembered the student saying she was very much like Miss Lina, one of Ida's friends. They all laughed at him then, but now it seemed to little Ida as if the tall, yellow flower was really like the young lady. She had just the same manners while playing, bending her long yellow face from side to side, and nodding in time to the beautiful music. Then she saw a large purple crocus jump into the middle of the table where the playthings stood, go up to the doll's bedstead and draw back the curtains; there lay the sick flowers, but they got up directly, and nodded to the others as a sign that they wished to dance with them. The old rough doll, with the broken mouth, stood up and bowed to the pretty flowers. They did not look ill at all now, but jumped about and were very merry, yet none of them noticed little Ida.

Presently it seemed as if something fell from the table. Ida looked that way, and saw a slight carnival rod jumping down among the flowers as if it belonged to them; it was,

ingen flere i vinduet, dér stod tomme potter, nede på gulvet dansede alle blomsterne så nydeligt rundt om hinanden, gjorde ordentlig kæde og holdt hverandre i de lange grønne blade, når de svingede rundt. Men henne ved klaveret sad en stor gul lilje, som lille Ida bestemt havde set i sommer, for hun huskede godt, studenten havde sagt: "Nej, hvor den ligner frøken Line!" men da lo de alle sammen af ham; men nu syntes virkelig Ida også, at den lange gule blomst lignede frøkenen, og den bar sig også ligesådan ad med at spille, snart lagde den sit aflange gule ansigt paa den ene side, snart på den anden, og nikkede takten til den dejlige musik! Slet ingen mærkede den lille Ida. Nu så hun en stor blå krokus hoppe midt op på bordet, hvor legetøjet stod, gå lige hen til dukkesengen og trække gardinerne til side, der lå de syge blomster, men de rejste sig straks op og nikkede ned til de andre at de også ville med at danse. Den gamle røgmand, som underlæben var brækket af, stod op og bukkede for de pæne blomster, de så slet ikke syge ud, de hoppede ned mellem de andre og var så fornøjede.

Det var ligesom om noget faldt ned af bordet, Ida så derhen, det var fastelavnsriset, der sprang ned, det syntes også, at det hørte med til blomsterne. Det var også meget

however, very smooth and neat, and a little wax doll with a broad brimmed hat on her head, like the one worn by the lawyer, sat upon it. The carnival rod hopped about among the flowers on its three red stilted feet, and stamped quite loud when it danced the Mazurka; the flowers could not perform this dance, they were too light to stamp in that manner.

All at once the wax doll which rode on the carnival rod seemed to grow larger and taller, and it turned round and said to the paper flowers, "How can you put such things in a child's head? they are all foolish fancies;" and then the doll was exactly like the lawyer with the broad brimmed hat, and looked as yellow and as cross as he did; but the paper dolls struck him on his thin legs, and he shrunk up again and became quite a little wax doll. This was very amusing, and Ida could not help laughing. The carnival rod went on dancing, and the lawyer was obliged to dance also. It was no use, he might make himself great and tall, or remain a little wax doll with a large black hat; still he must dance. Then at last the other flowers interceded for him, especially those who had lain in the doll's bed, and the carnival rod gave up his dancing. At the same moment a loud knocking was heard in the drawer, where Ida's doll Sophy lay with

nydeligt, og oveni sad en lille voksdukke, der havde just sådan en bred hat på hovedet, som den kancelliråden gik med. Fastelavnsriset hoppede på sine tre røde træben midt ind imellem blomsterne, og trampede ganske stærkt, for det dansede mazurka, og den dans kunne de andre blomster ikke, fordi de var så lette og kunne ikke trampe.

Voksdukken på fastelavnsriset blev lige med ét stor og lang, snurrede sig rundt oven over papirsblomsterne og råbte ganske højt: "Er det at bilde barnet sådan noget ind! det er den dumme fantasi!" og så lignede voksdukken ganske akkurat kancelliråden med den brede hat, så lige så gul og gnaven ud, men papirsblomsterne slog ham om de tynde ben, og så krøb han sammen igen og blev en lille bitte voksdukke. Det var så morsomt at se! den lille Ida kunne ikke lade være at le. Fastelavnsriset blev ved at danse, og kancelliråden måtte danse med, det hjalp ikke, enten han gjorde sig stor og lang eller blev den lille gule voksdukke med den store, sorte hat. Da bad de andre blomster for ham, især de, der havde ligget i dukkesengen, og så lod fastelavnsriset være. I det samme bankede det ganske stærkt inde i skuffen, hvor Idas dukke, Sophie, lå ved så meget andet legetøj; røgmanden løb hen til kanten af bordet, lagde sig langs ud

many other toys. Then the rough doll ran to the end of the table, laid himself flat down upon it, and began to pull the drawer out a little way. Then Sophy raised himself, and looked round quite astonished, "There must be a ball here to-night," said Sophy. "Why did not somebody tell me?"

på sin mave og fik skuffen en lille smule trukket ud. Der rejste Sophie sig op, og så ganske forundret rundt omkring. "Her er nok bal!" sagde hun; "hvorfor er der ingen, der har sagt mig det!"

"Will you dance with me?" said the rough doll.

"Vil du danse med mig?" sagde røgmanden.

"You are the right sort to dance with, certainly," said she, turning her back upon him. Then she seated herself on the edge of the drawer, and thought that perhaps one of the flowers would ask her to dance; but none of them came. Then she coughed, "Hem, hem, a-hem;" but for all that not one came. The shabby doll now danced quite alone, and not very badly, after all.

"Jo, du er en pæn én at danse med!" sagde hun og vendte ham ryggen. Så satte hun sig på skuffen og tænkte, at nok en af blomsterne ville komme at engagere hende, men der kom ingen, så hostede hun, hm, hm, hm! men alligevel kom der ikke én. Røgmanden dansede så ganske alene, og det var ikke så dårligt!

As none of the flowers seemed to notice Sophy, she let herself down from the drawer to the floor, so as to make a very great noise. All the flowers came round her directly, and asked if she had hurt herself, especially those who had lain in her bed. But she was not hurt at all, and Ida's flowers thanked her for the use of the nice bed, and were very kind to her. They led her into the middle of the room, where the moon shone, and danced with her, while all the other flowers formed a circle round them. Then Sophy

Da nu ingen af blomsterne syntes at se Sophie, lod hun sig dumpe fra skuffen lige ned på gulvet, så det gav en stor alarm; alle blomsterne kom også løbende hen rundt omkring hende og spurgte, om hun ikke havde slået sig, og de var alle så nydelige imod hende, især blomsterne, der havde ligget hendes seng; men hun havde slet ikke slået sig, og alle Idas blomster sagde tak for den dejlige seng og holdt så meget af hende, tog hende midt hen på gulvet hvor månen skinnede, dansede med hende, og

was very happy, and said they might keep her bed; she did not mind lying in the drawer at all.

alle de andre blomster gjorde en kreds udenom; nu var Sophie fornøjet! og hun sagde, de måtte gerne beholde hendes seng, hun brød sig slet ikke om at ligge i skuffen.

But the flowers thanked her very much, and said,– "We cannot live long. To-morrow morning we shall be quite dead; and you must tell little Ida to bury us in the garden, near to the grave of the canary; then, in the summer we shall wake up and be more beautiful than ever."

Men blomsterne sagde: "Du skal have så mange tak, men vi kan ikke leve så længe! i morgen er vi ganske døde; men sig til den lille Ida, at hun skal begrave os ude i haven, hvor kanariefuglen ligger, så vokser vi op igen til sommer og blive meget smukkere!"

"No, you must not die," said Sophy, as she kissed the flowers. Then the door of the room opened, and a number of beautiful flowers danced in. Ida could not imagine where they could come from, unless they were the flowers from the king's garden. First came two lovely roses, with little golden crowns on their heads; these were the king and queen. Beautiful stocks and carnations followed, bowing to every one present. They had also music with them. Large poppies and peonies had pea-shells for instruments, and blew into them till they were quite red in the face. The bunches of blue hyacinths and the little white snowdrops jingled their bell-like flowers, as if they were real bells. Then came many more flowers: blue violets, purple heart's-ease,

"Nej, I må ikke dø!" sagde Sophie, og så kyssede hun blomsterne; i det samme gik salsdøren op, og en hel mængde dejlige blomster kom dansende ind, Ida kunne slet ikke begribe, hvor de var kommet fra, det var bestemt alle blomsterne ude fra kongens slot. Allerforrest gik to dejlige roser, og de havde små guldkroner på, det var en konge og en dronning, så kom de nydeligste levkøjer og nelliker og de hilste til alle sider. De havde musik med, store valmuer og pæoner blæste i ærtebælge så de var ganske røde i hovedet. De blå klokker og de små hvide sommergækker klingede, ligesom de havde bjælder på. Det var en morsom musik. Så kom der så mange andre blomster, og de dansede alle sammen, de blå violer og de røde bellis, gåseurterne og

daisies, and lilies of the valley, and they all danced together, and kissed each other. It was very beautiful to behold.

liljekonvallerne. Og alle blomsterne kyssede hinanden, det var nydeligt at se!

At last the flowers wished each other good-night. Then little Ida crept back into her bed again, and dreamt of all she had seen.

Til sidst sagde blomsterne hinanden god nat, saa listede også den lille Ida sig hen i sengen, hvor hun drømte om alt, hvad hun havde set.

When she arose the next morning, she went quickly to the little table, to see if the flowers were still there. She drew aside the curtains of the little bed. There they all lay, but quite faded; much more so than the day before. Sophy was lying in the drawer where Ida had placed her; but she looked very sleepy.

Da hun næste morgen kom op, gik hun gesvindt hen til det lille bord, for at se om blomsterne var der endnu, hun trak gardinet til side fra den lille seng, ja, der lå de alle sammen, men de var ganske visne, meget mere end i går. Sophie lå i skuffen, hvor hun havde lagt hende, hun så meget søvnig ud.

"Do you remember what the flowers told you to say to me?" said little Ida. But Sophy looked quite stupid, and said not a single word. "You are not kind at all," said Ida; "and yet they all danced with you." Then she took a little paper box, on which were painted beautiful birds, and laid the dead flowers in it. "This shall be your pretty coffin," she said; "and by and by, when my cousins come to visit me, they shall help me to bury you out in the garden; so that next summer you may grow up again more beautiful than ever."

"Kan du huske, hvad du skulle sige til mig," sagde den lille Ida, men Sophie så ganske dum ud og sagde ikke et eneste ord. "Du er slet ikke god," sagde Ida, "og de dansede dog alle sammen med dig." Så tog hun en lille papirsæske, der var tegnet nydelige fugle på, den lukkede hun op og lagde de døde blomster i den. "Det skal være eders nydelige ligkiste," sagde hun, "og når siden de norske fætre kommer herhen, så skal de være med at begrave eder ude i haven, at I til sommer kan vokse op og blive endnu meget smukkere.!"

Her cousins were two good-tempered boys, whose names were James and Adolphus. Their father

De norske fætre var to raske drenge, de hed Jonas og Adolph; deres fader havde foræret dem to

had given them each a bow and arrow, and they had brought them to show Ida. She told them about the poor flowers which were dead; and as soon as they obtained permission, they went with her to bury them. The two boys walked first, with their crossbows on their shoulders, and little Ida followed, carrying the pretty box containing the dead flowers. They dug a little grave in the garden. Ida kissed her flowers and then laid them, with the box, in the earth. James and Adolphus then fired their crossbows over the grave, as they had neither guns nor cannons.

nye flitsbuer, og disse havde de med at vise Ida. Hun fortalte dem om de stakkels blomster, der var døde, og så fik de lov at begrave dem. Begge drengene gik foran med flitsbuerne på skulderen, og den lille Ida bagefter med de døde blomster i den nydelige æske; ude i haven blev gravet en lille grav; Ida kyssede først blomsterne, satte dem så med æsken ned i jorden, og Adolph og Jonas skød med flitsbuer over graven, for de havde ingen geværer eller kanoner.

The naughty boy

A long time ago, there lived an old poet, a thoroughly kind old poet. As he was sitting one evening in his room, a dreadful storm arose without, and the rain streamed down from heaven; but the old poet sat warm and comfortable in his chimney-comer, where the fire blazed and the roasting apple hissed.

"Those who have not a roof over their heads will be wetted to the skin," said the good old poet.

"Oh let me in! Let me in! I am cold, and I'm so wet!" exclaimed suddenly a child that stood crying at the door and knocking for admittance, while the rain poured

Den uartige dreng

Der var engang en gammel digter, sådan en rigtig god gammel digter. En aften, han sad hjemme, blev det et forskrækkeligt ondt vejr udenfor; regnen skyllede ned, men den gamle digter sad lunt og godt ved sin kakkelovn, hvor ilden brændte og æblerne snurrede.

"Der bliver da ikke en tør tråd på de stakler, som er ude i det vejr!" sagde han, for han var sådan en god digter.

"Oh, luk mig op! jeg fryser og er så våd!" råbte et lille barn udenfor. Det græd og bankede på døren, medens regnen skyllede ned og blæsten ruskede i alle vinduer.

down, and the wind made all the windows rattle.

"Poor thing!" said the old poet, as he went to open the door. There stood a little boy, quite naked, and the water ran down from his long golden hair; he trembled with cold, and had he not come into a warm room he would most certainly have perished in the frightful tempest.

"Din lille stakkel!" sagde den gamle digter, og gik hen at lukke døren op. Der stod en lille dreng; han var ganske nøgen og vandet drev af hans lange gule hår. Han rystede af kulde, var han ikke kommet ind, havde han vist måttet dø i det onde vejr.

"Poor child!" said the old poet, as he took the boy by the hand. "Come in, come in, and I will soon restore thee! Thou shalt have wine and roasted apples, for thou art verily a charming child!"

"Din lille stakkel!" sagde den gamle digter og tog ham ved hånden. "Kom du til mig, så skal jeg nok få dig varmet! Vin og et æble skal du få, for du er en dejlig dreng!"

And the boy was so really. His eyes were like two bright stars; and although the water trickled down his hair, it waved in beautiful curls. He looked exactly like a little angel, but he was so pale, and his whole body trembled with cold. He had a nice little bow in his hand, but it was quite spoiled by the rain, and the tints of his many-colored arrows ran one into the other.

Det var han også. Hans øjne så ud som to klare stjerner, og skønt vandet flød ned af hans gule hår, krøllede det sig dog så smukt. Han så ud, som et lille englebarn, men var så bleg af kulde og rystede over sin hele krop. I hånden havde han en dejlig flitsbue, men den var ganske fordærvet af regnen; alle kulørerne på de smukke pile løb ud i hinanden af det våde vejr.

The old poet seated himself beside his hearth, and took the little fellow on his lap; he squeezed the water out of his dripping hair, warmed his hands between his own, and boiled for him some sweet wine. Then the boy recovered, his cheeks again grew rosy, he jumped down from the lap where he was sitting, and danced

Den gamle digter satte sig ved kakkelovnen, tog den lille dreng på sit skød, vred vandet af hans hår, varmede hans hænder i sine, og kogte sød vin til ham; så kom han sig, fik røde kinder, sprang ned på gulvet, og dansede rundt om den gamle digter.

round the kind old poet.

"You are a merry fellow," said the old man. "What's your name?"

"Du er en lystig dreng!" sagde den gamle. "Hvad hedder du?"

"My name is Cupid," answered the boy. "Don't you know me? There lies my bow; it shoots well, I can assure you! Look, the weather is now clearing up, and the moon is shining clear again through the window."

"Jeg hedder Amor!" svarede han, "kender du mig ikke? Dér ligger min flitsbue! den skyder jeg med, kan du tro! se, nu bliver vejret godt udenfor; månen skinner!"

"Why, your bow is quite spoiled," said the old poet.

"Men din flitsbue er fordærvet!" sagde den gamle digter.

"That were sad indeed," said the boy, and he took the bow in his hand -and examined it on every side. "Oh, it is dry again, and is not hurt at all; the string is quite tight. I will try it directly." And he bent his bow, took aim, and shot an arrow at the old poet, right into his heart. "You see now that my bow was not spoiled," said he laughing; and away he ran. The naughty boy, to shoot the old poet in that way; he who had taken him into his warm room, who had treated him so kindly, and who had given him warm wine and the very best apples!

"Det var slemt!" sagde den lille dreng, tog den op og så på den. "Oh, den er ganske tør, har slet ikke lidt nogen skade! strengen sidder ganske stram! nu skal jeg prøve den!" så spændte han den, lagde en pil på, sigtede og skød den gode gamle digter lige ind i hjertet: "Kan du nu se, at min flitsbue ikke var fordærvet!" sagde han, lo ganske højt og løb sin vej. Den uartige dreng! således at skyde på den gamle digter, der havde lukket ham ind i den varme stue, været så god mod ham og givet ham den dejlige vin og det bedste æble.

The poor poet lay on the earth and wept, for the arrow had really flown into his heart. "Fie!" said he. "How naughty a boy Cupid is! I will tell all children about him, that they may take care and not play with him, for he will only cause them sorrow and many a

Den gode digter lå på gulvet og græd, han var virkelig skudt lige ind i hjertet, og så sagde han: "Fy! hvor den Amor er en uartig dreng! det skal jeg fortælle til alle gode børn, at de kan tage sig i agt, og aldrig lege med ham, for han gør dem fortræd!"

heartache."

And all good children to whom he related this story, took great heed of this naughty Cupid; but he made fools of them still, for he is astonishingly cunning. When the university students come from the lectures, he runs beside them in a black coat, and with a book under his arm. It is quite impossible for them to know him, and they walk along with him arm in arm, as if he, too, were a student like themselves; and then, unperceived, he thrusts an arrow to their bosom. When the young maidens come from being examined by the clergyman, or go to church to be confirmed, there he is again close behind them. Yes, he is forever following people. At the play, he sits in the great chandelier and burns in bright flames, so that people think it is really a flame, but they soon discover it is something else. He roves about in the garden of the palace and upon the ramparts: yes, once he even shot your father and mother right in the heart. Ask them only and you will hear what they'll tell you. Oh, he is a naughty boy, that Cupid; you must never have anything to do with him. He is forever running after everybody. Only think, he shot an arrow once at your old grandmother! But that is a long time ago, and it is all past now; however, a thing of that sort she

Alle de gode børn, piger og drenge, han fortalte det til, tog sig sådan i agt for den slemme Amor, men han narrede dem alligevel, for han er så udspekuleret! Når studenterne går fra forelæsninger, så løber han ved siden af dem, med en bog under armen og en sort kjole på. De kan slet ikke kende ham, og så tager de ham under armen og tror, det er også en student, men så stikker han dem pilen ind i brystet. Når pigerne går fra præsten, og når de står på kirkegulvet, så er han også efter dem. Ja, han er alle tider efter folk! Han sidder i den store lysekrone på teatret og brænder i lys lue, så folk tror, det er en lampe, men de mærker siden noget andet. Han løber i Kongens Have og på Volden! ja, han har engang skudt din fader og moder lige ind i hjertet! Spørg dem kun ad, så skal du høre, hvad de siger. Ja, det er en slem dreng, den Amor, ham skal du aldrig have noget med at gøre! han er efter alle folk. Tænk engang, han skød endogså en pil på gamle bedstemoder, men det er længe siden, det er gået over; men sådan noget glemmer hun aldrig. Fy, den slemme Amor! Men nu kender du ham! ved, hvad han er for en uartig dreng!

never forgets. Fie, naughty Cupid! But now you know him, and you know, too, how ill-behaved he is!

The wild swans

De vilde svaner

Far away in the land to which the swallows fly when it is winter, dwelt a king who had eleven sons, and on daughter, named Eliza. The eleven brothers were princes, and each went to school with a star on his breast, and a sword by his side. They wrote with diamond pencils on gold slates, and learnt their lessons so quickly and read so easily that every one might know they were princes. Their sister Eliza sat on a little stool of plate-glass, and had a book full of pictures, which had cost as much as half a kingdom.

Langt borte herfra, der hvor svalerne flyver hen, når vi har vinter, boede en konge, som havde elve sønner og én datter, Elisa. De elve brødre, prinser var de, gik i skole med stjerne på brystet og sabel ved siden; de skrev på guldtavle med diamantgriffel og læste lige så godt udenad, som indeni; man kunne straks høre, at de var prinser. Søsteren Elisa sad på en lille skammel af spejlglas og havde en billedbog, der var købt for det halve kongerige.

Oh, these children were indeed happy, but it was not to remain so always.

Oh, de børn havde det så godt, men således skulle det ikke altid blive!

Their father, who was king of the country, married a very wicked queen, who did not love the poor children at all. They knew this from the very first day after the wedding. In the palace there were great festivities, and the children played at receiving company; but instead of having, as usual, all the cakes and apples that were left, she gave them some sand in a tea-cup, and told them to pretend it was cake.

Deres fader, som var konge over hele landet, giftede sig med en ond dronning, der slet ikke var de stakkels børn god; allerede den første dag kunne de godt mærke det; på hele slottet var der stor stads, og så legede børnene: komme fremmede; men i stedet for at de ellers fik alle de kager og stegte æbler, der var at overkomme, gav hun dem kun sand i en tekop og sagde, at de kunne lade, som om det var noget.

The week after, she sent little Eliza

Ugen efter satte hun den lille søster

into the country to a peasant and his wife, and then she told the king so many untrue things about the young princes, that he gave himself no more trouble respecting them.

Elisa ud på landet hos nogle bønderfolk, og længe varede det ikke, før hun fik kongen indbildt så meget om de stakkels prinser, at han slet ikke brød sig mere om dem.

"Go out into the world and get your own living," said the queen. "Fly like great birds, who have no voice." But she could not make them ugly as she wished, for they were turned into eleven beautiful wild swans. Then, with a strange cry, they flew through the windows of the palace, over the park, to the forest beyond.

"Flyv I ud i verden og skøt jer selv!" sagde den onde dronning; "flyv som store fugle, uden stemme!" men hun kunne dog ikke gøre det så slemt, som hun gerne ville; de blev elve dejlige vilde svaner. Med et underligt skrig fløj de ud af slotsvinduerne hen over parken og skoven.

It was early morning when they passed the peasant's cottage, where their sister Eliza lay asleep in her room. They hovered over the roof, twisted their long necks and flapped their wings, but no one heard them or saw them, so they were at last obliged to fly away, high up in the clouds; and over the wide world they flew till they came to a thick, dark wood, which stretched far away to the seashore.

Det var endnu ganske tidlig morgen, da de kom forbi, hvor søsteren Elisa lå og sov i bondens stue; her svævede de over taget, drejede med deres lange halse, og slog med vingerne, men ingen hørte eller så det; de måtte igen af sted, højt op imod skyerne, langt ud i den vide verden, der fløj de ud i en stor mørk skov, der strakte sig lige til stranden.

Poor little Eliza was alone in her room playing with a green leaf, for she had no other playthings, and she pierced a hole through the leaf, and looked through it at the sun, and it was as if she saw her brothers' clear eyes, and when the warm sun shone on her cheeks, she thought of all the kisses they had given her.

Den stakkels lille Elisa stod i bondens stue, og legede med et grønt blad, andet legetøj havde hun ikke; og hun stak et hul i bladet, kikkede derigennem op på solen, og da var det ligesom om hun så sine brødres klare øjne, og hver gang de varme solstråler skinnede på hendes kind, tænkte hun på alle deres kys.

One day passed just like another; sometimes the winds rustled through the leaves of the rose-bush, and would whisper to the roses, "Who can be more beautiful than you!" But the roses would shake their heads, and say, "Eliza is." And when the old woman sat at the cottage door on Sunday, and read her hymn-book, the wind would flutter the leaves, and say to the book, "Who can be more pious than you?" and then the hymn-book would answer "Eliza." And the roses and the hymn-book told the real truth.

At fifteen she returned home, but when the queen saw how beautiful she was, she became full of spite and hatred towards her. Willingly would she have turned her into a swan, like her brothers, but she did not dare to do so yet, because the king wished to see his daughter.

Early one morning the queen went into the bath-room; it was built of marble, and had soft cushions, trimmed with the most beautiful tapestry. She took three toads with her, and kissed them, and said to one, "When Eliza comes to the bath, seat yourself upon her head, that she may become as stupid as you are." Then she said to another, "Place yourself on her forehead, that she may become as ugly as you are, and that her father may not know her." - "Rest on her heart,"

Den ene dag gik ligesom den anden. Blæste vinden gennem de store rosenhække uden for huset, da hviskede den til roserne: "Hvem kan være smukkere, end I," men roserne rystede med hovedet og sagde: "Det er Elisa." Og sad den gamle kone om søndagen i døren og læste i sin salmebog, da vendte vinden bladene, og sagde til bogen: "Hvem kan være frommere end du?" - "Det er Elisa!" sagde salmebogen, og det var den rene sandhed, hvad roserne og salmebogen sagde.

Da hun var femten år, skulle hun hjem; og da dronningen så, hvor smuk hun var, blev hun hende vred og hadefuld; gerne havde hun forvandlet hende til en vild svane, ligesom brødrene, men det turde hun ikke straks, da jo kongen ville se sin datter.

I den tidlige morgen gik dronningen ind i badet, der var bygget af marmor, og smykket med bløde hynder og de dejligste tæpper, og hun tog tre skrubtudser, kyssede på dem, og sagde til den ene: "Sæt dig på Elisas hoved, når hun kommer i badet, at hun kan blive dorsk, som du! Sæt dig på hendes pande," sagde hun til den anden, "at hun kan blive styg, som du, så at hendes fader ikke kender hende! Hvil ved hendes hjerte," hviskede hun til den tredje, "lad

she whispered to the third, "then she will have evil inclinations, and suffer in consequence." So she put the toads into the clear water, and they turned green immediately. She next called Eliza, and helped her to undress and get into the bath. As Eliza dipped her head under the water, one of the toads sat on her hair, a second on her forehead, and a third on her breast, but she did not seem to notice them, and when she rose out of the water, there were three red poppies floating upon it. Had not the creatures been venomous or been kissed by the witch, they would have been changed into red roses. At all events they became flowers, because they had rested on Eliza's head, and on her heart. She was too good and too innocent for witchcraft to have any power over her.

hende få et ondt sind, at hun kan have pine deraf!" Så satte hun skrubtudserne ud i det klare vand, der straks fik en grønlig farve, kaldte på Elisa, klædte hende af, og lod hende stige ned i vandet, og i det hun dukkede, satte den ene skrubtudse sig i hendes hår, den anden på hendes pande og den tredje på brystet, men Elisa syntes slet ikke at mærke det; så snart hun rejste sig op, flød der tre røde valmuer på vandet; havde dyrene ikke været giftige og kysset af heksen, da var de blevet forvandlet til røde roser, men blomster blev de dog, ved at hvile på hendes hoved og ved hendes hjerte; hun var for from og uskyldig til at trolddommen kunne have magt over hende.

When the wicked queen saw this, she rubbed her face with walnut-juice, so that she was quite brown; then she tangled her beautiful hair and smeared it with disgusting ointment, till it was quite impossible to recognize the beautiful Eliza.

Da den onde dronning så det, gned hun hende ind med valnøddesaft, så hun blev ganske sortbrun, strøg det smukke ansigt over med en stinkende salve og lod det dejlige hår filtre sig; det var umuligt at kende den smukke Elisa igen.

When her father saw her, he was much shocked, and declared she was not his daughter. No one but the watch-dog and the swallows knew her; and they were only poor animals, and could say nothing.

Da derfor hendes fader så hende, blev han ganske forskrækket, og sagde at det var ikke hans datter; ingen ville heller kendes ved hende, uden lænkehunden og svalerne, men de var fattige dyr og havde

ikke noget at sige.

Then poor Eliza wept, and thought of her eleven brothers, who were all away. Sorrowfully, she stole away from the palace, and walked, the whole day, over fields and moors, till she came to the great forest. She knew not in what direction to go; but she was so unhappy, and longed so for her brothers, who had been, like herself, driven out into the world, that she was determined to seek them.

Da græd den stakkels Elisa og tænkte på sine elve brødre, der alle var borte. Bedrøvet listede hun sig ud af slottet, gik hele dagen over mark og mose ind i den store skov. Hun vidste slet ikke, hvor hun ville hen, men hun følte sig så bedrøvet og længtes efter sine brødre, de var vist også, ligesom hun, jaget ud i verden, dem ville hun søge og finde.

She had been but a short time in the wood when night came on, and she quite lost the path; so she laid herself down on the soft moss, offered up her evening prayer, and leaned her head against the stump of a tree. All nature was still, and the soft, mild air fanned her forehead. The light of hundreds of glow-worms shone amidst the grass and the moss, like green fire; and if she touched a twig with her hand, ever so lightly, the brilliant insects fell down around her, like shooting-stars.

Kun kort tid havde hun været i skoven, før natten faldt på; hun var kommet rent bort fra vej og sti; da lagde hun sig ned på det bløde mos, læste sin aftenbøn og hældede sit hoved op til en stub. Der var så stille, luften var så mild, og rundt omkring i græsset og på mosset skinnede, som en grøn ild, over hundrede sankthansorm; da hun med hånden sagte rørte ved en af grenene, faldt de lysende insekter, som stjerneskud, ned til hende.

All night long she dreamt of her brothers. She and they were children again, playing together. She saw them writing with their diamond pencils on golden slates, while she looked at the beautiful picture-book which had cost half a kingdom. They were not writing lines and letters, as they used to do;

Hele natten drømte hun om sine brødre; de legede igen, som børn, skrev med diamantgriffel på guldtavle og så i den dejlige billedbog, der havde kostet det halve rige; men på tavlen skrev de ikke, som før, kun nuller og streger, nej de dristigste bedrifter de havde udført, alt hvad de havde

but descriptions of the noble deeds they had performed, and of all they had discovered and seen. In the picture-book, too, everything was living. The birds sang, and the people came out of the book, and spoke to Eliza and her brothers; but, as the leaves turned over, they darted back again to their places, that all might be in order.

oplevet og set; og i billedbogen var alt levende, fuglene sang, og menneskene gik ud af bogen og talte til Elisa og hendes brødre, men når hun vendte bladet, sprang de straks igen ind, for at der ikke skulle komme vildrede i billederne.

When she awoke, the sun was high in the heavens; yet she could not see him, for the lofty trees spread their branches thickly over her head; but his beams were glancing through the leaves here and there, like a golden mist. There was a sweet fragrance from the fresh green verdure, and the birds almost perched upon her shoulders. She heard water rippling from a number of springs, all flowing in a lake with golden sands. Bushes grew thickly round the lake, and at one spot an opening had been made by a deer, through which Eliza went down to the water. The lake was so clear that, had not the wind rustled the branches of the trees and the bushes, so that they moved, they would have appeared as if painted in the depths of the lake; for every leaf was reflected in the water, whether it stood in the shade or the sunshine.

Da hun vågnede, var solen allerede højt oppe; hun kunne rigtignok ikke se den, de høje træer bredte deres grene tæt og fast ud, men strålerne spillede deroppe ligesom et viftende guldflor; der var en duft af det grønne, og fuglene var nær ved at sætte sig på hendes skuldre. Hun hørte vandet plaske, det var mange store kildevæld, som alle faldt ud i en dam hvor der var den dejligste sandbund; rigtignok voksede her tætte buske rundt om, men på ét sted havde hjortene gravet en stor åbning og her gik Elisa hen til vandet, det var så klart, at havde vinden ikke rørt grene og buske således at de bevægede sig, da måtte hun have troet, at de var malet af nede på bunden, så tydeligt spejlede sig der hvert blad, både det solen skinnede igennem og det der ganske var i skygge.

As soon as Eliza saw her own face, she was quite terrified at finding it so brown and ugly; but when she

Så snart hun så sit eget ansigt, blev hun ganske forskrækket, så brunt og fælt var det, men da hun gjorde

wetted her little hand, and rubbed her eyes and forehead, the white skin gleamed forth once more; and, after she had undressed, and dipped herself in the fresh water, a more beautiful king's daughter could not be found in the wide world.

sin lille hånd våd og gned øjne og pande, skinnede den hvide hud frem igen, da lagde hun alle sine klæder og gik ud i det friske vand; et dejligere kongebarn, end hun var, fandtes der ikke i denne verden.

As soon as she had dressed herself again, and braided her long hair, she went to the bubbling spring, and drank some water out of the hollow of her hand. Then she wandered far into the forest, not knowing whither she went. She thought of her brothers, and felt sure that God would not forsake her. It is God who makes the wild apples grow in the wood, to satisfy the hungry, and He now led her to one of these trees, which was so loaded with fruit, that the boughs bent beneath the weight. Here she held her noonday repast, placed props under the boughs, and then went into the gloomiest depths of the forest. It was so still that she could hear the sound of her own footsteps, as well as the rustling of every withered leaf which she crushed under her feet. Not a bird was to be seen, not a sunbeam could penetrate through the large, dark boughs of the trees. Their lofty trunks stood so close together, that, when she looked before her, it seemed as if she were enclosed within trellis-work. Such solitude she had never known

Da hun igen var klædt og havde flettet sit lange hår, gik hun til det sprudlende væld, drak af sin hule hånd, og vandrede længere ind i skoven, uden selv at vide hvorhen. Hun tænkte på sine brødre, tænkte på den gode Gud, der vist ikke ville forlade hende; han lod de vilde skovæbler gro, for at mætte den hungrige; han viste hende et sådant træ, grenene bugnede af frugt, her holdt hun sit middagsmåltid, satte støtter under dets grene og gik så ind i den mørkeste del af skoven. Der var så stille, at hun hørte sine egne fodtrin, hørte hvert lille vissent blad der bøjede sig under hendes fod; ikke en fugl var der at se, ikke en solstråle kunne trænge igennem de store tætte trægrene; de høje stammer stod så nær ved hinanden, at når hun så ligefrem, var det, som om det ene bjælkegitter, tæt ved det andet, omsluttede hende; oh, her var en ensomhed, hun aldrig før havde kendt.

before.

The night was very dark. Not a single glow-worm glittered in the moss. Sorrowfully she laid herself down to sleep; and, after a while, it seemed to her as if the branches of the trees parted over her head, and that the mild eyes of angels looked down upon her from heaven.

Natten blev så mørk; ikke en eneste lille sankthansorm skinnede fra mosset, bedrøvet lagde hun sig ned for at sove; da syntes hun at trægrenene oven over hende gik til side og Vorherre med milde øjne så ned på hende, og små engle tittede frem over hans hoved og under hans arme.

When she awoke in the morning, she knew not whether she had dreamt this, or if it had really been so.

Da hun vågnede om morgnen, vidste hun ikke, om hun havde drømt det, eller om det virkelig var så.

Then she continued her wandering; but she had not gone many steps forward, when she met an old woman with berries in her basket, and she gave her a few to eat. Then Eliza asked her if she had not seen eleven princes riding through the forest.

Hun gik nogle skridt fremad, da mødte hun en gammel kone med bær i sin kurv, den gamle gav hende nogle af disse. Elisa spurgte, om hun ikke havde set elve prinser ride igennem skoven.

"No," replied the old woman, "But I saw yesterday eleven swans, with gold crowns on their heads, swimming on the river close by.

"Nej," sagde den gamle, "men jeg så i går elve svaner med guldkroner på hovedet svømme ned af åen her tæt ved!"

" Then she led Eliza a little distance farther to a sloping bank, and at the foot of it wound a little river. The trees on its banks stretched their long leafy branches across the water towards each other, and where the growth prevented them from meeting naturally, the roots had torn themselves away from the ground, so that the branches might mingle

Og hun førte Elisa et stykke længere frem til en skrænt; neden for denne bugtede sig en å; træerne på dens bredder strakte deres lange bladfulde grene over imod hinanden, og hvor de, efter deres naturlige vækst, ikke kunne nå sammen, der havde de revet rødderne løse fra jorden og hældede ud over vandet med grenene flettet i hinanden.

their foliage as they hung over the water.

Eliza bade the old woman farewell, and walked by the flowing river, till she reached the shore of the open sea.

Elisa sagde farvel til den gamle og gik langs med åen, til hvor denne flød ud i den store, åbne strand.

And there, before the young maiden's eyes, lay the glorious ocean, but not a sail appeared on its surface, not even a boat could be seen. How was she to go farther? She noticed how the countless pebbles on the sea-shore had been smoothed and rounded by the action of the water. Glass, iron, stones, everything that lay there mingled together, had taken its shape from the same power, and felt as smooth, or even smoother than her own delicate hand. "The water rolls on without weariness," she said, "till all that is hard becomes smooth; so will I be unwearied in my task. Thanks for your lessons, bright rolling waves; my heart tells me you will lead me to my dear brothers."

Hele det dejlige hav lå for den unge pige; men ikke en sejler viste sig derude, ikke en båd var der at se, hvor skulle hun dog komme længere bort. Hun betragtede de utallige småstene på bredden; vandet havde slebet dem alle runde. Glas, jern, stene, alt hvad der lå skyllet op, havde taget skikkelse af vandet, der dog var langt blødere end hendes fine hånd. "Det bliver utrætteligt ved at rulle, og så jævner sig det hårde, jeg vil være lige så utrættelig! tak for eders lærdom, I klare, rullende bølger; engang, det siger mit hjerte mig, vil I bære mig til mine kære brødre!"

On the foam-covered sea-weeds, lay eleven white swan feathers, which she gathered up and placed together. Drops of water lay upon them; whether they were dew-drops or tears no one could say. Lonely as it was on the sea-shore, she did not observe it, for the ever-moving sea showed more changes in a few hours than the most varying lake could produce during

På den opskyllede tang lå elve hvide svanefjer; hun samlede dem i en buket, der lå vanddråber på dem, om det var dug eller tårer, kunne ingen se. Ensomt var der ved stranden, men hun følte det ikke; thi havet frembød en evig afveksling, ja i nogle få timer flere, end de ferske indsøer kan vise i et helt år. Kom der en stor sort sky, så var det, som søen ville sige: Jeg

a whole year. If a black heavy cloud arose, it was as if the sea said, "I can look dark and angry too;" and then the wind blew, and the waves turned to white foam as they rolled. When the wind slept, and the clouds glowed with the red sunlight, then the sea looked like a rose leaf. But however quietly its white glassy surface rested, there was still a motion on the shore, as its waves rose and fell like the breast of a sleeping child.

kan også se mørk ud, og da blæste vinden og bølgerne vendte det hvide ud; men skinnede skyerne røde og vindene sov, så var havet som et rosenblad; nu blev det grønt, nu hvidt, men i hvor stille det hvilede, var der dog ved bredden en sagte bevægelse; vandet hævede sig svagt, som brystet på et sovende barn.

When the sun was about to set, Eliza saw eleven white swans with golden crowns on their heads, flying towards the land, one behind the other, like a long white ribbon. Then Eliza went down the slope from the shore, and hid herself behind the bushes. The swans alighted quite close to her and flapped their great white wings.

Da solen var ved at gå ned, så Elisa elve vilde svaner med guldkroner på hovedet flyver mod land, de svævede den ene bag den anden; det så ud som et langt hvidt bånd; da steg Elisa op på skrænten og skjulte sig bag en busk; svanerne satte sig nær ved hende og slog med deres store, hvide vinger.

As soon as the sun had disappeared under the water, the feathers of the swans fell off, and eleven beautiful princes, Eliza's brothers, stood near her. She uttered a loud cry, for, although they were very much changed, she knew them immediately. She sprang into their arms, and called them each by name. Then, how happy the princes were at meeting their little sister again, for they recognized her, although she had grown so tall and beautiful. They laughed, and they wept, and very

I det solen var under vandet, faldt pludseligt svanehammen og der stod elve dejlige prinser, Elisas brødre. Hun udstødte et højt skrig; thi uagtet de havde forandret sig meget, vidste hun, at det var dem, følte, at det måtte være dem; og hun sprang i deres arme, kaldte dem ved navn og de blev så lyksalige, da de så og kendte deres lille søster, der nu var så stor og dejlig. De lo og de græd, og snart havde de forstået hinanden, hvor ond deres stedmoder havde været imod dem alle.

soon understood how wickedly their mother had acted to them all.

"We brothers," said the eldest, "fly about as wild swans, so long as the sun is in the sky; but as soon as it sinks behind the hills, we recover our human shape. Therefore must we always be near a resting place for our feet before sunset; for if we should be flying towards the clouds at the time we recovered our natural shape as men, we should sink deep into the sea. We do not dwell here, but in a land just as fair, that lies beyond the ocean, which we have to cross for a long distance; there is no island in our passage upon which we could pass, the night; nothing but a little rock rising out of the sea, upon which we can scarcely stand with safety, even closely crowded together. If the sea is rough, the foam dashes over us, yet we thank God even for this rock; we have passed whole nights upon it, or we should never have reached our beloved fatherland, for our flight across the sea occupies two of the longest days in the year. We have permission to visit out home once in every year, and to remain eleven days, during which we fly across the forest to look once more at the palace where our father dwells, and where we were born, and at the church, where our mother lies buried. Here it seems as if the very trees and bushes were related to us.

"Vi brødre," sagde den ældste, "flyver, som vilde svaner, så længe solen står på himlen; når den er nede, får vi vor menneskelige skikkelse; derfor må vi altid ved solnedgang passe på at have hvile for foden; for flyver vi da oppe mod skyerne, må vi, som mennesker, styrte ned i dybet. Her bor vi ikke; der ligger et lige så skønt land, som dette, hin side søen; men vejen derhen er lang, det store hav må vi over, og der findes ingen ø på vor vej, hvor vi kan overnatte, kun en ensom lille klippe rager op midt derude; den er ej større, end at vi side om side kan hvile på den; går søen stærk så sprøjter vandet højt over os; men dog takker vi vor Gud for den. Der overnatter vi i vor skikkelse som menneske, uden den kunne vi aldrig gæste vort kære fædreland, thi to af årets længste dage bruger vi til vor flugt. Kun en gang om året er det forundt os at besøge vort fædrenehjem, elve dage tør vi blive her, flyve hen over denne store skov, hvorfra vi kan øjne slottet, hvor vi blev født og hvor vor fader bor, se det høje tårn af kirken, hvor moder er begravet. - Her synes vi træer og buske er i slægt med os, her løber de vilde heste hen over sletterne, som vi så det i vor barndom; her synger kulbrænderen de gamle sange, vi

The wild horses leap over the plains as we have seen them in our childhood. The charcoal burners sing the old songs, to which we have danced as children. This is our fatherland, to which we are drawn by loving ties; and here we have found you, our dear little sister., Two days longer we can remain here, and then must we fly away to a beautiful land which is not our home; and how can we take you with us? We have neither ship nor boat."

dansede efter som børn, her er vort fædreland, her drages vi hen og her har vi fundet dig du kære, lille søster! to dage endnu tør vi blive her, så må vi bort over havet til et dejligt land, men som ikke er vort fædreland! hvorledes får vi dig med? Vi har hverken skib eller båd!"

"How can I break this spell?" said their sister.

"Hvorledes skal jeg kunne frelse eder!" sagde søsteren.

And then she talked about it nearly the whole night, only slumbering for a few hours.

Og de talte sammen næsten den hele nat, der blev kun blundet nogle timer.

Eliza was awakened by the rustling of the swans' wings as they soared above. Her brothers were again changed to swans, and they flew in circles wider and wider, till they were far away; but one of them, the youngest swan, remained behind, and laid his head in his sister's lap, while she stroked his wings; and they remained together the whole day. Towards evening, the rest came back, and as the sun went down they resumed their natural forms.

Elisa vågnede ved lyden af svanevingerne, der susede over hende. Brødrene var igen forvandlet og de fløj i store kredse og til sidst langt bort, men en af dem, den yngste, blev tilbage; og svanen lagde sit hoved i hendes skød og hun klappede dens hvide vinger; hele dagen var de sammen. Mod aften kom de andre tilbage, og da solen var nede, stod de i deres naturlige skikkelse.

"To-morrow," said one, "we shall fly away, not to return again till a whole year has passed. But we cannot leave you here. Have you

"I morgen flyver vi herfra, tør ikke komme tilbage før om et helt år, men dig kan vi ikke således forlade! har du mod at følge med? Min arm

courage to go with us? My arm is strong enough to carry you through the wood; and will not all our wings be strong enough to fly with you over the sea?"

er stærk nok til at bære dig gennem skoven, skal vi da ikke alle have stærke vinger nok til at flyve med dig over havet."

"Yes, take me with you," said Eliza.

"Ja, tag mig med!" sagde Elisa.

Then they spent the whole night in weaving a net with the pliant willow and rushes. It was very large and strong. Eliza laid herself down on the net, and when the sun rose, and her brothers again became wild swans, they took up the net with their beaks, and flew up to the clouds with their dear sister, who still slept. The sunbeams fell on her face, therefore one of the swans soared over her head, so that his broad wings might shade her.

Den hele nat tilbragte de med at flette et net af den smidige pilebark og de seje siv, og det blev stort og stærkt; på dette lagde Elisa sig, og da solen så kom frem, og brødrene forvandledes til vilde svaner, greb de i nettet med deres næb, og fløj højt mod skyerne med den kære søster, der sov endnu. Solstrålerne faldt lige på hendes ansigt, derfor fløj en af svanerne over hendes hoved, at dens brede vinger kunne give skygge. -

They were far from the land when Eliza woke. She thought she must still be dreaming, it seemed so strange to her to feel herself being carried so high in the air over the sea. By her side lay a branch full of beautiful ripe berries, and a bundle of sweet roots; the youngest of her brothers had gathered them for her, and placed them by her side. She smiled her thanks to him; she knew it was the same who had hovered over her to shade her with his wings.

De var langt fra land, da Elisa vågnede; hun troede endnu at drømme, så underligt forekom det hende, at bæres over havet, højt igennem luften. Ved hendes side lå en gren med dejlige modne bær, og et bundt velsmagende rødder; dem havde den yngste af brødrene samlet og lagt til hende, og hun tilsmilede ham taknemlig, thi hun kendte, det var ham, som fløj lige over hendes hoved, og skyggede med vingerne.

They were now so high, that a large ship beneath them looked like a white sea-gull skimming the waves. A great cloud floating

De var så højt oppe, at det første skib, de så under dem, syntes en hvid måge, der lå på vandet. En stor sky stod bag ved dem, det var

behind them appeared like a vast mountain, and upon it Eliza saw her own shadow and those of the eleven swans, looking gigantic in size. Altogether it formed a more beautiful picture than she had ever seen; but as the sun rose higher, and the clouds were left behind, the shadowy picture vanished away.

et helt bjerg, og på den så Elisa skyggen af sig selv, og af de elve svaner, så kæmpestore fløj de der; det var et skilderi, prægtigere end hun havde set noget før; men alt som solen steg højere og skyen blev længere bag ved dem, forsvandt det svævende skyggebillede.

Onward the whole day they flew through the air like a winged arrow, yet more slowly than usual, for they had their sister to carry. The weather seemed inclined to be stormy, and Eliza watched the sinking sun with great anxiety, for the little rock in the ocean was not yet in sight. It appeared to her as if the swans were making great efforts with their wings. Alas! she was the cause of their not advancing more quickly. When the sun set, they would change to men, fall into the sea and be drowned. Then she offered a prayer from her inmost heart, but still no appearance of the rock. Dark clouds came nearer, the gusts of wind told of a coming storm, while from a thick, heavy mass of clouds the lightning burst forth flash after flash.

Den hele dag fløj de af sted, som en susende pil gennem luften, men dog var det langsommere end ellers, nu havde de søsteren at bære. Der trak et ondt vejr op, aftnen nærmede sig; angst så Elisa solen synke, og endnu var ej den ensomme klippe i havet at øjne; det forekom hende, at svanerne gjorde stærkere slag med vingerne. Ak! hun var skyld i, at de ej kom hurtigt nok af sted; når solen var nede, ville de blive til mennesker, styrte i havet, og drukne. Da bad hun i sit hjertes inderste en bøn til Vorherre, men endnu øjnede hun ingen klippe; den sorte sky kom nærmere; de stærke vindpust forkyndte en storm; skyerne stod i en eneste stor truende bølge, der fast som bly skød fremad; lyn blinkede på lyn.

The sun had reached the edge of the sea, when the swans darted down so swiftly, that Eliza's head trembled; she believed they were falling, but they again soared

Nu var solen lige ved randen af havet. Elisas hjerte bævede; da skød svanerne nedad, så hastigt at hun troede at falde; men nu svævede de igen. Solen var halvt

onward. Presently she caught sight of the rock just below them, and by this time the sun was half hidden by the waves. The rock did not appear larger than a seal's head thrust out of the water. They sunk so rapidly, that at the moment their feet touched the rock, it shone only like a star, and at last disappeared like the last spark in a piece of burnt paper. Then she saw her brothers standing closely round her with their arms linked together. There was but just room enough for them, and not the smallest space to spare. The sea dashed against the rock, and covered them with spray. The heavens were lighted up with continual flashes, and peal after peal of thunder rolled. But the sister and brothers sat holding each other's hands, and singing hymns, from which they gained hope and courage.

nede i vandet; da først øjnede hun den lille klippe under sig, den så ud, ikke større, end om det var en sælhund, der stak hovedet op af vandet. Solen sank så hurtigt; nu var den kun, som en stjerne; da rørte hendes fod ved den faste grund, solen slukkedes lig den sidste gnist i det brændende papir; arm i arm så hun brødrene stå omkring sig; men mere plads, end netop til dem og hende, var der heller ikke. Søen slog mod klippen, og gik som en skylregn hen over dem; himlen skinnede i en altid flammende ild og slag på slag rullede tordenen; men søster og brødre holdt hinanden i hænderne og sang en salme, hvoraf de fik trøst og mod.

In the early dawn the air became calm and still, and at sunrise the swans flew away from the rock with Eliza. The sea was still rough, and from their high position in the air, the white foam on the dark green waves looked like millions of swans swimming on the water.

I dagningen var luften ren og stille; så snart solen steg, fløj svanerne med Elisa bort fra øen. Havet gik endnu stærkt, det så ud, da de var højt i vejret, som om den hvide skum på den sortgrønne sø var millioner svaner, der flød på vandet.

As the sun rose higher, Eliza saw before her, floating on the air, a range of mountains, with shining masses of ice on their summits. In the centre, rose a castle apparently a mile long, with rows of columns,

Da solen kom højere, så Elisa foran sig, halvt svømmende i luften, et bjergland, med skinnende ismasser på fjeldene og midt derpå strakte sig et vist milelangt slot, med den ene dristige søjlegang

rising one above another, while, around it, palm-trees waved and flowers bloomed as large as mill wheels. She asked if this was the land to which they were hastening. The swans shook their heads, for what she beheld were the beautiful ever-changing cloud palaces of the "Fata Morgana," into which no mortal can enter. Eliza was still gazing at the scene, when mountains, forests, and castles melted away, and twenty stately churches rose in their stead, with high towers and pointed gothic windows. Eliza even fancied she could hear the tones of the organ, but it was the music of the murmuring sea which she heard. As they drew nearer to the churches, they also changed into a fleet of ships, which seemed to be sailing beneath her; but as she looked again, she found it was only a sea mist gliding over the ocean. So there continued to pass before her eyes a constant change of scene, till at last she saw the real land to which they were bound, with its blue mountains, its cedar forests, and its cities and palaces. Long before the sun went down, she sat on a rock, in front of a large cave, on the floor of which the over-grown yet delicate green creeping plants looked like an embroidered carpet.

ovenpå den anden; nedenfor gyngede palmeskove og pragtblomster, store, som møllehjul. Hun spurgte, om det var landet, hun skulle til, men svanerne rystede med hovedet, thi det, hun så, var Fatamorganas dejlige, altid omvekslende skyslot; derind turde de intet menneske bringe. Elisa stirrede derpå; da styrtede bjerge, skove og slot sammen, og der stod tyve stolte kirker, alle hinanden lige, med høje tårne, og spidse vinduer. Hun syntes at høre orglet klinge, men det var havet, hun hørte. Nu var hun kirkerne ganske nær, da blev disse til en hel flåde, der sejlede hen under hende; hun så ned, og det var kun havtåge, der jog hen over vandet. Ja en evig afveksling havde hun for øje, og nu så hun det virkelige land, hun skulle til; der rejste sig de dejlige blå bjerge, med cederskove, byer og slotte. Længe før solen gik ned, sad hun på fjeldet foran en stor hule, der var begroet med fine, grønne slyngplanter; det så ud, som det var broderede tæpper.

"Now we shall expect to hear what you dream of to-night," said the

"Nu skal vi se, hvad du drømmer her i nat!" sagde den yngste broder

youngest brother, as he showed his sister her bedroom.

og viste hende hendes sovekammer.

"Heaven grant that I may dream how to save you," she replied. And this thought took such hold upon her mind that she prayed earnestly to God for help, and even in her sleep she continued to pray. Then it appeared to her as if she were flying high in the air, towards the cloudy palace of the "Fata Morgana," and a fairy came out to meet her, radiant and beautiful in appearance, and yet very much like the old woman who had given her berries in the wood, and who had told her of the swans with golden crowns on their heads.

"Gid jeg måtte drømme, hvorledes jeg skulle frelse eder!" sagde hun; og denne tanke beskæftigede hende så levende; hun bad så inderlig til Gud om hans hjælp, ja selv i søvne vedblev hun sin bøn; da forekom det hende, at hun fløj højt op i luften, til Fatamorganas skyslot, og feen kom hende i møde, så smuk og glimrende, og dog lignede hun ganske den gamle kone, der gav hende bær i skoven, og fortalte hende om svanerne med guldkronerne på.

"Your brothers can be released," said she, "if you have only courage and perseverance. True, water is softer than your own delicate hands, and yet it polishes stones into shapes; it feels no pain as your fingers would feel, it has no soul, and cannot suffer such agony and torment as you will have to endure. Do you see the stinging nettle which I hold in my hand? Quantities of the same sort grow round the cave in which you sleep, but none will be of any use to you unless they grow upon the graves in a churchyard. These you must gather even while they burn blisters on your hands. Break them to pieces with your hands and feet, and they will become flax, from

"Dine brødre kan frelses!" sagde hun, "men har du mod og udholdenhed. Vel er havet blødere end dine fine hænder, og omformer dog de hårde stene, men det føler ikke den smerte, dine fingre ville føle; det har intet hjerte, lider ikke den angst og kval, du må udholde. Ser du denne brændenælde, jeg holder i min hånd! af denne slags vokser mange rundt om hulen, hvor du sover; kun de der, og de, som skyder frem på kirkegårdens grave, er brugelige, mærk dig det; dem må du plukke, skønt de vil brænde din hud i vabler; bryd nælderne med dine fødder, da får du hør; med den skal du sno og binde elve panserskjorter, med lange ærmer,

which you must spin and weave eleven coats with long sleeves; if these are then thrown over the eleven swans, the spell will be broken. But remember, that from the moment you commence your task until it is finished, even should it occupy years of your life, you must not speak. The first word you utter will pierce through the hearts of your brothers like a deadly dagger. Their lives hang upon your tongue. Remember all I have told you."

kast disse over de elve vilde svaner, så er trolddommen løst. Men husk vel på, at fra det øjeblik, du begynder dette arbejde, og lige til det er fuldendt, om der endog går år imellem, må du ikke tale; det første ord, du siger, går som en dræbende dolk i dine brødres hjerte; ved din tunge hænger deres liv. Mærk dig alt dette!"

And as she finished speaking, she touched her hand lightly with the nettle, and a pain, as of burning fire, awoke Eliza. It was broad daylight, and close by where she had been sleeping lay a nettle like the one she had seen in her dream. She fell on her knees and offered her thanks to God. Then she went forth from the cave to begin her work with her delicate hands.

Og hun rørte i det samme ved hendes hånd med nælden; den var som en brændende ild, Elisa vågnede derved. Det var lys dag, og tæt ved, hvor hun havde sovet, lå en nælde, som den, hun havde set i drømme. Da faldt hun på sine knæ, takkede Vorherre, og gik ud af hulen, for at begynde på sit arbejde.

She groped in amongst the ugly nettles, which burnt great blisters on her hands and arms, but she determined to bear it gladly if she could only release her dear brothers. So she bruised the nettles with her bare feet and spun the flax.

Med de fine hænder greb hun ned i de hæslige nælder, de var som ild; store vabler brændte de på hendes hænder og arme, men gerne ville hun lide det, kunne hun frelse de kære brødre. Hun brød hver nælde med sine nøgne fødder, og snoede den grønne hør.

At sunset her brothers returned and were very much frightened when they found her dumb. They believed it to be some new sorcery of their wicked step-mother. But

Da solen var nede, kom brødrene, og de blev forskrækket ved at finde hende så tavs; de troede at det var en ny trolddom af den onde stedmoder; men da de så hendes

when they saw her hands they understood what she was doing on their behalf, and the youngest brother wept, and where his tears fell the pain ceased, and the burning blisters vanished.

hænder, begreb de, hvad hun gjorde for deres skyld, og den yngste broder græd, og hvor hans tårer faldt, der følte hun ingen smerter, der forsvandt de brændende vabler.

She kept to her work all night, for she could not rest till she had released her dear brothers. During the whole of the following day, while her brothers were absent, she sat in solitude, but never before had the time flown so quickly. One coat was already finished and she had begun the second, when she heard the huntsman's horn, and was struck with fear.

Natten tilbragte hun med sit arbejde, thi hun havde ingen ro, før hun havde frelst de kære brødre; hele den følgende dag, medens svanerne var borte, sad hun i sin ensomhed, men aldrig havde tiden fløjet så hurtig. En panserskjorte var alt færdig, nu begyndte hun på den næste.

The sound came nearer and nearer, she heard the dogs barking, and fled with terror into the cave. She hastily bound together the nettles she had gathered into a bundle and sat upon them.

Da klang jagthorn mellem bjergene; hun blev ganske angst; lyden kom nærmere; hun hørte hunde gø; forskrækket søgte hun ind i hulen, bandt nælderne, hun havde samlet og heglet, i et bundt, og satte sig derpå.

Immediately a great dog came bounding towards her out of the ravine, and then another and another; they barked loudly, ran back, and then came again. In a very few minutes all the huntsmen stood before the cave, and the handsomest of them was the king of the country. He advanced towards her, for he had never seen a more beautiful maiden.

I det samme kom en stor hund springende frem fra krattet, og straks efter en, og endnu en; de gøede højt, løb tilbage, og kom frem igen. Det varede ikke mange minutter, så stod alle jægerne uden for hulen, og den smukkeste iblandt dem var landets konge, han trådte hen til Elisa, aldrig havde han set en skønnere pige.

"How did you come here, my sweet child?" he asked. But Eliza

"Hvor er du kommet her, du dejlige barn!" sagde han. Elisa

shook her head. She dared not speak, at the cost of her brothers' lives. And she hid her hands under her apron, so that the king might not see how she must be suffering.

rystede med hovedet, hun turde jo ikke tale, det gjaldt hendes brødres frelse og liv; og hun skjulte sine hænder under forklædet, at kongen ikke skulle se, hvad hun måtte lide.

"Come with me," he said; "here you cannot remain. If you are as good as you are beautiful, I will dress you in silk and velvet, I will place a golden crown upon your head, and you shall dwell, and rule, and make your home in my richest castle." And then he lifted her on his horse. She wept and wrung her hands, but the king said, "I wish only for your happiness. A time will come when you will thank me for this." And then he galloped away over the mountains, holding her before him on this horse, and the hunters followed behind them.

"Følg med mig!" sagde han, "her må du ikke blive! er du god, som du er smuk, da vil jeg klæde dig i silke og fløjl, sætte guldkronen på dit hoved, og du skal bo og bygge i mit rigeste slot!" - og så løftede han hende op på sin hest; hun græd, vred sine hænder, men kongen sagde: "Jeg vil kun din lykke! engang skal du takke mig derfor!" og så fór han af sted mellem bjergene, og holdt hende foran på hesten, og jægerne jog bagefter.

As the sun went down, they approached a fair royal city, with churches, and cupolas. On arriving at the castle the king led her into marble halls, where large fountains played, and where the walls and the ceilings were covered with rich paintings. But she had no eyes for all these glorious sights, she could only mourn and weep. Patiently she allowed the women to array her in royal robes, to weave pearls in her hair, and draw soft gloves over her blistered fingers.

Da solen gik ned, lå den prægtige kongestad, med kirker og kupler foran, og kongen førte hende ind i slottet, hvor store springvand plaskede i de høje marmorsale, hvor vægge og loft prangede med malerier, men hun havde ikke øjne derfor, hun græd og sørgede; godvillig lod hun kvinderne iføre hende de kongelige klæder, flette perler i hendes hår, og trække fine handsker over de forbrændte fingre.

As she stood before them in all her rich dress, she looked so dazzingly beautiful that the court bowed low

Da hun stod der i al sin pragt, var hun så blændende smuk, at hoffet bøjede sig endnu dybere for hende,

in her presence. Then the king declared his intention of making her his bride, but the archbishop shook his head, and whispered that the fair young maiden was only a witch who had blinded the king's eyes and bewitched his heart.

But the king would not listen to this; he ordered the music to sound, the daintiest dishes to be served, and the loveliest maidens to dance. After-wards he led her through fragrant gardens and lofty halls, but not a smile appeared on her lips or sparkled in her eyes. She looked the very picture of grief. Then the king opened the door of a little chamber in which she was to sleep; it was adorned with rich green tapestry, and resembled the cave in which he had found her. On the floor lay the bundle of flax which she had spun from the nettles, and under the ceiling hung the coat she had made. These things had been brought away from the cave as curiosities by one of the huntsmen.

"Here you can dream yourself back again in the old home in the cave," said the king; "here is the work with which you employed yourself. It will amuse you now in the midst of all this splendor to think of that time."

When Eliza saw all these things which lay so near her heart, a smile played around her mouth, and the

og kongen kårede hende til sin brud; skønt ærkebiskoppen rystede med hovedet, og hviskede, at den smukke skovpige vist var en heks, hun blændede deres øjne, og bedårede kongens hjerte.

Men kongen hørte ikke derpå, lod musikken klinge, de kosteligste retter frembære, de yndigste piger danse om hende, og hun blev ført gennem duftende haver ind i prægtige sale; men ikke et smil gik over hendes læber, eller frem på hendes øjne, sorgen stod der, som evig arv og eje. Nu åbnede kongen et lille kammer, tæt ved hvor hun skulle sove; her var pyntet med kostelige grønne tæpper, og lignede ganske hulen, hvori hun havde været; på gulvet lå det bundt hør, hun havde spundet af nælderne, og under loftet hang panserskjorten, der var strikket færdig; Alt dette havde en af jægerne taget til sig, som noget kuriøst.

"Her kan du drømme dig tilbage i dit fordums hjem!" sagde kongen. "Her er det arbejde, som der beskæftigede dig; nu, midt i al din pragt, vil det more dig at tænke tilbage på hin tid."

Da Elisa så dette, der lå hendes hjerte så nært, spillede et smil om hendes mund, og blodet vendte

crimson blood rushed to her cheeks. She thought of her brothers, and their release made her so joyful that she kissed the king's hand. Then he pressed her to his heart. Very soon the joyous church bells announced the marriage feast, and that the beautiful dumb girl out of the wood was to be made the queen of the country.

tilbage i kinderne; hun tænkte på sine brødres frelse, kyssede kongens hånd, og han trykkede hende til sit hjerte, og lod alle kirkeklokker forkynde bryllupsfest. Den dejlige stumme pige fra skoven var landets dronning.

Then the archbishop whispered wicked words in the king's ear, but they did not sink into his heart. The marriage was still to take place, and the archbishop himself had to place the crown on the bride's head; in his wicked spite, he pressed the narrow circlet so tightly on her forehead that it caused her pain. But a heavier weight encircled her heart– sorrow for her brothers. She felt not bodily pain. Her mouth was closed; a single word would cost the lives of her brothers. But she loved the kind, handsome king, who did everything to make her happy more and more each day; she loved him with all her heart, and her eyes beamed with the love she dared not speak. Oh! if she had only been able to confide in him and tell him of her grief. But dumb she must remain till her task was finished. Therefore at night she crept away into her little chamber, which had been decked out to look like the cave, and quickly wove one coat

Da hviskede ærkebiskoppen onde ord i kongens øre, men de sank ikke ned til hans hjerte, brylluppet skulle stå, ærkebiskoppen selv måtte sætte hende kronen på hovedet, og han trykkede med ond uvilje den snævre ring fast ned over panden, så det gjorde ondt; dog der lå en tungere ring om hendes hjerte, sorgen over hendes brødre; hun følte ikke den legemlige pine. Hendes mund var stum, et eneste ord ville jo skille hendes brødre ved livet, men i hendes øjne lå der en dyb kærlighed til den gode, smukke konge, der gjorde alt for at glæde hende. Med hele sit hjerte blev hun ham dag for dag mere god; oh, at hun turde blot betro sig til ham, sige ham sin lidelse! men stum måtte hun være, stum måtte hun fuldføre sit værk. Derfor listede hun sig om natten fra hans side, gik ind i det lille lønkammer, der var smykket, som hulen, og hun strikkede den ene panserskjorte færdig efter den anden; men da hun begyndte på

after another. But when she began the seventh she found she had no more flax.

den syvende, havde hun ikke mere hør.

She knew that the nettles she wanted to use grew in the churchyard, and that she must pluck them herself. How should she get out there?

På kirkegården vidste hun de nælder groede, som hun skulle bruge, men selv måtte hun plukke dem, hvorledes skulle hun komme derud.

"Oh, what is the pain in my fingers to the torment which my heart endures?" said she. "I must venture, I shall not be denied help from heaven." Then with a trembling heart, as if she were about to perform a wicked deed, she crept into the garden in the broad moonlight, and passed through the narrow walks and the deserted streets, till she reached the churchyard. Then she saw on one of the broad tombstones a group of ghouls. These hideous creatures took off their rags, as if they intended to bathe, and then clawing open the fresh graves with their long, skinny fingers, pulled out the dead bodies and ate the flesh! Eliza had to pass close by them, and they fixed their wicked glances upon her, but she prayed silently, gathered the burning nettles, and carried them home with her to the castle.

"Oh, hvad er smerten i mine fingre, mod den kval mit hjerte lider!" tænkte hun, "jeg må vove det! Vorherre vil ikke slå hånden af mig!" med en hjerteangst, som var det en ond gerning hun havde for, listede hun sig, i den måneklare nat, ned i haven, gik gennem de lange alleer, ud på de ensomme gader, hen til kirkegården. Der så hun på en af de bredeste ligstene sad en kreds lamier, hæslige hekse, de tog deres pjalter af, som om de ville bade sig, og så gravede de med de lange magre fingre ned i de friske grave, tog ligene frem og åd deres kød. Elisa måtte dem tæt forbi, og de fæstede deres onde øjne på hende, men hun læste sin bøn, samlede de brændende nælder, og bar dem hjem til slottet.

One person only had seen her, and that was the archbishop– he was awake while everybody was asleep. Now he thought his opinion was evidently correct. All was not right

Kun et eneste menneske havde set hende, ærkebiskoppen, han var oppe, når de andre sov; nu havde han dog fået ret i hvad han mente: at det ikke var, som det skulle, med

with the queen. She was a witch, and had bewitched the king and all the people.

Secretly he told the king what he had seen and what he feared, and as the hard words came from his tongue, the carved images of the saints shook their heads as if they would say. "It is not so. Eliza is innocent." But the archbishop interpreted it in another way; he believed that they witnessed against her, and were shaking their heads at her wickedness. Two large tears rolled down the king's cheeks, and he went home with doubt in his heart, and at night he pretended to sleep, but there came no real sleep to his eyes, for he saw Eliza get up every night and disappear in her own chamber.

From day to day his brow became darker, and Eliza saw it and did not understand the reason, but it alarmed her and made her heart tremble for her brothers. Her hot tears glittered like pearls on the regal velvet and diamonds, while all who saw her were wishing they could be queens. In the mean time she had almost finished her task; only one coat of mail was wanting, but she had no flax left, and not a single nettle. Once more only, and for the last time, must she venture

dronningen; hun var en heks, derfor havde hun bedåret kongen og det hele folk.

I skriftestolen sagde han til kongen, hvad han havde set, og hvad han frygtede, og da de hårde ord kom fra hans tunge, rystede de udskårne helgenbilleder med hovedet, som om de ville sige: Det er ikke så, Elisa er uskyldig! men ærkebiskoppen lagde det anderledes ud, mente, at de vidnede imod hende, at de rystede med hovedet over hendes synd. Da rullede to tunge tårer ned over kongens kinder, han gik hjem med tvivl i sit hjerte; og han lod som om han sov om natten, men der kom ingen rolig søvn i hans øjne, han mærkede, hvorledes Elisa stod op, og hver nat gentog hun dette og hver gang fulgte han sagte efter, og så at hun forsvandt i sit lønkammer.

Dag for dag blev hans mine mere mørk, Elisa så det, men begreb ikke hvorfor, men det ængstede hende, og hvad led hun ikke i sit hjerte for brødrene! på det kongelige fløjl og purpur randt hendes salte tårer, de lå der som glimrende diamanter, og alle som så den rige pragt, ønskede at være dronningen. Snart var hun imidlertid til ende med sit arbejde, kun én panserskjorte manglede endnu; men hør havde hun heller ikke mere; og ikke en eneste nælde.

to the churchyard and pluck a few handfuls. She thought with terror of the solitary walk, and of the horrible ghouls, but her will was firm, as well as her trust in Providence.

En gang, kun denne sidste, måtte hun derfor på kirkegården og plukke nogle håndfulde. Hun tænkte med angst på den ensomme vandring, og på de skrækkelige lamier; men hendes vilje var fast, som hendes tillid til Vorherre.

Eliza went, and the king and the archbishop followed her. They saw her vanish through the wicket gate into the churchyard, and when they came nearer they saw the ghouls sitting on the tombstone, as Eliza had seen them, and the king turned away his head, for he thought she was with them– she whose head had rested on his breast that very evening.

Elisa gik, men kongen og ærkebiskoppen fulgte efter, de så hende forsvinde ved gitterporten ind til kirkegården og da de nærmede sig den, sad på gravstenen lamierne, som Elisa havde set dem, og kongen vendte sig bort; thi mellem disse tænkte han sig hende, hvis hoved endnu i denne aften havde hvilet ved hans bryst.

"The people must condemn her," said he, and she was very quickly condemned by every one to suffer death by fire.

"Folket må dømme hende!" sagde han, og folket dømte, hun skal brændes i de røde luer.

Away from the gorgeous regal halls was she led to a dark, dreary cell, where the wind whistled through the iron bars. Instead of the velvet and silk dresses, they gave her the coats of mail which she had woven to cover her, and the bundle of nettles for a pillow; but nothing they could give her would have pleased her more. She continued her task with joy, and prayed for help, while the street-boys sang jeering songs about her, and not a soul comforted her with a kind word.

Fra de prægtige kongesale blev hun ført hen i et mørkt, fugtigt hul, hvor vinden peb ind af det gitrede vindue; i stedet for fløjl og silke gav de hende det bundt nælder hun havde samlet, det kunne hun lægge sit hoved på; de hårde brændende panserskjorter, hun havde strikket, skulle være dyne og tæppe, men intet kærere kunne de skænke hende, hun tog igen fat på sit arbejde og bad til sin Gud. Udenfor sang gadedrengene spotteviser om hende; ingen sjæl trøstede hende med et kærligt ord.

Towards evening, she heard at the grating the flutter of a swan's wing, it was her youngest brother– he had found his sister, and she sobbed for joy, although she knew that very likely this would be the last night she would have to live. But still she could hope, for her task was almost finished, and her brothers were come.

Then the archbishop arrived, to be with her during her last hours, as he had promised the king. But she shook her head, and begged him, by looks and gestures, not to stay; for in this night she knew she must finish her task, otherwise all her pain and tears and sleepless nights would have been suffered in vain. The archbishop withdrew, uttering bitter words against her; but poor Eliza knew that she was innocent, and diligently continued her work.

The little mice ran about the floor, they dragged the nettles to her feet, to help as well as they could; and the thrush sat outside the grating of the window, and sang to her the whole night long, as sweetly as possible, to keep up her spirits.

It was still twilight, and at least an hour before sunrise, when the eleven brothers stood at the castle gate, and demanded to be brought before the king. They were told it could not be, it was yet almost night, and as the king slept they dared not disturb him. They

Da susede mod aften, tæt ved gitteret, en svanevinge, det var den yngste af brødrene, han havde fundet søsteren; og hun hulkede højt af glæde, skønt hun vidste, at natten, som kom, muligt var den sidste hun havde at leve i; men nu var jo arbejdet også næsten fuldført og hendes brødre var her.

Ærkebiskoppen kom for at være den sidste time hos hende, det havde han lovet kongen, men hun rystede på hovedet, bad med blik og miner at han ville gå; i denne nat måtte hun jo ende sit arbejde, ellers var alt til unytte; alt, smerte, tårer og de søvnløse nætter; ærkebiskoppen gik bort med onde ord imod hende, men den stakkels Elisa vidste, hun var uskyldig, og vedblev sit arbejde.

De små mus løb på gulvet, de slæbte nælderne hen for hendes fødder, for dog at hjælpe lidt, og droslen satte sig ved vinduets gitter, og sang den hele nat, så lystigt den kunne, at hun ikke skulle tabe modet.

Det var endnu ikke mere end dagning, først om en time ville solen komme op, da stod de elve brødre ved slottets port, forlangte at føres for kongen, men det kunne ikke ske, blev der svaret, det var jo nat endnu, kongen sov og turde ikke vækkes. De bad, de truede,

threatened, they entreated. Then the guard appeared, and even the king himself, inquiring what all the noise meant. At this moment the sun rose. The eleven brothers were seen no more, but eleven wild swans flew away over the castle.

vagten kom, ja selv kongen trådte ud, og spurgte hvad det betød; da kom solen i det samme op, og der var ingen brødre at se, men hen over slottet fløj elve vilde svaner.

And now all the people came streaming forth from the gates of the city, to see the witch burnt. An old horse drew the cart on which she sat. They had dressed her in a garment of coarse sackcloth. Her lovely hair hung loose on her shoulders, her cheeks were deadly pale, her lips moved silently, while her fingers still worked at the green flax. Even on the way to death, she would not give up her task. The ten coats of mail lay at her feet, she was working hard at the eleventh, while the mob jeered her and said,

Ud af byens port strømmede det hele folk, de ville se heksen blive brændt. En ussel hest trak kærren, hvori hun sad; man havde givet hende en kittel på, af groft sækketøj; hendes dejlige lange hår hang løst om det smukke hoved; hendes kinder var dødblege, hendes læber bevægede sig sagte, mens fingrene snoede den grønne hør; selv på vejen til sin død slap hun ikke det begyndte arbejde, de ti panserskjorter lå ved hendes fødder, den elvte strikkede hun på. Pøbelen forhånede hende.

"See the witch, how she mutters! She has no hymn-book in her hand. She sits there with her ugly sorcery. Let us tear it in a thousand pieces."

"Se til heksen, hvor hun mumler! ikke en salmebog har hun i hånden, nej sit lede kogleri sidder hun med, riv det fra hende i tusinde stykker!"

And then they pressed towards her, and would have destroyed the coats of mail, but at the same moment eleven wild swans flew over her, and alighted on the cart. Then they flapped their large wings, and the crowd drew on one side in alarm.

Og de trængte alle ind på hende og ville sønderrive det; da kom elve hvide svaner flyvende, de satte sig rundt om hende på kærren og slog med deres store vinger. Da veg hoben forfærdet til side.

"It is a sign from heaven that she is innocent," whispered many of

"Det er et tegn fra Himmelen! hun er vist uskyldig!" hviskede mange,

them; but they ventured not to say it aloud.

men de vovede ikke højt at sige det.

As the executioner seized her by the hand, to lift her out of the cart, she hastily threw the eleven coats of mail over the swans, and they immediately became eleven handsome princes; but the youngest had a swan's wing, instead of an arm; for she had not been able to finish the last sleeve of the coat.

Nu greb bødlen hende ved hånden, da kastede hun i hast de elve skjorter over svanerne og der stod elve dejlige prinser, men den yngste havde en svanevinge i stedet for sin ene arm, thi der manglede et ærme i hans panserskjorte, det havde hun ikke fået færdig.

"Now I may speak," she exclaimed. "I am innocent."

"Nu tør jeg tale!" sagde hun, "jeg er uskyldig!"

Then the people, who saw what happened, bowed to her, as before a saint; but she sank lifeless in her brothers' arms, overcome with suspense, anguish, and pain.

Og folket som så, hvad der var sket, bøjede sig for hende som for en helgeninde; men hun sank livløs i brødrenes arme, således havde spænding, angst og smerte virket på hende.

"Yes, she is innocent," said the eldest brother; and then he related all that had taken place; and while he spoke there rose in the air a fragrance as from millions of roses. Every piece of faggot in the pile had taken root, and threw out branches, and appeared a thick hedge, large and high, covered with roses; while above all bloomed a white and shining flower, that glittered like a star. This flower the king plucked, and placed in Eliza's bosom, when she awoke from her swoon, with peace and happiness in her heart.

"Ja, uskyldig er hun!" sagde den ældste broder, og nu fortalte han alt hvad der var sket, og medens han talte, udbredte sig en duft, som af millioner roser, thi hvert brændestykke i bålet havde slået rødder og skudt grene; der stod en duftende hæk, så høj og stor med røde roser; øverst sad en blomst, hvid og skinnende, den lyste, som en stjerne, den brød kongen, satte den på Elisas bryst, da vågnede hun med fred og lyksalighed i sit hjerte.

And all the church bells rang of

Og alle kirkeklokker ringede af sig

themselves, and the birds came in great troops. And a marriage procession returned to the castle, such as no king had ever before seen.

selv og fuglene kom i store flokke; det blev et bryllupstog tilbage til slottet, som endnu ingen konge havde set det.

The wicked prince

There lived once upon a time a wicked prince whose heart and mind were set upon conquering all the countries of the world, and on frightening the people; he devastated their countries with fire and sword, and his soldiers trod down the crops in the fields and destroyed the peasants' huts by fire, so that the flames licked the green leaves off the branches, and the fruit hung dried up on the singed black trees. Many a poor mother fled, her naked baby in her arms, behind the still smoking walls of her cottage; but also there the soldiers followed her, and when they found her, she served as new nourishment to their diabolical enjoyments; demons could not possibly have done worse things than these soldiers! The prince was of opinion that all this was right, and that it was only the natural course which things ought to take. His power increased day by day, his name was feared by all, and fortune favoured his deeds. He brought enormous wealth home from the conquered towns, and gradually accumulated in his residence riches which could

Den onde fyrste

Der var engang en ond og overmodig fyrste, hvis hele tanke gik ud på at vinde alle verdens lande og indjage skræk ved sit navn. Han fór frem med ild og sværd. Hans soldater nedtrådte kornet på marken, de antændte bondens hus, så den røde lue slikkede bladene af træerne, og frugten hang stegt på de sorte, sviede grene. Mangen stakkels moder skjulte sig med sit nøgne, diende barn bag ved den rygende mur, og soldaterne søgte hende, og fandt de hende og barnet, da begyndte deres djævelske glæde. Onde ånder kunne ikke handle værre, men fyrsten syntes just det gik som det skulle. Dag for dag voksede hans magt, hans navn blev frygtet af alle, og lykken fulgte ham i al hans gerning. Fra de erobrede byer førte han guld og store skatte, der opdyngedes i hans kongestad en rigdom, hvortil der ikke fandtes mage på noget andet sted. Nu lod han bygge prægtige slotte, kirker og buegange, og hver, som så disse herligheder, sagde: "hvilken stor fyrste!" de tænkte ikke på den nød, han havde bragt over andre lande, de hørte ikke de suk og den

nowhere be equalled. He erected magnificent palaces, churches, and halls, and all who saw these splendid buildings and great treasures exclaimed admiringly: "What a mighty prince!" But they did not know what endless misery he had brought upon other countries, nor did they hear the sighs and lamentations which rose up from the debris of the destroyed cities.

jammer, der lød fra de afbrændte byer.

The prince often looked with delight upon his gold and his magnificent edifices, and thought, like the crowd: "What a mighty prince! But I must have more–much more. No power on earth must equal mine, far less exceed it." He made war with all his neighbours, and defeated them. The conquered kings were chained up with golden fetters to his chariot when he drove through the streets of his city. These kings had to kneel at his and his courtiers' feet when they sat at table, and live on the morsels which they left.

Fyrsten så på sit guld, så på sine prægtige bygninger og tænkte da, som mængden: "hvilken stor fyrste! men jeg må have mere! meget mere! Ingen magt må nævnes lig, end sige større, end min!" og han gik i krig med alle sine naboer og han besejrede dem alle. De overvundne konger lod han, med guldkæder, lænke til sin vogn, når han kørte gennem gaderne. Og sad han til bords, da måtte de ligge ved hans og hoffolkenes fødder og tage de stykker brød, man dér kastede til dem.

At last the prince had his own statue erected on the public places and fixed on the royal palaces; nay, he even wished it to be placed in the churches, on the altars, but in this the priests opposed him, saying: "Prince, you are mighty indeed, but God's power is much greater than yours; we dare not obey your orders."

Nu lod fyrsten sin billedstøtte oprejse på torvene og i de kongelige slotte, ja han ville at den skulle stå i kirkerne foran Herrens alter, men præsterne sagde: "Fyrste, du er stor, men Gud er større, vi vover det ikke."

"Well," said the prince. "Then I will conquer God too." And in his haughtiness and foolish presumption he ordered a magnificent ship to be constructed, with which he could sail through the air; it was gorgeously fitted out and of many colours; like the tail of a peacock, it was covered with thousands of eyes, but each eye was the barrel of a gun. The prince sat in the centre of the ship, and had only to touch a spring in order to make thousands of bullets fly out in all directions, while the guns were at once loaded again. Hundreds of eagles were attached to this ship, and it rose with the swiftness of an arrow up towards the sun. The earth was soon left far below, and looked, with its mountains and woods, like a cornfield where the plough had made furrows which separated green meadows; soon it looked only like a map with indistinct lines upon it; and at last it entirely disappeared in mist and clouds. Higher and higher rose the eagles up into the air; then God sent one of his numberless angels against the ship. The wicked prince showered thousands of bullets upon him, but they rebounded from his shining wings and fell down like ordinary hailstones. One drop of blood, one single drop, came out of the white feathers of the angel's wings and fell upon the ship in which the prince sat, burnt

"Vel," sagde den onde fyrste, "så overvinder jeg Gud med!" og i sit hjertes overmod og tåbelighed lod han bygge et kunstigt skib, hvormed han kunne gennemfare luften. Det var broget som påfuglens hale og syntes besat med tusinde øjne, men hvert øje var en bøssepibe. Fyrsten sad midt i skibet, han behøvede kun at trykke på en fjeder, da fløj tusinde kugler ud, og bøsserne var igen ladt som før. Hundrede stærke ørne spændtes foran skibet, og således fløj han nu mod solen. Jorden lå dybt nede. Først syntes den, med sine bjerge og skove, kun som en oppløjet ager, hvor det grønne titter frem fra den væltede græstørv, siden lignede den det flade landkort, og snart var den ganske skjult i tåge og skyer. Højere og højere fløj ørnene op ad. Da udsendte Gud en eneste af sine utallige engle, og den onde fyrste lod tusinde kugler flyve imod ham, men kuglerne faldt som hagl tilbage fra englens skinnende vinger. En bloddråbe, kun en eneste, dryppede fra den hvide vingefjer, og denne dråbe faldt på skibet, hvori fyrsten sad. Den brændte sig fast, den tyngede som tusinde centner bly og rev skibet i styrtende fart ned mod jorden. Ørnenes stærke vinger knækkedes, vinden susede om fyrstens hoved, og skyerne rundt om, de var jo skabt af de afbrændte byer, formede sig i truende skikkelser,

into it, and weighed upon it like thousands of hundredweights, dragging it rapidly down to the earth again; the strong wings of the eagles gave way, the wind roared round the prince's head, and the clouds around– were they formed by the smoke rising up from the burnt cities?– took strange shapes, like crabs many, many miles long, which stretched their claws out after him, and rose up like enormous rocks, from which rolling masses dashed down, and became fire-spitting dragons. The prince was lying half-dead in his ship, when it sank at last with a terrible shock into the branches of a large tree in the wood.

som milestore krebs, der strakte deres stærke klo ud efter ham, som rullende klippestykker og ildspyende drager. Halvt død lå han i skibet, der til sidst blev hængende mellem skovens tykke trægrene.

"I will conquer God!" said the prince. "I have sworn it: my will must be done!" And he spent seven years in the construction of wonderful ships to sail through the air, and had darts cast from the hardest steel to break the walls of heaven with. He gathered warriors from all countries, so many that when they were placed side by side they covered the space of several miles. They entered the ships and the prince was approaching his own, when God sent a swarm of gnats– one swarm of little gnats. They buzzed round the prince and stung his face and hands; angrily he drew his sword and brandished it, but he only touched the air and did not hit the gnats. Then he ordered

"Jeg vil besejre Gud!" sagde han, "jeg har svoret det, min vilje skal ske!" og han lod i syv år bygge kunstige skibe, til at gennemfare luften med, han lod smede lynstråler af det hårdeste stål, thi han ville sprænge himlens befæstning. Fra alle sine lande samlede han store krigshære, de bedækkede en omkreds af flere mil, da de stod opstillet mand ved mand. De besteg de kunstige skibe, kongen selv nærmede sig sit, da udsendte Gud en myggesværm, en eneste lille myggesværm, den surrede om kongen og stak hans ansigt og hænder. Han drog i harme sit sværd, men slog kun i den tomme luft, myggene kunne han ikke ramme. Da bød han at

his servants to bring costly coverings and wrap him in them, that the gnats might no longer be able to reach him. The servants carried out his orders, but one single gnat had placed itself inside one of the coverings, crept into the prince's ear and stung him. The place burnt like fire, and the poison entered into his blood. Mad with pain, he tore off the coverings and his clothes too, flinging them far away, and danced about before the eyes of his ferocious soldiers, who now mocked at him, the mad prince, who wished to make war with God, and was overcome by a single little gnat.

der skulle bringes kostelige tæpper. Disse måtte man vikle om ham, der kunne ingen myg trænge igennem med sin brod, og man gjorde, som han bød, men én eneste myg satte sig på det inderste tæppe, den krøb ind i kongens øre og stak ham dér. Det brændte som ild, giften slog op i hans hjerne, han rev sig løs, sled tæpperne af sig, sønderrev sine klæder og dansede nøgen for de rå, vilde soldater, som nu spottede den gale fyrste, der ville bestorme Gud og straks var overvundet af en eneste lille myg.

The buckwheat

Very often, after a violent thunder-storm, a field of buckwheat appears blackened and singed, as if a flame of fir had passed over it. The country people say that this appearance is caused by lightning; but I will tell you what th sparrow says, and the sparrow heard it from an old willow-tree which grew near a field of buckwheat, and is ther still. It is a large venerable tree, though a little crippled by age. The trunk has been split, and out of the crevic grass and brambles grow. The tree bends for-ward slightly, and the branches hang quite down to the ground jus like green hair

Boghveden

Tit og ofte, når man efter et tordenvejr går forbi en ager, hvor boghveden gror, ser man, at den er blevet ganske sort og afsvedet; det er ligesom en ildlue var gået hen over den, og bondemanden siger da: "Det har den fået af lynilden!" men hvorfor har den fået det? - Jeg skal fortælle, hvad gråspurven har sagt mig, og gråspurven har hørt det af et gammelt piletræ, der stod ved en boghvedeager og står der endnu. Det er sådant et ærværdigt stort piletræ, men runkent og gammelt, det er revnet lige midt i og der vokser græs og brombærranker ud af revnen; træet hælder forover og grenene hænger lige ned mod jorden, ligesom om

de kunne være et grønt, langt hår.

Corn grows in the surrounding fields, not only rye and barley, but oats,– pretty oats that, when ripe, look like a number of little golden canary-birds sitting on a bough. The corn has a smiling look and the heaviest and richest ears bend their heads low as if in pious humility.

På alle markerne rundt om voksede korn, både rug, byg og havre, ja den dejlige havre, der ser ud, når den er moden, ligesom en hel mængde små gule kanariefugle på en gren. Kornet stod så velsignet, og jo tungere det var des dybere bøjede det sig i from ydmyghed.

Once there was also a field of buckwheat, and this field was exactly opposite to old willow-tree. The buckwheat did not bend like the other grain, but erected its head proudly and stiffly on the stem.

Men der var også en ager med boghvede, og den ager var lige ud for det gamle piletræ; boghveden bøjede sig slet ikke, som det andet korn, den knejste stolt og stiv!

"I am as valuable as any other corn," said he, "and I am much handsomer; my flowers are as beautiful as the bloom of the apple blossom, and it is a pleasure to look at us. Do you know of anything prettier than we are, you old willow-tree?"

"Jeg er vel så rig, som akset," sagde den, "jeg er desuden meget smukkere; mine blomster er skønne, som æbletræets blomster, det er en lyst at se på mig og mine! kender du nogen prægtigere end os, du gamle piletræ!"

And the willow-tree nodded his head, as if he would say, "Indeed I do." But the buckwheat spread itself out with pride, and said, "Stupid tree; he is so old that grass grows out of his body."

Og piletræet nikkede med hovedet, ligesom det ville sige: "Jo det gør jeg rigtignok!" men boghveden struttede af bare hovmod og sagde: "Det dumme træ, det er så gammelt at der vokser græs i maven på det!"

There arose a very terrible storm. All the field-flowers folded their leaves together, or bowed their little heads, while the storm passed over them, but the buckwheat stood erect in its pride.

Nu trak der et skrækkeligt ondt vejr op; alle markens blomster foldede deres blade, eller bøjede deres fine hoveder, mens stormen fór hen over dem; men boghveden knejsede i sin stolthed.

"Bend your head as we do," said the flowers.

"Bøj dit hoved, som vi!" sagde blomsterne.

"I have no occasion to do so," replied the buckwheat.

"Det behøver jeg slet ikke!" sagde boghveden.

"Bend your head as we do," cried the ears of corn; "the angel of the storm is coming; his wings spread from the sky above to the earth beneath. He will strike you down before you can cry for mercy."

"Bøj dit hoved, som vi!" råbte kornet! "nu kommer stormens engel flyvende! han har vinger, der når oppe fra skyerne og lige ned til jorden, og han hugger dig midt over, før du kan bede ham være dig nådig!"

"But I will not bend my head," said the buckwheat.

"Ja men jeg vil ikke bøje mig!" sagde boghveden.

"Close your flowers and bend your leaves," said the old willow-tree. "Do not look at the lightning when the cloud bursts; even men cannot do that. In a flash of lightning heaven opens, and we can look in; but the sight will strike even human beings blind. What then must happen to us, who only grow out of the earth, and are so inferior to them, if we venture to do so?"

"Luk dine blomster og bøj dine blade!" sagde det gamle piletræ, "se ikke op mod lynet, når skyen brister, selv menneskene tør det ikke, thi i lynet kan man se ind i Guds himmel, men det syn kan selv gøre menneskene blinde, hvad ville der da ikke ske med os jordens vækster, vovede vi det, vi, som er langt ringere!"

"Inferior, indeed!" said the buckwheat. "Now I intend to have a peep into heaven." Proudly and boldly he looked up, while the lightning flashed across the sky as if the whole world were in flames.

"Langt ringere!" sagde boghveden. "Nu vil jeg just se ind i Guds himmel!" og den gjorde det i overmod og stolthed. Det var, som hele verden stod i ildslue, således lynede det.

When the dreadful storm had passed, the flowers and the corn raised their drooping heads in the pure still air, refreshed by the rain, but the buckwheat lay like a weed in the field, burnt to blackness by

Da det onde vejr siden var forbi, stod blomster og korn i den stille rene luft, så forfriskede af regnen, men boghveden var brændt kulsort i lynet, den var nu en død, unyttig urt på marken.

the lightning.

The branches of the old willow-tree rustled in the wind, and large water-drops fell from his green leaves as if the old willow were weeping. Then the sparrows asked why he was weeping, when all around him seemed so cheerful. "See," they said, "how the sun shines, and the clouds float in the blue sky. Do you not smell the sweet perfume from flower and bush? Wherefore do you weep, old willow-tree?"

Og det gamle piletræ bevægede sine grene i vinden og der faldt store vanddråber fra de grønne blade, ligesom om træet græd, og spurvene spurgte: "Hvorfor græder du? her er jo så velsignet! se hvor solen skinner, se hvor skyerne går, kan du mærke den duft fra blomster og buske! hvorfor græder du, gamle piletræ!"

Then the willow told them of the haughty pride of the buckwheat, and of the punishment which followed in consequence. This is the story told me by the sparrows one evening when I begged them to relate some tale to me.

Og piletræet fortalte om boghvedens stolthed, overmod og straf! den følger altid. Jeg som fortæller historien har hørt den af spurvene! - de fortalte mig det en aften, da jeg bad dem om et eventyr.

The angel

Englen

Whenever a good child dies, an angel of God comes down from heaven, takes the dead child in his arms, spread out his great white wings, and flies with him over all the places which the child had loved during his life. Then h gathers a large handful of flowers, which he carries up to the Almighty, that they may bloom more brightly i heaven than they do on earth. And the Almighty presses the flowers to His heart, but He kisses the flower tha pleases Him best, and it receives a

"Hver gang et godt barn dør, kommer der en Guds engel ned til Jorden, tager det døde barn på sine arme, breder de store hvide vinger ud, flyver hen over alle de steder, barnet har holdt af, og plukker en hel håndfuld blomster, som de bringer op til Gud for der at blomstre endnu smukkere end på Jorden. Den gode Gud trykker alle blomsterne til sit hjerte, men den blomst, som er ham kærest, giver han et kys, og da får den stemme og kan synge med i den store lyksalighed!"

voice, and is able to join the song of the chorus of bliss.

These words were spoken by an angel of God, as he carried a dead child up to heaven, and the child listened as if in a dream. Then they passed over well-known spots, where the little one had often played, and through beautiful gardens full of lovely flowers.

Se, alt dette fortalte en Guds engel, idet den bar et dødt barn bort til Himmelen, og barnet hørte ligesom i drømme; og de fór hen over de steder i hjemmet, hvor den lille havde leget, og de kom gennem haver med dejlige blomster.

"Which of these shall we take with us to heaven to be transplanted there?" asked the angel.

"Hvilke skal vi nu tage med og plante i Himmelen?" spurgte englen.

Close by grew a slender, beautiful, rose-bush, but some wicked hand had broken the stem, and the half-opened rosebuds hung faded and withered on the trailing branches.

Og der stod et slankt, velsignet rosentræ, men en ond hånd havde knækket stammen, så at alle grenene, fulde af store, halvudsprungne knopper, hang visne ned rundt om.

"Poor rose-bush!" said the child, "let us take it with us to heaven, that it may bloom above in God's garden."

"Det stakkels træ!" sagde barnet, "tag det, at det kan komme til at blomstre deroppe hos Gud!"

The angel took up the rose-bush; then he kissed the child, and the little one half opened his eyes. The angel gathered also some beautiful flowers, as well as a few humble buttercups and heart's-ease.

Og englen tog det, men kyssede barnet derfor, og den lille åbnede halvt sine øjne. De plukkede af de rige pragtblomster, men tog også den foragtede morgenfrue og den vilde stedmoderblomst.

"Now we have flowers enough," said the child; but the angel only nodded, he did not fly upward to heaven. It was night, and quite still in the great town. Here they remained, and the angel hovered over a small, narrow street, in

"Nu har vi blomster!" sagde barnet, og englen nikkede, men de fløj endnu ikke op mod Gud. Det var nat, det var ganske stille, de blev i den store by, de svævede om i en af de snævreste gader, hvor der lå hele bunker halm, aske og

which lay a large heap of straw, ashes, and sweepings from the houses of people who had removed. There lay fragments of plates, pieces of plaster, rags, old hats, and other rubbish not pleasant to see.

skrimmelskrammel, det havde været flyttedag! der lå stykker af tallerkner, gipsstumper, klude og gamle hattepulde, alt hvad der ikke så godt ud.

Amidst all this confusion, the angel pointed to the pieces of a broken flower-pot, and to a lump of earth which had fallen out of it. The earth had been kept from falling to pieces by the roots of a withered field-flower, which had been thrown amongst the rubbish.

Og englen pegede i al den forstyrrelse ned på nogle skår af en urtepotte, og på en klump jord, der var faldet ud af denne og holdtes sammen ved rødderne af en stor, vissen markblomst, der slet ikke duede og derfor var kastet ud på gaden.

"We will take this with us," said the angel, "I will tell you why as we fly along."

"Den tager vi med!" sagde englen, "jeg skal fortælle dig, medens vi flyver!"

And as they flew the angel related the history.

Og så fløj de, og englen fortalte:

"Down in that narrow lane, in a low cellar, lived a poor sick boy; he had been afflicted from his childhood, and even in his best days he could just manage to walk up and down the room on crutches once or twice, but no more. During some days in summer, the sunbeams would lie on the floor of the cellar for about half an hour. In this spot the poor sick boy would sit warming himself in the sunshine, and watching the red blood through his delicate fingers as he held them before his face. Then he would say he had been out, yet he knew nothing of the

"Dernede i den snævre gade, i den lave kælder, boede en fattig, syg dreng; fra ganske lille af havde han altid været sengeliggende; når han var allermest rask, kunne han på krykker gå den lille stue et par gange op og ned, det var det hele. Nogle dage om sommeren faldt solstrålerne en halv times tid ind i kælderforstuen, og når da den lille dreng sad der og lod den varme sol skinne på sig, og så det røde blod gennem sine fine fingre, som han holdt op for ansigtet, så hed det: "Ja i dag har han været ude!" - Han kendte skoven i dens dejlige forårsgrønne kun derved, at

green forest in its spring verdure, till a neighbor's son brought him a green bough from a beech-tree. This he would place over his head, and fancy that he was in the beech-wood while the sun shone, and the birds carolled gayly. One spring day the neighbor's boy brought him some field-flowers, and among them was one to which the root still adhered. This he carefully planted in a flower-pot, and placed in a window-seat near his bed. And the flower had been planted by a fortunate hand, for it grew, put forth fresh shoots, and blossomed every year. It became a splendid flower-garden to the sick boy, and his little treasure upon earth. He watered it, and cherished it, and took care it should have the benefit of every sunbeam that found its way into the cellar, from the earliest morning ray to the evening sunset. The flower entwined itself even in his dreams– for him it bloomed, for him spread its perfume. And it gladdened his eyes, and to the flower he turned, even in death, when the Lord called him. He has been one year with God. During that time the flower has stood in the window, withered and forgotten, till at length cast out among the sweepings into the street, on the day of the lodgers' removal. And this poor flower, withered and faded as it is, we have added to our nosegay, because it gave more real

naboens søn bragte ham den første bøgegren, og den holdt han over sit hoved, og drømte sig da at være under bøgene, hvor solen skinnede, og fuglene sang. En forårsdag bragte naboens dreng ham også markblomster, og mellem disse var, tilfældigvis, en med rod ved, og derfor blev den plantet i en urtepotte og stillet hen i vinduet tæt ved sengen. Og blomsten var plantet med en lykkelig hånd, den voksede, skød nye skud og bar hvert år sine blomster; den blev den syge drengs dejligste urtegård, hans lille skat på denne jord; han vandede og passede den, og sørgede for, at den fik hver solstråle, lige til den sidste, der gled ned over det lave vindue; og blomsten selv voksede ind i hans drømme, thi for ham blomstrede den, udspredte sin duft og glædede øjet; mod den vendte han sig i døden, da Vorherre kaldte ham. – Et år har han nu været hos Gud, et år har blomsten stået forglemt i vinduet og er visnet, og derfor ved flytningen kastet ud i fejeskarnet på gaden. Og det er den blomst, den fattige, visne blomst vi har taget med i buketten, thi den blomst har glædet mere, end den rigeste blomst i en dronnings have!"

joy than the most beautiful flower in the garden of a queen."

"But how do you know all this?" asked the child whom the angel was carrying to heaven.

"Men hvorfra ved du alt dette!" spurgte barnet, som englen bar op mod Himmelen.

"I know it," said the angel, "because I myself was the poor sick boy who walked upon crutches, and I know my own flower well."

"Jeg ved det!" sagde englen. "Jeg var jo selv den syge, lille dreng, der gik på krykker! min blomst kender jeg nok!"

Then the child opened his eyes and looked into the glorious happy face of the angel, and at the same moment they found themselves in that heavenly home where all is happiness and joy. And God pressed the dead child to His heart, and wings were given him so that he could fly with the angel, hand in hand. Then the Almighty pressed all the flowers to His heart; but He kissed the withered field-flower, and it received a voice. Then it joined in the song of the angels, who surrounded the throne, some near, and others in a distant circle, but all equally happy. They all joined in the chorus of praise, both great and small,– the good, happy child, and the poor field-flower, that once lay withered and cast away on a heap of rubbish in a narrow, dark street.

Og barnet åbnede ganske sine øjne og så ind i englens dejlige, glade ansigt, og i samme øjeblik var de i Guds himmel, hvor der var glæde og lyksalighed. Og Gud trykkede det døde barn til sit hjerte, og da fik det vinger, som den anden engel og fløj hånd i hånd med ham; og Gud trykkede alle blomsterne til sit hjerte, men den fattige, visne markblomst kyssede han og den fik stemme og sang med alle englene, der svævede om Gud, nogle ganske nær, andre uden om disse, i store kredse, altid længere bort, i det uendelige, men alle lige lykkelige. Og alle sang de, små og store, det gode, velsignede barn, og den fattige markblomst, der havde ligget vissen, henkastet i fejeskarnet, mellem flyttedagsskramleriet, i den snævre, mørke gade.

The ugly duckling

Den grimme ælling

It was lovely summer weather in the country, and the golden corn, the green oats, and the haystacks

Der var så dejligt ude på landet; det var sommer, kornet stod gult, havren grøn, høet var rejst i stakke

piled up i the meadows looked beautiful. The stork walking about on his long red legs chattered in the Egyptian language which he had learnt from his mother. The corn-fields and meadows were surrounded by large forests, in the mids of which were deep pools. It was, indeed, delightful to walk about in the country. In a sunny spot stood a pleasan old farm-house close by a deep river, and from the house down to the water side grew great burdock leaves, s high, that under the tallest of them a little child could stand upright. The spot was as wild as the centre of a thic wood. In this snug retreat sat a duck on her nest, watching for her young brood to hatch; she was beginning to ge tired of her task, for the little ones were a long time coming out of their shells, and she seldom had any visitors. Th other ducks liked much better to swim about in the river than to climb the slippery banks, and sit under a burdoc leaf, to have a gossip with her

nede i de grønne enge, og der gik storken på sine lange, røde ben og snakkede ægyptisk, for det sprog havde han lært af sin moder. Rundt om ager og eng var der store skove, og midt i skovene dybe søer; jo, der var rigtignok dejligt derude på landet! Midt i solskinnet lå der en gammel herregård med dybe kanaler rundt om, og fra muren og ned til vandet voksede store skræppeblade, der var så høje, at små børn kunne stå oprejste under de største; der var lige så vildsomt derinde, som i den tykkeste skov, og her lå en and på sin rede; hun skulle ruge sine små ællinger ud, men nu var hun næsten ked af det, fordi det varede så længe, og hun sjælden fik visit; de andre ænder holdt mere af at svømme om i kanalerne, end at løbe op og sidde under et skræppeblad for at snadre med hende.

At length one shell cracked, and then another, and from each egg came a living creature that lifted its head and cried, "Peep, peep."

Endelig knagede det ene æg efter det andet: "pip! pip!" sagde det, alle æggeblommerne var blevet levende og stak hovedet ud.

"Quack, quack," said the mother, and then they all quacked as well as they could, and looked about them on every side at the large green leaves. Their mother allowed them

"Rap! rap!" sagde hun, og så rappede de sig alt hvad de kunne, og så til alle sider under de grønne blade, og moderen lod dem se så meget de ville, for det grønne er

to look as much as they liked, because green is good for the eyes.

godt for øjnene.

"How large the world is," said the young ducks, when they found how much more room they now had than while they were inside the egg-shell.

"Hvor dog verden er stor!" sagde alle ungerne; thi de havde nu rigtignok ganske anderledes plads, end da de lå inde i ægget.

"Do you imagine this is the whole world?" asked the mother; "Wait till you have seen the garden; it stretches far beyond that to the parson's field, but I have never ventured to such a distance. Are you all out?" she continued, rising; "No, I declare, the largest egg lies there still. I wonder how long this is to last, I am quite tired of it;" and she seated herself again on the nest.

"Tror I, det er hele verden!" sagde moderen, "den strækker sig langt på den anden side haven, lige ind i præstens mark! men der har jeg aldrig været! – I er her dog vel alle sammen!" – og så rejste hun sig op, "nej, jeg har ikke alle! det største æg ligger der endnu; hvor længe skal det vare! nu er jeg snart ked af det!" og så lagde hun sig igen.

"Well, how are you getting on?" asked an old duck, who paid her a visit.

"Nå hvordan går det?" sagde en gammel and, som kom for at gøre visit.

"One egg is not hatched yet," said the duck, "it will not break. But just look at all the others, are they not the prettiest little ducklings you ever saw? They are the image of their father, who is so unkind, he never comes to see."

"Det varer så længe med det ene æg!" sagde anden, som lå; "der vil ikke gå hul på det! men nu skal du se de andre! de er de dejligste ællinger jeg har set! de ligner alle sammen deres fader, det skarn han kommer ikke og besøger mig."

"Let me see the egg that will not break," said the duck; "I have no doubt it is a turkey's egg. I was persuaded to hatch some once, and after all my care and trouble with the young ones, they were afraid of the water. I quacked and clucked, but all to no purpose. I could not

"Lad mig se det æg, der ikke vil revne!" sagde den gamle. "Du kan tro, at det er et kalkunæg! således er jeg også blevet narret engang, og jeg havde min sorg og nød med de unger, for de er bange for vandet, skal jeg sige dig! jeg kunne ikke få dem ud! jeg rappede og snappede,

get them to venture in. Let me look at the egg. Yes, that is a turkey's egg; take my advice, leave it where it is and teach the other children to swim."

men det hjalp ikke! – Lad mig se ægget! jo, det er et kalkunæg! lad du det ligge og lær de andre børn at svømme!"

"I think I will sit on it a little while longer," said the duck; "as I have sat so long already, a few days will be nothing."

"Jeg vil dog ligge på det lidt endnu!" sagde anden; "har jeg nu ligget så længe, så kan jeg ligge dyrehavstiden med!"

"Please yourself," said the old duck, and she went away.

"Vær så god!" sagde den gamle and, og så gik hun.

At last the large egg broke, and a young one crept forth crying, "Peep, peep." It was very large and ugly. The duck stared at it and exclaimed, "It is very large and not at all like the others. I wonder if it really is a turkey. We shall soon find it out, however when we go to the water. It must go in, if I have to push it myself."

Endelig revnede det store æg. "Pip! pip!" sagde ungen og væltede ud; han var så stor og styg. Anden så på ham: "Det er da en forfærdelig stor ælling den!" sagde hun; "ingen af de andre ser sådan ud! det skulle dog vel aldrig være en kalkunkylling! nå, det skal vi snart komme efter! i vandet skal han, om jeg så selv må sparke ham ud!"

On the next day the weather was delightful, and the sun shone brightly on the green burdock leaves, so the mother duck took her young brood down to the water, and jumped in with a splash. "Quack, quack," cried she, and one after another the little ducklings jumped in. The water closed over their heads, but they came up again in an instant, and swam about quite prettily with their legs paddling under them as easily as possible, and the ugly duckling was also in the water swimming with them.

Næste dag var det et velsignet, dejligt vejr; solen skinnede på alle de grønne skræpper. Ællingemoderen med hele sin familie kom frem nede ved kanalen: plask! sprang hun i vandet: "rap! rap!" sagde hun og den ene ælling plumpede ud efter den anden; vandet slog dem over hovedet, men de kom straks op igen og flød så dejligt; benene gik af sig selv, og alle var de ude, selv den stygge, grå unge svømmede med.

"Oh," said the mother, "that is not

"Nej, det er ingen kalkun!" sagde

a turkey; how well he uses his legs, and how upright he holds himself! He is my own child, and he is not so very ugly after all if you look at him properly. Quack, quack! come with me now, I will take you into grand society, and introduce you to the farmyard, but you must keep close to me or you may be trodden upon; and, above all, beware of the cat."

hun; "se hvor dejligt den bruger benene, hvor rank den holder sig! det er min egen unge! i grunden er den dog ganske køn, når man rigtig ser på den! rap! rap! – kom nu med mig, så skal jeg føre jer ind i verden, og præsentere jer i andegården, men hold jer altid nær ved mig, at ingen træder på jer, og tag jer i agt for kattene!"

When they reached the farmyard, there was a great disturbance, two families were fighting for an eel's head, which, after all, was carried off by the cat.

Og så kom de ind i andegården. Der var en skrækkelig støj derinde, thi der var to familier, som sloges om et ålehoved, og så fik dog katten det.

"See, children, that is the way of the world," said the mother duck, whetting her beak, for she would have liked the eel's head herself. "Come, now, use your legs, and let me see how well you can behave. You must bow your heads prettily to that old duck yonder; she is the highest born of them all, and has Spanish blood, therefore, she is well off. Don't you see she has a red flag tied to her leg, which is something very grand, and a great honor for a duck; it shows that every one is anxious not to lose her, as she can be recognized both by man and beast. Come, now, don't turn your toes, a well-bred duckling spreads his feet wide apart, just like his father and mother, in this way; now bend your neck, and say 'quack.'"

"Se, således går det til i verden!" sagde ællingemoderen, og slikkede sig om snablen, for hun ville også have ålehovedet. "Brug nu benene!" sagde hun, "se, at I kan rappe jer, og nej med halsen for den gamle and derhenne! hun er den fornemste af dem alle her! hun er af spansk blod, derfor er hun svær, og ser I, hun har en rød klud om benet! det er noget overordentligt dejligt, og den største udmærkelse nogen and kan få, det betyder så meget, at man ikke vil af med hende, og at hun skal kendes af dyr og af mennesker! – Rap jer! – ikke ind til bens! en velopdragen ælling sætter benene vidt fra hinanden, ligesom fader og moder! se så! nej nu med halsen og sig: rap!"

The ducklings did as they were bid, but the other duck stared, and said, "Look, here comes another brood, as if there were not enough of us already! and what a queer looking object one of them is; we don't want him here," and then one flew out and bit him in the neck.

Og det gjorde de; men de andre ænder rundt om så på dem og sagde ganske højt: "Se så! nu skal vi have det slæng til! ligesom vi ikke var nok alligevel! og fy, hvor den ene ælling ser ud! ham vil vi ikke tåle!" – og straks fløj der en and hen og bed den i nakken.

"Let him alone," said the mother; "he is not doing any harm."

"Lad ham være!" sagde moderen, "han gør jo ingen noget!"

"Yes, but he is so big and ugly," said the spiteful duck "and therefore he must be turned out."

"Ja, men han er for stor og for aparte!" sagde anden, som bed, "og så skal han nøfles!"

"The others are very pretty children," said the old duck, with the rag on her leg, "all but that one; I wish his mother could improve him a little."

"Det er kønne børn, moder har!" sagde den gamle and med kluden om benet, "Alle sammen kønne, på den ene nær, den er ikke lykkedes! jeg ville ønske, hun kunne gøre den om igen!"

"That is impossible, your grace," replied the mother; "he is not pretty; but he has a very good disposition, and swims as well or even better than the others. I think he will grow up pretty, and perhaps be smaller; he has remained too long in the egg, and therefore his figure is not properly formed;" and then she stroked his neck and smoothed the feathers, saying, "It is a drake, and therefore not of so much consequence. I think he will grow up strong, and able to take care of himself."

"Det går ikke, Deres nåde!" sagde ællingemoderen, "han er ikke køn, men han er et inderligt godt gemyt, og svømmer så dejligt, som nogen af de andre, ja, jeg tør sige lidt til! jeg tænker han vokser sig køn, eller han med tiden bliver noget mindre! han har ligget for længe i ægget, og derfor har han ikke fået den rette skikkelse!" og så pillede hun ham i nakken og glattede på personen. "Han er desuden en andrik," sagde hun, "og så gør det ikke så meget! jeg tror han får gode kræfter, han slår sig nok igennem!"

"The other ducklings are graceful enough," said the old duck. "Now make yourself at home, and if you

"De andre ællinger er nydelige!" sagde den gamle, "lad nu, som I var hjemme, og finder I et

can find an eel's head, you can bring it to me."

ålehoved, så kan I bringe mig det!" –

And so they made themselves comfortable.

Og så var de, som hjemme.

But the poor duckling, who had crept out of his shell last of all, and looked so ugly, was bitten and pushed and made fun of, not only by the ducks, but by all the poultry. "He is too big," they all said, and the turkey cock, who had been born into the world with spurs, and fancied himself really an emperor, puffed himself out like a vessel in full sail, and flew at the duckling, and became quite red in the head with passion, so that the poor little thing did not know where to go, and was quite miserable because he was so ugly and laughed at by the whole farmyard.

Men den stakkels ælling, som sidst var kommet ud af ægget, og så så fæl ud, blev bidt, puffet og gjort nar af, og det både af ænderne og hønsene. "Han er for stor!" sagde de alle sammen, og den kalkunske hane, der var født med sporer og troede derfor, at han var en kejser, pustede sig op som et fartøj for fulde sejl, gik lige ind på ham og så pludrede den og blev ganske rød i hovedet. Den stakkels ælling vidste hverken, hvor den turde stå eller gå, den var så bedrøvet, fordi den så så styg ud og var til spot for hele andegården.

So it went on from day to day till it got worse and worse. The poor duckling was driven about by every one; even his brothers and sisters were unkind to him, and would say, "Ah, you ugly creature, I wish the cat would get you," and his mother said she wished he had never been born. The ducks pecked him, the chickens beat him, and the girl who fed the poultry kicked him with her feet.

Således gik det den første dag, og siden blev det værre og værre. Den stakkels ælling blev jaget af dem alle sammen, selv hans søskende var så onde imod ham, og de sagde altid: "Bare katten ville tage dig, dit fæle spektakel!" og moderen sagde: "Gid du bare var langt borte!" og ænderne bed ham, og hønsene huggede ham, og pigen, som skulle give dyrene æde, sparkede til ham med foden.

So at last he ran away, frightening the little birds in the hedge as he flew over the palings. "They are

Da løb og fløj han hen over hegnet; de små fugle i buskene fór forskrækket i vejret; "det er fordi

afraid of me because I am ugly," he said. So he closed his eyes, and flew still farther, until he came out on a large moor, inhabited by wild ducks. Here he remained the whole night, feeling very tired and sorrowful.

jeg er så styg," tænkte ællingen og lukkede øjnene, men løb alligevel af sted; så kom den ud i den store mose, hvor vildænderne boede. Her lå den hele natten, den var så træt og sorrigfuld.

In the morning, when the wild ducks rose in the air, they stared at their new comrade. "What sort of a duck are you?" they all said, coming round him. He bowed to them, and was as polite as he could be, but he did not reply to their question.

Om morgnen fløj vildænderne op, og de så på den nye kammerat; "hvad er du for en?" spurgte de, og ællingen drejede sig til alle sider, og hilste så godt den kunne.

"You are exceedingly ugly," said the wild ducks, "but that will not matter if you do not want to marry one of our family." Poor thing! he had no thoughts of marriage; all he wanted was permission to lie among the rushes, and drink some of the water on the moor.

"Du er inderlig styg!" sagde vildænderne, "men det kan da være os det samme, når du ikke gifter dig ind i vor familie!" – Den stakkel! han tænkte rigtignok ikke på at gifte sig, turde han bare have lov at ligge i sivene og drikke lidt mosevand.

After he had been on the moor two days, there came two wild geese, or rather goslings, for they had not been out of the egg long, and were very saucy.

Der lå han i hele to dage, så kom der to vildgæs eller rettere vildgasser, for de var to hanner; det var ikke mange tider siden de var kommet ud af ægget, og derfor var de så raske på det.

"Listen, friend," said one of them to the duckling, "you are so ugly, that we like you very well. Will you go with us, and become a bird of passage? Not far from here is another moor, in which there are some pretty wild geese, all unmarried. It is a chance for you to

"Hør kammerat!" sagde de, "Du er så styg at jeg kan godt lide dig! vil du drive med og være trækfugl! tæt herved i en anden mose er der nogle søde velsignede vildgæs, alle sammen frøkner, der kan sige: rap! du er i stand til at gøre din lykke, så styg er du!" – –

get a wife; you may be lucky, ugly as you are."

"Pop, pop," sounded in the air, and the two wild geese fell dead among the rushes, and the water was tinged with blood. "Pop, pop," echoed far and wide in the distance, and whole flocks of wild geese rose up from the rushes. The sound continued from every direction, for the sportsmen surrounded the moor, and some were even seated on branches of trees, overlooking the rushes. The blue smoke from the guns rose like clouds over the dark trees, and as it floated away across the water, a number of sporting dogs bounded in among the rushes, which bent beneath them wherever they went. How they terrified the poor duckling! He turned away his head to hide it under his wing, and at the same moment a large terrible dog passed quite near him. His jaws were open, his tongue hung from his mouth, and his eyes glared fearfully. He thrust his nose close to the duckling, showing his sharp teeth, and then, "splash, splash," he went into the water without touching him.

"Pif! paf!" lød i det samme ovenover, og begge vildgasserne faldt døde ned i sivene, og vandet blev blodrødt; pif! paf! lød det igen, og hele skarer af vildgæs fløj op af sivene, og så knaldede det igen. Der var stor jagt, jægerne lå rundt om mosen, ja nogle sad oppe i trægrenene, der strakte sig langt ud over sivene; den blå røg gik ligesom skyer ind imellem de mørke træer og hang langt hen over vandet; i mudderet kom jagthundene, klask klask; siv og rør svajede til alle sider; det var en forskrækkelse for den stakkels ælling, den drejede hovedet om for at få det under vingen, og lige i det samme stod tæt ved den en frygtelig stor hund, tungen hang ham langt ud af halsen, og øjnene skinnede grueligt fælt; han satte sit gab lige ned imod ællingen, viste de skarpe tænder – – og plask! plask! gik han igen uden at tage den.

"Oh," sighed the duckling, "how thankful I am for being so ugly; even a dog will not bite me."

"Oh Gud ske lov!" sukkede ællingen, "jeg er så styg, at selv hunden ikke gider bide mig!"

And so he lay quite still, while the shot rattled through the rushes, and gun after gun was fired over

Og så lå den ganske stille, mens haglene susede i sivene, og det knaldede skud på skud.

him.

It was late in the day before all became quiet, but even then the poor young thing did not dare to move. He waited quietly for several hours, and then, after looking carefully around him, hastened away from the moor as fast as he could. He ran over field and meadow till a storm arose, and he could hardly struggle against it.

Først langt ud på dagen blev der stille, men den stakkels unge turde endnu ikke rejse sig, den ventede flere timer endnu, før den så sig om, og så skyndte den sig af sted fra mosen, alt hvad den kunne; den løb over mark og over eng, det var en blæst, så at den havde hårdt ved at komme af sted.

Towards evening, he reached a poor little cottage that seemed ready to fall, and only remained standing because it could not decide on which side to fall first. The storm continued so violent, that the duckling could go no farther; he sat down by the cottage, and then he noticed that the door was not quite closed in consequence of one of the hinges having given way. There was therefore a narrow opening near the bottom large enough for him to slip through, which he did very quietly, and got a shelter for the night.

Mod aften nåede den et fattigt lille bondehus; det var så elendigt, at det ikke selv vidste til hvad side det ville falde, og så blev det stående. Blæsten susede således om ællingen, at han måtte sætte sig på halen for at holde imod; og det blev værre og værre; da mærkede han, at døren var gået af det ene hængsel, og hang så skævt, at han igennem sprækken kunne smutte ind i stuen, og det gjorde han.

A woman, a tom cat, and a hen lived in this cottage. The tom cat, whom the mistress called, "My little son," was a great favorite; he could raise his back, and purr, and could even throw out sparks from his fur if it were stroked the wrong way. The hen had very short legs, so she was called "Chickie short legs." She laid good eggs, and her

Her boede en gammel kone med sin kat og sin høne, og katten, som hun kaldte Sønnike, kunne skyde ryg og spinde, han gnistrede sågar, men så måtte man stryge ham mod hårene; hønen havde ganske små lave ben, og derfor kaldtes den "Kykkelilavben;" den lagde godt æg, og konen holdt af den, som af sit eget barn.

mistress loved her as if she had been her own child.

In the morning, the strange visitor was discovered, and the tom cat began to purr, and the hen to cluck.

Om morgnen mærkede man straks den fremmede ælling, og katten begyndte at spinde og hønen at klukke.

"What is that noise about?" said the old woman, looking round the room, but her sight was not very good; therefore, when she saw the duckling she thought it must be a fat duck, that had strayed from home. "Oh what a prize!" she exclaimed, "I hope it is not a drake, for then I shall have some duck's eggs. I must wait and see."

"Hvad for noget!" sagde konen, og så rundt omkring, men hun så ikke godt, og så troede hun, at ællingen var en fed and, der havde forvildet sig. "Det var jo en rar fangst!" sagde hun, "nu kan jeg få andeæg, er den bare ikke en andrik! det må vi prøve!"

So the duckling was allowed to remain on trial for three weeks, but there were no eggs. Now the tom cat was the master of the house, and the hen was mistress, and they always said, "We and the world," for they believed themselves to be half the world, and the better half too. The duckling thought that others might hold a different opinion on the subject, but the hen would not listen to such doubts.

Og så blev ællingen antaget på prøve i tre uger, men der kom ingen æg. Og katten var herre i huset og hønen var madamme, og alle tider sagde de: "vi og verden!" for de troede, at de var halvparten, og det den allerbedste del. Ællingen syntes, at man kunne også have en anden mening, men det tålte hønen ikke.

"Can you lay eggs?" she asked.

"Kan du lægge æg?" spurgte hun.

"No."

"Nej!"

"Then have the goodness to hold your tongue."

"Ja, vil du så holde din mund!"

"Can you raise your back, or purr, or throw out sparks?" said the tom cat.

Og katten sagde: "Kan du skyde ryg, spinde og gnistre?"

"No."

"Nej!"

"Then you have no right to express an opinion when sensible people are speaking."

"Ja så skal du ikke have mening, når fornuftige folk taler!"

So the duckling sat in a corner, feeling very low spirited, till the sunshine and the fresh air came into the room through the open door, and then he began to feel such a great longing for a swim on the water, that he could not help telling the hen.

Og ællingen sad i krogen og var i dårligt humør; da kom den til at tænke på den friske luft og solskinnet; den fik sådan en forunderlig lyst til at flyde på vandet, til sidst kunne den ikke lade være, den måtte sige det til hønen.

"What an absurd idea," said the hen. "You have nothing else to do, therefore you have foolish fancies. If you could purr or lay eggs, they would pass away."

"Hvad går der af dig?" spurgte hun. "Du har ingen ting at bestille, derfor kommer de nykker over dig! læg æg eller spind, så går de over."

"But it is so delightful to swim about on the water," said the duckling, "and so refreshing to feel it close over your head, while you dive down to the bottom."

"Men det er så dejligt at flyde på vandet!" sagde ællingen, "så dejligt at få det over hovedet og dukke ned på bunden!"

"Delightful, indeed!" said the hen, "why you must be crazy! Ask the cat, he is the cleverest animal I know, ask him how he would like to swim about on the water, or to dive under it, for I will not speak of my own opinion; ask our mistress, the old woman– there is no one in the world more clever than she is. Do you think she would like to swim, or to let the water close over her head?"

"Ja det er en stor fornøjelse!" sagde hønen, "du er nok blevet gal! Spørg katten ad, han er den klogeste, jeg kender, om han holder af at flyde på vandet, eller dykke ned! jeg vil ikke tale om mig. – Spørg selv vort herskab, den gamle kone, klogere end hende er der ingen i verden! tror du, hun har lyst til at flyde og få vand over hovedet!"

"You don't understand me," said the duckling.

"I forstår mig ikke!" sagde ællingen.

"We don't understand you? Who can understand you, I wonder? Do you consider yourself more clever than the cat, or the old woman? I will say nothing of myself. Don't imagine such nonsense, child, and thank your good fortune that you have been received here. Are you not in a warm room, and in society from which you may learn something. But you are a chatterer, and your company is not very agreeable. Believe me, I speak only for your own good. I may tell you unpleasant truths, but that is a proof of my friendship. I advise you, therefore, to lay eggs, and learn to purr as quickly as possible."

"Ja, forstår vi dig ikke, hvem skulle så forstå dig! Du vil dog vel aldrig være klogere end katten og konen, for ikke at nævne mig! Skab dig ikke, barn! og tak du din skaber for alt det gode, man har gjort for dig! Er du ikke kommet i en varm stue og har en omgang, du kan lære noget af! men du er et vrøvl, og det er ikke morsomt at omgås dig! mig kan du tro! jeg mener dig det godt, jeg siger dig ubehageligheder, og derpå skal man kende sine sande venner! se nu bare til, at du lægger æg og lærer at spinde eller gnistre!"

"I believe I must go out into the world again," said the duckling.

"Jeg tror, jeg vil gå ud i den vide verden!" sagde ællingen.

"Yes, do," said the hen.

"Ja, gør du det!" sagde hønen.

So the duckling left the cottage, and soon found water on which it could swim and dive, but was avoided by all other animals, because of its ugly appearance.

Og så gik ællingen; Den flød på vandet, den dykkede ned, men af alle dyr var den overset for sin grimhed.

Autumn came, and the leaves in the forest turned to orange and gold. Then, as winter approached, the wind caught them as they fell and whirled them in the cold air. The clouds, heavy with hail and snow-flakes, hung low in the sky, and the raven stood on the ferns crying, "Croak, croak." It made one shiver with cold to look at him. All

Nu faldt efteråret på, bladene i skoven blev gule og brune, blæsten tog fat i dem, så de dansede omkring, og oppe i luften så der koldt ud; skyerne hang tunge med hagl og snefnug, og på gærdet stod ravnen og skreg "av! av!" af bare kulde; ja man kunne ordentlig fryse, når man tænkte derpå; den stakkels ælling havde det rigtignok

this was very sad for the poor little duckling.

ikke godt.

One evening, just as the sun set amid radiant clouds, there came a large flock of beautiful birds out of the bushes. The duckling had never seen any like them before. They were swans, and they curved their graceful necks, while their soft plumage shown with dazzling whiteness. They uttered a singular cry, as they spread their glorious wings and flew away from those cold regions to warmer countries across the sea. As they mounted higher and higher in the air, the ugly little duckling felt quite a strange sensation as he watched them. He whirled himself in the water like a wheel, stretched out his neck towards them, and uttered a cry so strange that it frightened himself. Could he ever forget those beautiful, happy birds; and when at last they were out of his sight, he dived under the water, and rose again almost beside himself with excitement. He knew not the names of these birds, nor where they had flown, but he felt towards them as he had never felt for any other bird in the world. He was not envious of these beautiful creatures, but wished to be as lovely as they. Poor ugly creature, how gladly he would have lived even with the ducks had they only given him encouragement.

En aften, solen gik så velsignet ned, kom der en hel flok dejlige store fugle ud af buskene, ællingen havde aldrig set nogen så smukke, de var ganske skinnende hvide, med lange, smidige halse; det var svaner, de udstødte en ganske forunderlig lyd, bredte deres prægtige, lange vinger ud og fløj bort fra de kolde egne til varmere lande, til åbne søer! de steg så højt, så højt, og den lille grimme ælling blev så forunderlig til mode, den drejede sig rundt i vandet ligesom et hjul, rakte halsen højt op i luften efter dem, udstødte et skrig så højt og forunderligt, at den selv blev bange derved. Oh, den kunne ikke glemme de dejlige fugle, de lykkelige fugle, og så snart den ikke længere øjnede dem, dukkede den lige ned til bunden, og da den kom op igen, var den ligesom ude af sig selv. Den vidste ikke, hvad fuglene hed, ikke hvor de fløj hen, men dog holdt den af dem, som den aldrig havde holdt af nogen; Den misundte dem slet ikke, hvor kunne det falde den ind at ønske sig en sådan dejlighed, den ville være glad, når bare dog ænderne ville have tålt den imellem sig! – det stakkels grimme dyr!

The winter grew colder and colder; he was obliged to swim about on the water to keep it from freezing, but every night the space on which he swam became smaller and smaller. At length it froze so hard that the ice in the water crackled as he moved, and the duckling had to paddle with his legs as well as he could, to keep the space from closing up. He became exhausted at last, and lay still and helpless, frozen fast in the ice.

Og vinteren blev så kold, så kold; ællingen måtte svømme om i vandet for at holde det fra at fryse rent til; men hver nat blev hullet, hvori den svømmede, smallere og smallere; det frøs, så det knagede i isskorpen; ællingen måtte altid bruge benene, at vandet ikke skulle lukkes; til sidst blev den mat, lå ganske stille og frøs så fast i isen.

Early in the morning, a peasant, who was passing by, saw what had happened. He broke the ice in pieces with his wooden shoe, and carried the duckling home to his wife. The warmth revived the poor little creature.

Tidlig om morgnen kom en bondemand, han så den, gik ud og slog med sin træsko isen i stykker og bar den så hjem til sin kone. Der blev den livet op.

But when the children wanted to play with him, the duckling thought they would do him some harm; so he started up in terror, fluttered into the milk-pan, and splashed the milk about the room. Then the woman clapped her hands, which frightened him still more. He flew first into the butter-cask, then into the meal-tub, and out again. What a condition he was in! The woman screamed, and struck at him with the tongs; the children laughed and screamed, and tumbled over each other, in their efforts to catch him; but luckily he escaped. The door stood open; the poor creature could just

Børnene ville lege med den, men ællingen troede, at de ville gøre den fortræd, og fór, i forskrækkelse, lige op i mælkefadet, så at mælken skvulpede ud i stuen; konen skreg og slog hænderne i vejret, og da fløj den i truget, hvor smørret var, og så ned i meltønden og op igen; nå, hvor den kom til at se ud! og konen skreg og slog efter den med ildklemmen, og børnene løb hinanden over ende for at fange ællingen, og de lo, og de skreg! – godt var det, at døren stod åben, ud fór den imellem buskene i den nyfaldne sne – der lå den, ligesom i dvale.

manage to slip out among the bushes, and lie down quite exhausted in the newly fallen snow.

It would be very sad, were I to relate all the misery and privations which the poor little duckling endured during the hard winter; but when it had passed, he found himself lying one morning in a moor, amongst the rushes. He felt the warm sun shining, and heard the lark singing, and saw that all around was beautiful spring.

Men det ville blive alt for bedrøveligt at fortælle al den nød og elendighed, den måtte prøve i den hårde vinter – – den lå i mosen mellem rørene, da solen igen begyndte at skinne varmt; lærkerne sang – det var dejligt forår.

Then the young bird felt that his wings were strong, as he flapped them against his sides, and rose high into the air. They bore him onwards, until he found himself in a large garden, before he well knew how it had happened. The apple-trees were in full blossom, and the fragrant elders bent their long green branches down to the stream which wound round a smooth lawn. Everything looked beautiful, in the freshness of early spring. From a thicket close by came three beautiful white swans, rustling their feathers, and swimming lightly over the smooth water. The duckling remembered the lovely birds, and felt more strangely unhappy than ever.

Da løftede den på en gang sine vinger, de bruste stærkere end før og bar den kraftigt af sted; og før den ret vidste det, var den i en stor have, hvor æbletræerne stod i blomst, hvor syrenerne duftede og hang på de lange, grønne grene lige ned imod de bugtede kanaler! Oh her var så dejligt, så forårsfriskt! og lige foran, ud af tykningen, kom tre dejlige, hvide svaner; de bruste med fjerene og flød så let på vandet. Ællingen kendte de prægtige dyr og blev betaget af en forunderlig sørgmodighed.

"I will fly to those royal birds," he exclaimed, "and they will kill me, because I am so ugly, and dare to approach them; but it does not matter: better be killed by them

"Jeg vil flyve hen til dem, de kongelige fugle! og de vil hugge mig ihjel, fordi jeg, der er så styg, tør nærme mig dem! men det er det samme! bedre at dræbes af dem,

than pecked by the ducks, beaten by the hens, pushed about by the maiden who feeds the poultry, or starved with hunger in the winter." Then he flew to the water, and swam towards the beautiful swans. The moment they espied the stranger, they rushed to meet him with outstretched wings. "Kill me," said the poor bird; and he bent his head down to the surface of the water, and awaited death. But what did he see in the clear stream below? His own image; no longer a dark, gray bird, ugly and disagreeable to look at, but a graceful and beautiful swan.

end at nappes af ænderne, hugges af hønsene, sparkes af pigen, der passer hønsegården, og lide ondt om vinteren!" og den fløj ud i vandet og svømmede hen imod de prægtige svaner, disse så den og skød med brusende fjer hen imod den. "Dræb mig kun!" sagde det stakkels dyr, og bøjede sit hoved ned mod vandfladen og ventede døden, – men hvad så den i det klare vand! den så under sig sit eget billede, men den var ikke længere en kluntet, sortgrå fugl, styg og fæl, den var selv en svane.

To be born in a duck's nest, in a farmyard, is of no consequence to a bird, if it is hatched from a swan's egg.

Det gør ikke noget at være født i andegården, når man kun har ligget i et svaneæg!

He now felt glad at having suffered sorrow and trouble, because it enabled him to enjoy so much better all the pleasure and happiness around him; for the great swans swam round the new-comer, and stroked his neck with their beaks, as a welcome.

Den følte sig ordentlig glad over al den nød og genvordighed, den havde prøvet; nu skønnede den just på sin lykke, på al den dejlighed, der hilste den. – Og de store svaner svømmede rundt omkring den og strøg den med næbbet.

Into the garden presently came some little children, and threw bread and cake into the water.

I haven kom der nogle små børn, de kastede brød og korn ud i vandet, og den mindste råbte:

"See," cried the youngest, "there is a new one;" and the rest were delighted, and ran to their father and mother, dancing and clapping their hands, and shouting joyously,

"Der er en ny!" og de andre børn jublede med: "Ja der er kommet en ny!" og de klappede i hænderne og dansede rundt; løb efter fader og moder, og der blev kastet brød og

"There is another swan come; a new one has arrived." Then they threw more bread and cake into the water, and said, "The new one is the most beautiful of all; he is so young and pretty." And the old swans bowed their heads before him.

kage i vandet, og alle sagde de: "Den nye er den smukkeste! så ung og så dejlig!" og de gamle svaner nejede for den.

Then he felt quite ashamed, and hid his head under his wing; for he did not know what to do, he was so happy, and yet not at all proud. He had been persecuted and despised for his ugliness, and now he heard them say he was the most beautiful of all the birds. Even the elder-tree bent down its bows into the water before him, and the sun shone warm and bright. Then he rustled his feathers, curved his slender neck, and cried joyfully, from the depths of his heart, "I never dreamed of such happiness as this, while I was an ugly duckling."

Da følte den sig ganske undselig og stak hovedet om bag vingerne, den vidste ikke selv hvad! den var alt for lykkelig, men slet ikke stolt, thi et godt hjerte bliver aldrig stolt! den tænkte på, hvor den havde været forfulgt og forhånet, og hørte nu alle sige, at den var den dejligste af alle dejlige fugle; og syrenerne bøjede sig med grenene lige ned i vandet til den, og solen skinnede så varmt og så godt, da bruste dens fjer, den slanke hals hævede sig, og af hjertet jublede den: "Så megen lykke drømte jeg ikke om, da jeg var den grimme ælling!"

The fir tree

Grantræet

Far down in the forest, where the warm sun and the fresh air made a sweet resting-place, grew a pretty little fir-tree; and yet it was not happy, it wished so much to be tall like its companions– the pines and firs which grew around it. The sun shone, and the soft air fluttered its leaves, and the little peasant children passed by, prattling merrily, but the fir-tree heeded them not. Sometimes the children

Ude i skoven stod der sådant et nydeligt grantræ; det havde en god plads, sol kunne det få, luft var der nok af, og rundt om voksede mange større kammerater, både gran og fyr; men det lille grantræ var så ilter med at vokse; det tænkte ikke på den varme sol og den friske luft, det brød sig ikke om bønderbørnene der gik og småsnakkede, når de var ude at samle jordbær eller hindbær; tit

would bring a large basket of raspberries or strawberries, wreathed on a straw, and seat themselves near the fir-tree, and say, "Is it not a pretty little tree?" which made it feel more unhappy than before.

kom de med en hel krukke fuld eller havde jordbær trukket på strå, så satte de sig ved det lille træ og sagde: "Nej! Hvor det er nydeligt lille!" Det ville træet slet ikke høre.

And yet all this while the tree grew a notch or joint taller every year; for by the number of joints in the stem of a fir-tree we can discover its age. Still, as it grew, it complained.

Året efter var det en lang stilk større, og året efter igen var det endnu en meget længere; thi på et grantræ kan man altid, efter de mange led, det har, se hvor mange år det har vokset.

"Oh! how I wish I were as tall as the other trees, then I would spread out my branches on every side, and my top would over-look the wide world. I should have the birds building their nests on my boughs, and when the wind blew, I should bow with stately dignity like my tall companions."

"Oh, var jeg dog sådant et stort træ, som de andre!" sukkede det lille træ, "så kunne jeg brede mine grene så langt omkring og med toppen se ud i den vide verden! Fuglene ville da bygge rede imellem mine grene, og når det blæste kunne jeg nikke så fornemt, ligesom de andre der!"

The tree was so discontented, that it took no pleasure in the warm sunshine, the birds, or the rosy clouds that floated over it morning and evening.

Det havde slet ingen fornøjelse af solskinnet, af fuglene eller de røde skyer, som morgen og aften sejlede hen over det.

Sometimes, in winter, when the snow lay white and glittering on the ground, a hare would come springing along, and jump right over the little tree; and then how mortified it would feel! Two winters passed, and when the third arrived, the tree had grown so tall that the hare was obliged to run round it. Yet it remained

Var det nu vinter, og sneen rundt omkring lå gnistrende hvid, så kom tit en hare springende, og satte lige over det lille træ, - oh, det var så ærgerligt! - Men to vintre gik, og ved den tredje var træet så stort, at haren måtte gå uden om det. Oh, vokse, vokse, blive stor og gammel, det var dog det eneste dejlige i denne verden, tænkte træet.

unsatisfied, and would exclaim, "Oh, if I could but keep on growing tall and old! There is nothing else worth caring for in the world!"

In the autumn, as usual, the wood-cutters came and cut down several of the tallest trees, and the young fir-tree, which was now grown to its full height, shuddered as the noble trees fell to the earth with a crash. After the branches were lopped off, the trunks looked so slender and bare, that they could scarcely be recognized. Then they were placed upon wagons, and drawn by horses out of the forest.

I efteråret kom altid brændehuggerne og fældede nogle af de største træer, det skete hvert år, og det unge grantræ, som nu var ganske godt voksent, skælvede derved, thi de store, prægtige træer faldt med en knagen og bragen til jorden; grenene blev hugget fra, de så ganske nøgne, lange og smalle ud; de var næsten ikke til at kende, men så blev de lagt på vogne, og heste trak dem af sted ud af skoven.

"Where were they going? What would become of them?"

Hvor skulle de hen? Hvad forestod dem?

The young fir-tree wished very much to know; so in the spring, when the swallows and the storks came, it asked, "Do you know where those trees were taken? Did you meet them?"

I foråret, da svalen og storken kom, spurgte træet dem: "Ved I ikke, hvor de førtes hen? Har I ikke mødt dem?"

The swallows knew nothing, but the stork, after a little reflection, nodded his head, and said, "Yes, I think I do. I met several new ships when I flew from Egypt, and they had fine masts that smelt like fir. I think these must have been the trees; I assure you they were stately, very stately."

Svalerne vidste ikke noget, men storken så betænkelig ud, nikkede med hovedet og sagde: "Jo, jeg tror det! Jeg mødte mange nye skibe da jeg fløj fra Ægypten; på skibene var prægtige mastetræer, jeg tør sige, at det var dem, de lugtede af gran; jeg kan hilse mange gange, de knejste, de knejste!"

"Oh, how I wish I were tall enough to go on the sea," said the fir-tree.

"Oh, var jeg dog også stor nok til at flyve hen over havet! Hvorledes

"What is the sea, and what does it look like?"

er det egentligt dette hav, og hvad ligner det?"

"It would take too much time to explain," said the stork, flying quickly away.

"Ja det er så vidtløftigt at forklare!" sagde storken, og så gik den.

"Rejoice in thy youth," said the sunbeam; "rejoice in thy fresh growth, and the young life that is in thee."

"Glæd dig ved din ungdom!" sagde solstrålerne; "glæd dig ved din friske vækst, ved det unge liv, som er i dig!"

And the wind kissed the tree, and the dew watered it with tears; but the fir-tree regarded them not.

Og vinden kyssede træet, og duggen græd tårer over det, men det forstod grantræet ikke.

Christmas-time drew near, and many young trees were cut down, some even smaller and younger than the fir-tree who enjoyed neither rest nor peace with longing to leave its forest home. These young trees, which were chosen for their beauty, kept their branches, and were also laid on wagons and drawn by horses out of the forest.

Når det var ved juletid, da blev ganske unge træer fældet, træer som tit ikke engang var så store eller i alder med dette grantræ, der hverken havde rast eller ro, men altid ville af sted; disse unge træer, og de var just de allersmukkeste, beholdt altid alle deres grene, de blev lagt på vogne og heste trak dem af sted ud af skoven.

"Where are they going?" asked the fir-tree. "They are not taller than I am: indeed, one is much less; and why are the branches not cut off? Where are they going?"

"Hvorhen skal de?" spurgte grantræet. "De er ikke større end jeg, der var endogså et, der var meget mindre; hvorfor beholder de alle deres grene? Hvor kører de hen?"

"We know, we know," sang the sparrows; "we have looked in at the windows of the houses in the town, and we know what is done with them. They are dressed up in the most splendid manner. We have seen them standing in the middle of a warm room, and

"Det ved vi! Det ved vi!" kvidrede gråspurvene. "Vi har nede i byen kigget ind ad ruderne! Vi ved, hvor de kører hen! Oh, de kommer til den største glans og herlighed, der kan tænkes! Vi har kigget ind af vinduerne og set at de bliver plantet midt i den varme stue og

adorned with all sorts of beautiful things,– honey cakes, gilded apples, playthings, and many hundreds of wax tapers."

"And then," asked the fir-tree, trembling through all its branches, "and then what happens?"

"We did not see any more," said the sparrows; "but this was enough for us."

"I wonder whether anything so brilliant will ever happen to me," thought the fir-tree. "It would be much better than crossing the sea. I long for it almost with pain. Oh! when will Christmas be here? I am now as tall and well grown as those which were taken away last year. Oh! that I were now laid on the wagon, or standing in the warm room, with all that brightness and splendor around me! Something better and more beautiful is to come after, or the trees would not be so decked out. Yes, what follows will be grander and more splendid. What can it be? I am weary with longing. I scarcely know how I feel."

"Rejoice with us," said the air and the sunlight. "Enjoy thine own bright life in the fresh air."

But the tree would not rejoice, though it grew taller every day; and, winter and summer, its dark-green foliage might be seen in the forest, while passers by would say,

pyntet med de dejligste ting, både forgyldte æbler, honningkager, legetøj og mange hundrede lys!"

"Og så -?" spurgte grantræet og bævede i alle grene. "Og så? Hvad sker så?"

"Ja, mere har vi ikke set! Det var mageløst!"

"Mon jeg er blevet til for at gå denne strålende vej?" jublede træet. "Det er endnu bedre, end at gå over havet! Hvor jeg lider af længsel! Var det dog jul! Nu er jeg høj og udstrakt, som de andre, der førtes af sted sidste år! - Oh, var jeg alt på vognen! Var jeg dog i den varme stue med al den pragt og herlighed! Og da -? Ja, da kommer noget endnu bedre, endnu skønnere, hvorfor skulle de ellers således pynte mig! Der må komme noget endnu større, endnu herligere –! Men hvad? Oh, jeg lider! Jeg længes! Jeg ved ikke selv, hvorledes det er med mig!"

"Glæd dig ved mig!" sagde luften og sollyset; "glæd dig ved din friske ungdom ude i det fri!"

Men det glædede sig slet ikke; det voksede og voksede, vinter og sommer stod det grønt; mørkegrønt stod det; folk, som så det, sagde: "Det er et dejligt træ!"

"What a beautiful tree!" A short time before Christmas, the discontented fir-tree was the first to fall. As the axe cut through the stem, and divided the pith, the tree fell with a groan to the earth, conscious of pain and faintness, and forgetting all its anticipations of happiness, in sorrow at leaving its home in the forest. It knew that it should never again see its dear old companions, the trees, nor the little bushes and many-colored flowers that had grown by its side; perhaps not even the birds. Neither was the journey at all pleasant.

og ved juletid blev det fældet først af alle. Øksen huggede dybt igennem marven, træet faldt med et suk hen ad jorden, det følte en smerte, en afmagt, det kunne slet ikke tænke på nogen lykke, det var bedrøvet ved at skilles fra hjemmet, fra den plet, hvor det var skudt frem; det vidste jo, at det aldrig mere så de kære gamle kammerater, de små buske og blomster rundt om, ja måske ikke engang fuglene. Afrejsen var slet ikke noget behageligt.

The tree first recovered itself while being unpacked in the courtyard of a house, with several other trees; and it heard a man say, "We only want one, and this is the prettiest."

Træet kom først til sig selv, da det i gården, afpakket med de andre træer, hørte en mand sige: "Det dér er prægtigt! Vi bruger ikke uden det!"

Then came two servants in grand livery, and carried the fir-tree into a large and beautiful apartment. On the walls hung pictures, and near the great stove stood great china vases, with lions on the lids. There were rocking chairs, silken sofas, large tables, covered with pictures, books, and playthings, worth a great deal of money,– at least, the children said so. Then the fir-tree was placed in a large tub, full of sand; but green baize hung all around it, so that no one could see it was a tub, and it stood on a very handsome carpet. How the fir-tree

Nu kom to tjenere i fuld stads og bar grantræet ind i en stor, dejlig sal. Rundt om på væggene hang portrætter, og ved den store flisekakkelovn stod store kinesiske vaser med løver på låget; der var gyngestole, silkesofaer, store borde fulde af billedbøger, og med legetøj for hundrede gange hundrede rigsdaler - i det mindste sagde børnene det. Og grantræet blev rejst op i en stor fjerding, fyldt med sand, men ingen kunne se, at det var en fjerding, thi der blev hængt grønt tøj rundt om, og den stod på et stort broget tæppe. Oh, hvor

trembled! "What was going to happen to him now?" Some young ladies came, and the servants helped them to adorn the tree. On one branch they hung little bags cut out of colored paper, and each bag was filled with sweetmeats; from other branches hung gilded apples and walnuts, as if they had grown there; and above, and all round, were hundreds of red, blue, and white tapers, which were fastened on the branches. Dolls, exactly like real babies, were placed under the green leaves,– the tree had never seen such things before,– and at the very top was fastened a glittering star, made of tinsel. Oh, it was very beautiful!

træet bævede! Hvad ville der dog ske? Både tjenere og frøkener gik og pyntede det. På en gren hang de små net, udklippet af kulørt papir; hvert net var fyldt med sukkergodt; forgyldte æbler og valnødder hang, som om de var vokset fast, og over hundrede røde, blå og hvide smålys blev stukket fast i grenene. Dukker, der så livagtig ud som mennesker, - træet havde aldrig set sådanne før - svævede i det grønne, og allerøverst oppe i toppen blev sat en stor stjerne af flitterguld; det var prægtigt, ganske mageløst prægtigt.

"This evening," they all exclaimed, "how bright it will be!"

"I aften," sagde de alle sammen, "i aften skal det stråle!"

"Oh, that the evening were come," thought the tree, "and the tapers lighted! then I shall know what else is going to happen. Will the trees of the forest come to see me? I wonder if the sparrows will peep in at the windows as they fly? shall I grow faster here, and keep on all these ornaments summer and winter?"

"Oh!" tænkte træet, "var det dog aften! Var bare lysene snart tændt! Og hvad mon da sker? Mon der kommer træer fra skoven og ser på mig? Mon gråspurvene flyver ved ruden? Mon jeg her vokser fast og skal stå pyntet vinter og sommer?"

But guessing was of very little use; it made his bark ache, and this pain is as bad for a slender fir-tree, as headache is for us.

Jo, det vidste god besked; men det havde ordentligt barkepine af bare længsel, og barkepine er lige så slem for et træ, som hovedpine for os andre.

At last the tapers were lighted, and

Nu blev lysene tændt. Hvilken

then what a glistening blaze of light the tree presented! It trembled so with joy in all its branches, that one of the candles fell among the green leaves and burnt some of them.

glans, hvilken pragt, træet bævede i alle grene derved, så at et af lysene stak ild i det grønne; det sved ordentligt.

"Help! help!" exclaimed the young ladies, but there was no danger, for they quickly extinguished the fire.

"Gud bevare os!" skreg frøknerne og slukkede i en hast.

After this, the tree tried not to tremble at all, though the fire frightened him; he was so anxious not to hurt any of the beautiful ornaments, even while their brilliancy dazzled him. And now the folding doors were thrown open, and a troop of children rushed in as if they intended to upset the tree; they were followed more silently by their elders. For a moment the little ones stood silent with astonishment, and then they shouted for joy, till the room rang, and they danced merrily round the tree, while one present after another was taken from it.

Nu turde træet ikke engang bæve. Oh, det var en gru! Det var så bange for at tabe noget af al sin stads; det var ganske fortumlet i al den glans, – – og nu gik begge fløjdøre op, og en mængde børn styrtede ind, som om de ville vælte hele træet; de ældre folk kom besindige bag efter; de små stod ganske tavse, - men kun et øjeblik, så jublede de igen så at det rungede efter; de dansede rundt om træet, og den ene present efter den anden blev plukket af.

"What are they doing? What will happen next?" thought the fir. At last the candles burnt down to the branches and were put out. Then the children received permission to plunder the tree. Oh, how they rushed upon it, till the branches cracked, and had it not been fastened with the glistening star to the ceiling, it must have been thrown down.

"Hvad er det, de gør?" tænkte træet. "Hvad skal der ske?" Og lysene brændte lige ned til grenene, og eftersom de brændte ned, slukkede man dem, og så fik børnene lov til at plyndre træet. Oh, de styrtede ind på det, så at det knagede i alle grene; havde det ikke ved snippen og guldstjernen været bundet fast til loftet, så var det styrtet om.

The children then danced about

Børnene dansede rundt med deres

with their pretty toys, and no one noticed the tree, except the children's maid who came and peeped among the branches to see if an apple or a fig had been forgotten.

"A story, a story," cried the children, pulling a little fat man towards the tree. "Now we shall be in the green shade," said the man, as he seated himself under it, "and the tree will have the pleasure of hearing also, but I shall only relate one story; what shall it be? Ivede-Avede, or Humpty Dumpty, who fell down stairs, but soon got up again, and at last married a princess."

"Ivede-Avede," cried some. "Humpty Dumpty," cried others, and there was a fine shouting and crying out. But the fir-tree remained quite still, and thought to himself, "Shall I have anything to do with all this?" but he had already amused them as much as they wished.

Then the old man told them the story of Humpty Dumpty, how he fell down stairs, and was raised up again, and married a princess. And the children clapped their hands and cried, "Tell another, tell another," for they wanted to hear the story of "Ivede-Avede;" but they only had "Humpty Dumpty." After this the fir-tree became quite silent and thoughtful; never had

prægtige legetøj, ingen så på træet uden den gamle barnepige, der gik og tittede ind imellem grenene, men det var bare for at se, om der ikke var glemt endnu en figen eller et æble.

"En historie! En historie!" råbte børnene og trak en lille tyk mand hen imod træet, og han satte sig lige under det, "for så er vi i det grønne," sagde han, "og træet kan have besynderligt godt af at høre med! Men jeg fortæller kun én historie. Vil I høre den om Ivede-Avede eller den om Klumpe-Dumpe, som faldt ned af trapperne og kom dog i højsædet og fik prinsessen!"

"Ivede-Avede!" skreg nogle, "Klumpe-Dumpe!" skreg andre; der var en råben og skrigen, kun grantræet tav ganske stille og tænkte: "Skal jeg slet ikke med, slet ikke gøre noget!" det havde jo været med, havde gjort hvad det skulle gøre.

Og manden fortalte om "Klumpe-Dumpe der faldt ned af trapperne og kom dog i højsædet og fik prinsessen." Og børnene klappede i hænderne og råbte: "Fortæl! Fortæl!" De ville også have "Ivede-Avede," men de fik kun den om "Klumpe-Dumpe." Grantræet stod ganske stille og tankefuld, aldrig havde fuglene ude i skoven fortalt sligt. "Klumpe-Dumpe faldt ned af

the birds in the forest told such tales as "Humpty Dumpty," who fell down stairs, and yet married a princess. "Ah! yes, so it happens in the world," thought the fir-tree; he believed it all, because it was related by such a nice man. "Ah! well," he thought, "who knows? perhaps I may fall down too, and marry a princess;" and he looked forward joyfully to the next evening, expecting to be again decked out with lights and playthings, gold and fruit.

trapperne og fik dog prinsessen! Ja, ja, således går det til i verden!" tænkte grantræet og troede at det var virkeligt, fordi det var sådan en net mand, som fortalte. "Ja, ja! Hvem kan vide! Måske falder jeg også ned af trapperne og får en prinsesse!" og det glædede sig til næste dag at blive klædt på med lys og legetøj, guld og frugter.

"To-morrow I will not tremble," thought he; "I will enjoy all my splendor, and I shall hear the story of Humpty Dumpty again, and perhaps Ivede-Avede." And the tree remained quiet and thoughtful all night.

"I morgen vil jeg ikke ryste!" tænkte det. "Jeg vil ret fornøje mig i al min herlighed. I morgen skal jeg igen høre historien om "Klumpe-Dumpe" og måske den med om "Ivede-Avede."" Og træet stod stille og tankefuld den hele nat.

In the morning the servants and the housemaid came in.

Om morgnen kom karl og pige ind.

"Now," thought the fir, "all my splendor is going to begin again." But they dragged him out of the room and up stairs to the garret, and threw him on the floor, in a dark corner, where no daylight shone, and there they left him. "What does this mean?" thought the tree, "what am I to do here? I can hear nothing in a place like this," and he had time enough to think, for days and nights passed and no one came near him, and when at last somebody did come, it

"Nu begynder stadsen igen!" tænkte træet, men de slæbte det ud af stuen, op ad trappen, ind på loftet, og her, i en mørk krog, hvor ingen dag skinnede, stillede de det hen. "Hvad skal det betyde!" tænkte træet. "Hvad mon jeg her skal bestille? Hvad mon jeg her skal få at høre?" og det hældede sig op til muren og stod og tænkte og tænkte. – – Og god tid havde det, thi der gik dage og nætter; ingen kom herop, og da der endelig kom nogen, så var det for at stille nogle

was only to put away large boxes in a corner. So the tree was completely hidden from sight as if it had never existed.

store kasser hen i krogen; træet stod ganske skjult, man skulle tro, at det var rent glemt.

"It is winter now," thought the tree, "the ground is hard and covered with snow, so that people cannot plant me. I shall be sheltered here, I dare say, until spring comes. How thoughtful and kind everybody is to me! Still I wish this place were not so dark, as well as lonely, with not even a little hare to look at. How pleasant it was out in the forest while the snow lay on the ground, when the hare would run by, yes, and jump over me too, although I did not like it then. Oh! it is terrible lonely here."

"Nu er det vinter derude!" tænkte træet. "Jorden er hård og dækket med sne, menneskene kan ikke plante mig; derfor skal jeg nok her stå i læ til foråret! Hvor det er velbetænkt! Hvor dog menneskene er gode! - Var her kun ikke så mørkt og så skrækkeligt ensomt! - Ikke engang en lille hare! - Det var dog så artigt der ude i skoven, når sneen lå, og haren sprang forbi; ja, selv da den sprang hen over mig, men det holdt jeg ikke af dengang. Her oppe er dog skrækkeligt ensomt!"

"Squeak, squeak," said a little mouse, creeping cautiously towards the tree; then came another; and they both sniffed at the fir-tree and crept between the branches.

"Pi, pi!" sagde en lille mus i det samme og smuttede frem; og så kom der nok en lille. De snusede til grantræet og smuttede mellem grenene på det.

"Oh, it is very cold," said the little mouse, "or else we should be so comfortable here, shouldn't we, you old fir-tree?"

"Det er en gruelig kulde!" sagde de små mus. "Ellers er her velsignet at være! Ikke sandt, du gamle grantræ?"

"I am not old," said the fir-tree, "there are many who are older than I am."

"Jeg er slet ikke gammel!" sagde grantræet, "der er mange, der er meget ældre end jeg!"

"Where do you come from? and what do you know?" asked the mice, who were full of curiosity. "Have you seen the most beautiful places in the world, and can you

"Hvor kommer du fra?" spurgte musene, "og hvad ved du?" de var nu så grueligt nysgerrige. "Fortæl os dog om det dejligste sted på jorden! Har du været der? Har du

tell us all about them? and have you been in the storeroom, where cheeses lie on the shelf, and hams hang from the ceiling? One can run about on tallow candles there, and go in thin and come out fat."

været i spisekammeret, hvor der ligger oste på hylderne og hænger skinker under loftet, hvor man danser på tællelys, og går mager ind og kommer fed ud!"

"I know nothing of that place," said the fir-tree, "but I know the wood where the sun shines and the birds sing." And then the tree told the little mice all about its youth. They had never heard such an account in their lives; and after they had listened to it attentively, they said, "What a number of things you have seen? you must have been very happy."

"Det kender jeg ikke!" sagde træet, "men skoven kender jeg, hvor solen skinner, og hvor fuglene synger!" og så fortalte det alt fra sin ungdom, og de små mus havde aldrig før hørt sådant noget, og de hørte sådan efter og sagde: "Nej, hvor du har set meget! Hvor du har været lykkelig!"

"Happy!" exclaimed the fir-tree, and then as he reflected upon what he had been telling them, he said, "Ah, yes! after all those were happy days." But when he went on and related all about Christmas-eve, and how he had been dressed up with cakes and lights, the mice said,

"Jeg!" sagde grantræet og tænkte over, hvad det selv fortalte; "ja, det var, i grunden, ganske morsomme tider!" - men så fortalte det om juleaften, da det var pyntet med kager og lys.

"How happy you must have been, you old fir-tree."

"Oh!" sagde de små mus, "hvor du har været lykkelig, du gamle grantræ!"

"I am not old at all," replied the tree, "I only came from the forest this winter, I am now checked in my growth."

"Jeg er slet ikke gammel!" sagde træet, "det er jo i denne vinter, jeg er kommet fra skoven! Jeg er i min allerbedste alder, jeg er bare sat i væksten!"

"What splendid stories you can relate," said the little mice. And the next night four other mice came

"Hvor du fortæller dejligt!" sagde de små mus, og næste nat kom de med fire andre småmus, der skulle

with them to hear what the tree had to tell. The more he talked the more he remembered, and then he thought to himself, "Those were happy days, but they may come again. Humpty Dumpty fell down stairs, and yet he married the princess; perhaps I may marry a princess too." And the fir-tree thought of the pretty little birch-tree that grew in the forest, which was to him a real beautiful princess.

høre træet fortælle, og jo mere det fortalte, desto tydeligere huskede det selv alt og syntes: "Det var dog ganske morsomme tider! Men de kan komme, de kan komme! Klumpe-Dumpe faldt ned af trapperne og fik dog prinsessen, måske jeg kan også få en prinsesse," og så tænkte grantræet på sådant et lille nydeligt birketræ, der voksede ude i skoven, det var for grantræet en virkelig dejlig prinsesse.

"Who is Humpty Dumpty?" asked the little mice. And then the tree related the whole story; he could remember every single word, and the little mice was so delighted with it, that they were ready to jump to the top of the tree. The next night a great many more mice made their appearance, and on Sunday two rats came with them; but they said, it was not a pretty story at all, and the little mice were very sorry, for it made them also think less of it.

"Hvem er Klumpe-Dumpe?" spurgte de små mus. Og så fortalte grantræet hele eventyret, det kunne huske hvert evige ord; og de små mus var færdige ved at springe op i toppen på træet af bare fornøjelse. Næste nat kom der mange flere mus, og om søndagen endogså to rotter; men de sagde, at historien var ikke morsom, og det bedrøvede de små mus, thi nu syntes de også mindre om den.

"Do you know only one story?" asked the rats.

"Kan De kun den ene historie?" spurgte rotterne.

"Only one," replied the fir-tree; "I heard it on the happiest evening of my life; but I did not know I was so happy at the time."

"Kun den ene!" svarede træet, "den hørte jeg min lykkeligste aften, men dengang tænkte jeg ikke på, hvor lykkelig jeg var!"

"We think it is a very miserable story," said the rats. "Don't you know any story about bacon, or tallow in the storeroom."

"Det er en overmåde dårlig historie! Kan De ingen med flæsk og tællelys? Ingen spisekammerhistorier?"

"No," replied the tree.

"Nej!" sagde træet.

"Many thanks to you then," replied the rats, and they marched off.

"Ja, så skal De have tak!" svarede rotterne og gik ind til deres.

The little mice also kept away after this, and the tree sighed, and said, "It was very pleasant when the merry little mice sat round me and listened while I talked. Now that is all passed too. However, I shall consider myself happy when some one comes to take me out of this place."

De små mus blev til sidst også borte, og da sukkede træet: "Det var dog ganske rart, da de sad omkring mig de vævre småmus og hørte, hvad jeg fortalte! Nu er også det forbi! - Men jeg skal huske at fornøje mig, når jeg nu tages frem igen!"

But would this ever happen? Yes; one morning people came to clear out the garret, the boxes were packed away, and the tree was pulled out of the corner, and thrown roughly on the garret floor; then the servant dragged it out upon the staircase where the daylight shone.

Men når skete det? - Jo! det var en morgenstund, da kom der folk og rumsterede på loftet; kasserne blev flyttet, træet blev trukket frem; de kastede det rigtignok lidt hårdt mod gulvet, men straks slæbte en karl det hen imod trappen, hvor dagen skinnede.

"Now life is beginning again," said the tree, rejoicing in the sunshine and fresh air. Then it was carried down stairs and taken into the courtyard so quickly, that it forgot to think of itself, and could only look about, there was so much to be seen. The court was close to a garden, where everything looked blooming. Fresh and fragrant roses hung over the little palings. The linden-trees were in blossom; while the swallows flew here and there, crying, "Twit, twit, twit, my mate is coming,"– but it was not the fir-tree they meant.

"Nu begynder livet igen!" tænkte træet; det følte den friske luft, den første solstråle, - og nu var det ude i gården. Alt gik så gesvindt, træet glemte rent at se på sig selv, der var så meget at se rundt om. Gården stødte op til en have, og alt blomstrede derinde; roserne hang så friske og duftende ud over det lille rækværk, lindetræerne blomstrede, og svalerne fløj om og sagde "kvirre-virre-vit, min mand er kommet!" men det var ikke grantræet, de mente.

"Now I shall live," cried the tree, joyfully spreading out its branches; but alas! they were all withered and yellow, and it lay in a corner amongst weeds and nettles. The star of gold paper still stuck in the top of the tree and glittered in the sunshine.

"Nu skal jeg leve!" jublede det og bredte sine grene vidt ud; ak, de var alle visne og gule; det var i krogen mellem ukrudt og nælder, at det lå. Guldpapirsstjernen sad endnu oppe i toppen og glimrede i det klare solskin.

In the same courtyard two of the merry children were playing who had danced round the tree at Christmas, and had been so happy. The youngest saw the gilded star, and ran and pulled it off the tree.

I gården selv legede et par af de lystige børn, der ved juletid havde danset om træet og været så glade ved det. En af de mindste fór hen og rev guldstjernen af.

"Look what is sticking to the ugly old fir-tree," said the child, treading on the branches till they crackled under his boots.

"Se, hvad der sidder endnu på det ækle, gamle juletræ!" sagde han og trampede på grenene, så de knagede under hans støvler.

And the tree saw all the fresh bright flowers in the garden, and then looked at itself, and wished it had remained in the dark corner of the garret. It thought of its fresh youth in the forest, of the merry Christmas evening, and of the little mice who had listened to the story of "Humpty Dumpty."

Og træet så på al den blomsterpragt og friskhed i haven, det så på sig selv, og det ønskede, at det var blevet i sin mørke krog på loftet; det tænkte på sin friske ungdom i skoven, på den lystige juleaften og på de små mus, der så glade havde hørt på historien om Klumpe-Dumpe.

"Past! past!" said the old tree; "Oh, had I but enjoyed myself while I could have done so! but now it is too late."

"Forbi! forbi!" sagde det stakkels træ. "Havde jeg dog glædet mig, da jeg kunne! forbi! forbi!"

Then a lad came and chopped the tree into small pieces, till a large bundle lay in a heap on the ground. The pieces were placed in a fire under the copper, and they quickly blazed up brightly, while the tree

Og tjenestekarlen kom og huggede træet i små stykker, et helt bundt lå der; dejligt blussede det op under den store bryggerkedel; og det sukkede så dybt, hvert suk var som et lille skud; derfor løb børnene,

sighed so deeply that each sigh was like a pistol-shot. Then the children, who were at play, came and seated themselves in front of the fire, and looked at it and cried, "Pop, pop." But at each "pop," which was a deep sigh, the tree was thinking of a summer day in the forest; and of Christmas evening, and of "Humpty Dumpty," the only story it had ever heard or knew how to relate, till at last it was consumed.

som legede, ind og satte sig foran ilden, så ind i den og råbte: "Pif! Paf!" Men ved hvert knald, der var et dybt suk, tænkte træet på en sommerdag i skoven, en vinternat derude, når stjernerne skinnede; det tænkte på juleaften og Klumpe-Dumpe, det eneste eventyr, det havde hørt og vidste at fortælle, og så var træet brændt ud.

The boys still played in the garden, and the youngest wore the golden star on his breast, with which the tree had been adorned during the happiest evening of its existence. Now all was past; the tree's life was past, and the story also,– for all stories must come to an end at last.

Drengene legede i gården, og den mindste havde på brystet guldstjernen, som træet havde båret sin lykkeligste aften; nu var den forbi, og træet var forbi og historien med; forbi, forbi, og det bliver alle historier!

The shepherdess and the sweep

Hyrdinden og skorstensfejeren

Have you ever seen an old wooden cupboard quite black with age, and ornamented with carved foliage and curious figures? Well, just such a cupboard stood in a parlor, and had been left to the family as a legacy by the great-grandmother. It was covered from top to bottom with carved roses and tulips; the most curious scrolls were drawn upon it, and out of them peeped little stags' heads, with antlers. In the middle of the cupboard door was the carved figure of a man most ridiculous to look at. He grinned at you, for no one could

Har du nogensinde set et rigtig gammelt træskab, ganske sort af alderdom og skåret ud med snirkler og løvværk? Just sådant et stod der i en dagligstue, det var arvet fra oldemoder, og udskåret med roser og tulipaner fra øverst til nederst; der var de underligste snirkler og mellem dem stak små hjorte hovedet frem med mange takker, men midt på skabet stod snittet en hel mand, han var rigtignok grinagtig at se på og grine gjorde han, man kunne ikke kalde det at le, han havde gedebukkeben, små horn i panden og et langt skæg.

call it laughing. He had goat's legs, little horns on his head, and a long beard; the children in the room always called him, "Major general-field-sergeant-commander Billy-goat's-legs." It was certainly a very difficult name to pronounce, and there are very few who ever receive such a title, but then it seemed wonderful how he came to be carved at all; yet there he was, always looking at the table under the looking-glass, where stood a very pretty little shepherdess made of china. Her shoes were gilt, and her dress had a red rose or an ornament. She wore a hat, and carried a crook, that were both gilded, and looked very bright and pretty. Close by her side stood a little chimney-sweep, as black as coal, and also made of china. He was, however, quite as clean and neat as any other china figure; he only represented a black chimney-sweep, and the china workers might just as well have made him a prince, had they felt inclined to do so.

Børnene i stuen kaldte ham altid gedebukkebens-overogundergeneral-krigskommandersergenten, for det var et svært navn at sige, og der er ikke mange der får den titel; men at lade ham skære ud det var også noget. Dog nu var han der jo! altid så han hen til bordet under spejlet, for der stod en yndig lille hyrdinde af porcelæn; skoene var forgyldt, kjolen nydelig hæftet op med en rød rose og så havde hun guldhat og hyrdestav; hun var dejlig. Tæt ved hende stod en lille skorstensfejer, så sort som et kul, men i øvrigt også af porcelæn; han var lige så ren og pæn som nogen anden, at han var skorstensfejer, det var jo bare noget han forestillede, porcelænsmageren kunne lige så godt have gjort en prins af ham, for det var ét!

He stood holding his ladder quite handily, and his face was as fair and rosy as a girl's; indeed, that was rather a mistake, it should have had some black marks on it. He and the shepherdess had been placed close together, side by side; and, being so placed, they became engaged to each other, for they were very well suited, being both

Der stod han med sin stige så nydeligt, og med et ansigt, så hvidt og rødt, som en pige og det var egentligt en fejl, for lidt sort kunne han gerne have været. Han stod ganske nær ved hyrdinden; de var begge to stillet hvor de stod, og da de nu var stillet, så havde de forlovet sig, de passede jo for hinanden, de var unge folk, de var

made of the same sort of china, and being equally fragile.

af samme porcelæn og begge lige skrøbelige.

Close to them stood another figure, three times as large as they were, and also made of china. He was an old Chinaman, who could nod his head, and used to pretend that he was the grandfather of the shepherdess, although he could not prove it. He however assumed authority over her, and therefore when "Major-general-field-sergeant-commander Billy-goat's-legs" asked for the little shepherdess to be his wife, he nodded his head to show that he consented.

Tæt ved dem stod der nok en dukke, der var tre gange større, det var en gammel kineser, som kunne nikke; han var også af porcelæn og sagde at han var bedstefader til den lille hyrdinde, men det kunne han nok ikke bevise, han påstod at han havde magt over hende, og derfor havde han nikket til gedebukkebens-overogundergeneral-krigskommandersergenten, der friede til den lille hyrdinde.

"You will have a husband," said the old Chinaman to her, "who I really believe is made of mahogany. He will make you a lady of Major-general-field-sergeant-commander Billy-goat's-legs. He has the whole cupboard full of silver plate, which he keeps locked up in secret drawers."

"Der får du en mand," sagde den gamle kineser, "en mand, som jeg næsten tror er af mahognitræ, han kan gøre dig til gedebukkebens-overogundergeneral-krigskommandersergentinde, han har hele skabet fuldt af sølvtøj, foruden hvad han har i de hemmelige gemmer!"

"I won't go into the dark cupboard," said the little shepherdess. "I have heard that he has eleven china wives there already."

"Jeg vil ikke ind i det mørke skab!" sagde den lille hyrdinde, "jeg har hørt sige, at han har derinde elve porcelænskoner!" -

"Then you shall be the twelfth," said the old Chinaman. "To-night as soon as you hear a rattling in the old cupboard, you shall be married, as true as I am a Chinaman;" and then he nodded his head and fell

"Så kan du være den tolvte!" sagde kineseren, "i nat, så snart det knager i det gamle skab, skal I have bryllup, så sandt som jeg er en kineser!" og så nikkede han med hovedet og faldt i søvn.

asleep.

Then the little shepherdess cried, and looked at her sweetheart, the china chimney-sweep.

Men den lille hyrdinde græd og så på sin hjertensallerkæreste, den porcelænsskorstensfejer.

"I must entreat you," said she, "to go out with me into the wide world, for we cannot stay here."

"Jeg tror jeg vil bede dig," sagde hun, "at du vil gå med mig ud i den vide verden, for her kan vi ikke blive!"

"I will do whatever you wish," said the little chimney-sweep; "let us go immediately: I think I shall be able to maintain you with my profession."

"Jeg vil alt hvad du vil!" sagde den lille skorstensfejer, "lad os straks gå, jeg tænker nok jeg kan ernære dig ved professionen!"

"If we were but safely down from the table!" said she; "I shall not be happy till we are really out in the world."

"Bare vi var vel nede af bordet!" sagde hun, "jeg bliver ikke glad før vi er ude i den vide verden!"

Then he comforted her, and showed her how to place her little foot on the carved edge and gilt-leaf ornaments of the table. He brought his little ladder to help her, and so they contrived to reach the floor. But when they looked at the old cupboard, they saw it was all in an uproar. The carved stags pushed out their heads, raised their antlers, and twisted their necks. The major-general sprung up in the air; and cried out to the old Chinaman, "They are running away! they are running away!"

Og han trøstede hende og viste hvor hun skulle sætte sin lille fod på de udskårne kanter og det forgyldte løvværk ned om bordbenet, sin stige tog han også til hjælp og så var de nede på gulvet, men da de så hen til det gamle skab, var der sådant et røre; alle de udskårne hjorte stak hovederne længere frem, rejste takkerne og drejede med halsen; gedebukkebens-overogundergeneral-krigskommandersergenten sprang højt i vejret, og råbte over til den gamle kineser, "nu løber de! nu løber de!"

The two were rather frightened at this, so they jumped into the

Da blev de lidt forskrækkede, og sprang gesvindt op i skuffen til

drawer of the window-seat.

Here were three or four packs of cards not quite complete, and a doll's theatre, which had been built up very neatly. A comedy was being performed in it, and all the queens of diamonds, clubs, and hearts, and spades, sat in the first row fanning themselves with tulips, and behind them stood all the knaves, showing that they had heads above and below as playing cards generally have. The play was about two lovers, who were not allowed to marry, and the shepherdess wept because it was so like her own story.

"I cannot bear it," said she, "I must get out of the drawer;" but when they reached the floor, and cast their eyes on the table, there was the old Chinaman awake and shaking his whole body, till all at once down he came on the floor, "plump."

"The old Chinaman is coming," cried the little shepherdess in a fright, and down she fell on one knee.

"I have thought of something," said the chimney-sweep; "let us get into the great pot-pourri jar which stands in the corner; there we can lie on rose-leaves and lavender, and throw salt in his eyes if he comes near us."

"No, that will never do," said she,

forhøjningen.

Her lå tre, fire spil kort, som ikke var komplette og et lille dukketeater, der var rejst op, så godt det lod sig gøre; der blev spillet komedie og alle damerne, både ruder og hjerter, klør og spar, sad i første række og viftede sig med deres tulipan og bag ved dem stod alle knægtene og viste at de havde hoved, både foroven og forneden, således som spillekort har det. Komedien handlede om to, som ikke måtte få hinanden, og hyrdinden græd derover, for det var ligesom hendes egen historie.

"Det kan jeg ikke holde ud!" sagde hun. "Jeg må op af skuffen!" men da de kom på gulvet og så op til bordet, så var den gamle kineser vågnet, og rokkede med hele kroppen, han var jo en klump forneden!

"Nu kommer den gamle kineser!" skreg den lille hyrdinde og så faldt hun lige ned på sine porcelænsknæ, så bedrøvet var hun.

"Jeg får en tanke," sagde skorstensfejeren, "skal vi krybe ned i den store potpourrikrukke der står i krogen, der kan vi ligge på roser og lavendler og kaste ham salt i øjnene når han kommer."

"Det kan ikke forslå!" sagde hun,

"because I know that the Chinaman and the pot-pourri jar were lovers once, and there always remains behind a feeling of good-will between those who have been so intimate as that. No, there is nothing left for us but to go out into the wide world."

"desuden ved jeg at gamle kineser og potpourrikrukken har været forlovede og der bliver altid lidt godhed tilbage når man således har stået i forhold! nej der er ikke andet for end at gå ud i den vide verden!"

"Have you really courage enough to go out into the wide world with me?" said the chimney-sweep; "have you thought how large it is, and that we can never come back here again?"

"Har du virkelig mod til at gå med mig ud i den vide verden?" spurgte skorstensfejeren. "Har du betænkt hvor stor den er, og at vi aldrig mere kan komme her tilbage!"

"Yes, I have," she replied.

"Det har jeg!" sagde hun.

When the chimney-sweep saw that she was quite firm, he said, "My way is through the stove and up the chimney. Have you courage to creep with me through the fire-box, and the iron pipe? When we get to the chimney I shall know how to manage very well. We shall soon climb too high for any one to reach us, and we shall come through a hole in the top out into the wide world."

Og skorstensfejeren så ganske stift på hende og så sagde han: "Min vej går gennem skorstenen! har du virkelig mod til at krybe med mig gennem kakkelovnen både gennem tromlen og røret? så kommer vi ud i skorstenen og der forstår jeg at bruge mig! vi stiger så højt at de ikke kan nå os, og øverst oppe er der et hul ud til den vide verden!"

So he led her to the door of the stove.

Og han førte hende hen til kakkelovnsdøren.

"It looks very dark," said she; still she went in with him through the stove and through the pipe, where it was as dark as pitch.

"Der ser sort ud!" sagde hun, men hun gik dog med ham, både gennem tromlen og gennem røret, hvor der var den bælgmørke nat.

"Now we are in the chimney," said he; "and look, there is a beautiful star shining above it."

"Nu er vi i skorstenen!" sagde han, "og se! se! ovenover skinner den dejligste stjerne!"

It was a real star shining down upon them as if it would show them the way. So they clambered, and crept on, and a frightful steep place it was; but the chimney-sweep helped her and supported her, till they got higher and higher. He showed her the best places on which to set her little china foot, so at last they reached the top of the chimney, and sat themselves down, for they were very tired, as may be supposed.

The sky, with all its stars, was over their heads, and below were the roofs of the town. They could see for a very long distance out into the wide world, and the poor little shepherdess leaned her head on her chimney-sweep's shoulder, and wept till she washed the gilt off her sash; the world was so different to what she expected.

"This is too much," she said; "I cannot bear it, the world is too large. Oh, I wish I were safe back on the table again, under the looking glass; I shall never be happy till I am safe back again. Now I have followed you out into the wide world, you will take me back, if you love me."

Then the chimney-sweep tried to reason with her, and spoke of the old Chinaman, and of the Major-general-field-sergeant-commander Billy-goat's legs; but she sobbed so bitterly, and kissed her little

Og det var en virkelig stjerne på himlen, der skinnede lige ned til dem, ligesom om den ville vise dem vejen. Og de kravlede og de krøb, en gruelig vej var det, så højt, så højt; men han løftede og lettede, han holdt hende og viste de bedste steder hvor hun skulle sætte sine små porcelænsfødder og så nåede de lige op til skorstensranden og på den satte de sig, for de var rigtignok trætte og det kunne de også være.

Himlen med alle sine stjerner var ovenover, og alle byens tage nedenunder; de så så vidt omkring, så langt ud i verden; den stakkels hyrdinde havde aldrig tænkt sig det således, hun lagde sit lille hoved op til sin skorstensfejer og så græd hun, så at guldet sprang af hendes livbånd.

"Det er alt for meget!" sagde hun. "Det kan jeg ikke holde ud! verden er alt for stor! gid jeg var igen på det lille bord under spejlet! jeg bliver aldrig glad før jeg er der igen! nu har jeg fulgt dig ud til den vide verden, nu kan du gerne følge mig hjem igen, dersom du holder noget af mig!"

Og skorstensfejeren talte fornuftig for hende, talte om gamle kineser og om gedebukkebens-overogundergeneral-krigskommandersergenten, men hun hulkede så gruelig, og kyssede

chimney-sweep till he was obliged to do all she asked, foolish as it was.

sin lille skorstensfejer, så han kunne ikke andet end føje hende, skønt det var galt.

And so, with a great deal of trouble, they climbed down the chimney, and then crept through the pipe and stove, which were certainly not very pleasant places. Then they stood in the dark fire-box, and listened behind the door, to hear what was going on in the room. As it was all quiet, they peeped out. Alas! there lay the old Chinaman on the floor; he had fallen down from the table as he attempted to run after them, and was broken into three pieces; his back had separated entirely, and his head had rolled into a corner of the room. The major-general stood in his old place, and appeared lost in thought.

Og så kravlede de igen med stor besværlighed ned af skorstenen, og de krøb gennem tromlen og røret, det var slet ikke rart, og så stod de i den mørke kakkelovn; dér lurede de bag døren for at få at vide, hvorledes det stod til i stuen. Der var ganske stille; de kiggede ud - ak, dér lå midt på gulvet den gamle kineser, han var faldet ned af bordet, da han ville efter dem og lå slået i tre stykker; hele ryggen var gået af i én stump og hovedet lå trillet hen i en krog; gedebukkebens-overogundergeneral-krigskommandersergenten stod hvor han altid havde stået og tænkte over.

"This is terrible," said the little shepherdess. "My poor old grandfather is broken to pieces, and it is our fault. I shall never live after this;" and she wrung her little hands.

"Det er grueligt!" sagde den lille hyrdinde, "gamle bedstefader er slået i stykker, og vi er skyld deri! det kan jeg aldrig overleve!" og så vred hun sine små bitte hænder.

"He can be riveted," said the chimney-sweep; "he can be riveted. Do not be so hasty. If they cement his back, and put a good rivet in it, he will be as good as new, and be able to say as many disagreeable things to us as ever."

"Han kan klinkes endnu!" sagde skorstensfejeren. "Han kan meget godt klinkes! - Vær bare ikke så heftig! når de limer ham i ryggen og give ham en god klinke i nakken, så vil han være så god som ny igen og kan sige os mange ubehageligheder!"

"Do you think so?" said she; and

"Tror du?" sagde hun. Og så krøb

then they climbed up to the table, and stood in their old places.

de op igen på bordet hvor de før havde stået.

"As we have done no good," said the chimney-sweep, "we might as well have remained here, instead of taking so much trouble."

"Se så langt kom vi!" sagde skorstensfejeren, "der kunne vi have sparet os al den ulejlighed!"

"I wish grandfather was riveted," said the shepherdess. "Will it cost much, I wonder?"

"Bare vi havde den gamle bedstefader klinket!" sagde hyrdinden. "Kan det være så dyrt?"

And she had her wish. The family had the Chinaman's back mended, and a strong rivet put through his neck; he looked as good as new, but he could no longer nod his head.

Og klinket blev han; familien lod ham lime i ryggen, han fik en god klinke i halsen, han var så god som ny, men nikke kunne han ikke.

"You have become proud since your fall broke you to pieces," said Major-general-field-sergeant-commander Billy-goat's-legs. "You have no reason to give yourself such airs. Am I to have her or not?"

"De er nok blevet hovmodig, siden De har været slået i stykker!" sagde gedebukkebens-overogundergeneral-krigskommandersergenten, "jeg synes dog ikke, at det er noget at være så forfærdeligt af! skal jeg have hende eller skal jeg ikke have hende?"

The chimney-sweep and the little shepherdess looked piteously at the old Chinaman, for they were afraid he might nod; but he was not able: besides, it was so tiresome to be always telling strangers he had a rivet in the back of his neck. And so the little china people remained together, and were glad of the grandfather's rivet, and continued to love each other till they were broken to pieces.

Og skorstensfejeren og den lille hyrdinde så så rørende på den gamle kineser, de var så bange han skulle nikke, men han kunne ikke og det var ham ubehageligt at fortælle til en fremmed, at han havde bestandig en klinke i nakken, og så blev de porcelænsfolk sammen og de velsignede bedstefaders klinke og holdt af hinanden til de gik i stykker.

Holger Danske

In Denmark there stands an old castle named Kronenburg, close by the Sound of Elsinore, where large ships, both English, Russian, and Prussian, pass by hundreds every day. And they salute the old castle with cannons, "Boom, boom," which is as if they said, "Good-day." And the cannons of the old castle answer "Boom," which means "Many thanks." In winter no ships sail by, for the whole Sound is covered with ice as far as the Swedish coast, and has quite the appearance of a high-road. The Danish and the Swedish flags wave, and Danes and Swedes say, "Good-day," and "Thank you" to each other, not with cannons, but with a friendly shake of the hand; and they exchange white bread and biscuits with each other, because foreign articles taste the best. But the most beautiful sight of all is the old castle of Kronenburg, where Holger Danske sits in the deep, dark cellar, into which no one goes. He is clad in iron and steel, and rests his head on his strong arm; his long beard hangs down upon the marble table, into which it has become firmly rooted; he sleeps and dreams, but in his dreams he sees everything that happens in Denmark. On each Christmas-eve an angel comes to him and tells him that all he has dreamed is true, and that he may

Holger Danske

Der er i Danmark et gammelt slot, som hedder Kronborg, det ligger lige ud i Øresund, hvor de store skibe hver dag sejler forbi i hundredvis, både engelske, russiske og prøjsiske; og de hilser med kanoner for det gamle slot: "bum!" og slottet svarer igen med kanoner: "bum!" for således siger kanonerne "goddag!" - "mange tak!" – Om vinteren sejler der ingen skibe, så ligger alt med is lige over til det svenske land, men det er ordentlig ligesom en hel landevej, der vajer det danske flag og det svenske flag, og danske og svenske folk siger hinanden: "goddag," - "mange tak!" men ikke med kanoner, nej med venligt håndtag, og den ene henter hvedebrød og kringler hos den anden, for fremmed mad smager bedst. Men pragten i det hele er dog det gamle Kronborg og under det er det at Holger Danske sidder i den dybe mørke kælder hvor ingen kommer, han er klædt i jern og stål og støtter sit hoved på de stærke arme; hans lange skæg hænger ud over marmorbordet hvori det er vokset fast, han sover og drømmer, men i drømme ser han alt hvad der sker heroppe i Danmark. Hver juleaften kommer en Guds engel og siger ham at det er rigtigt, som han har drømt, og at han godt kan sove igen, for Danmark er endnu ikke i nogen ordentlig fare! men kommer det i

go to sleep again in peace, as Denmark is not yet in any real danger; but should danger ever come, then Holger Danske will rouse himself, and the table will burst asunder as he draws out his beard. Then he will come forth in his strength, and strike a blow that shall sound in all the countries of the world.

en, ja, så vil den gamle Holger Danske rejse sig så bordet revner, når han trækker skægget til sig! så kommer han frem og slår så det høres i alle verdens lande.

An old grandfather sat and told his little grandson all this about Holger Danske, and the boy knew that what his grandfather told him must be true. As the old man related this story, he was carving an image in wood to represent Holger Danske, to be fastened to the prow of a ship; for the old grandfather was a carver in wood, that is, one who carved figures for the heads of ships, according to the names given to them. And now he had carved Holger Danske, who stood there erect and proud, with his long beard, holding in one hand his broad battle-axe, while with the other he leaned on the Danish arms.

Alt dette om Holger Danske sad en gammel bedstefader og fortalte sin lille sønnesøn og den lille dreng vidste, at hvad bedstefader sagde, det var sandt. Og mens den gamle sad og fortalte, så snittede han på et stort træbillede, det skulle forestille Holger Danske og stilles forud på et skib, for den gamle bedstefader var billedsnitter, og det er sådan en mand, som skærer ud til skibenes galioner, efter som hvert skib skal kaldes, og her havde han udskåret Holger Danske, der stod så rank og stolt med sit lange skæg og holdt i den ene hånd det brede slagsværd, men støttede den anden hånd på det danske våben.

The old grandfather told the little boy a great deal about Danish men and women who had distinguished themselves in olden times, so that he fancied he knew as much even as Holger Danske himself, who, after all, could only dream; and when the little fellow went to bed, he thought so much about it that

Og den gamle bedstefader fortalte så meget om mærkelige danske mænd og kvinder, at den lille sønnesøn til sidst syntes, at nu vidste han lige så meget, som Holger Danske kunne vide, der jo dog kun drømte derom; og da den lille kom i sin seng, tænkte han så meget derpå, at han ordentlig

he actually pressed his chin against the counterpane, and imagined that he had a long beard which had become rooted to it.

But the old grandfather remained sitting at his work and carving away at the last part of it, which was the Danish arms. And when he had finished he looked at the whole figure, and thought of all he had heard and read, and what he had that evening related to his little grandson. Then he nodded his head, wiped his spectacles and put them on, and said, "Ah, yes; Holger Danske will not appear in my lifetime, but the boy who is in bed there may very likely live to see him when the event really comes to pass." And the old grandfather nodded again; and the more he looked at Holger Danske, the more satisfied he felt that he had carved a good image of him. It seemed to glow with the color of life; the armor glittered like iron and steel. The hearts in the Danish arms grew more and more red; while the lions, with gold crowns on their heads, were leaping up.

"That is the most beautiful coat of arms in the world," said the old man. "The lions represent strength; and the hearts, gentleness and love." And as he gazed on the uppermost lion, he thought of King Canute, who chained great England to Denmark's throne; and

knugede sin hage til sengedynen og syntes at han havde et langt skæg, der var vokset fast i den.

Men den gamle bedstefader blev siddende ved sit arbejde og snittede på den sidste del deri, det var det danske våben; og nu var han færdig, og han så på det hele og han tænkte på alt, hvad han havde læst og hørt og hvad han i aften havde fortalt den lille dreng; og han nikkede og tørrede sine briller, satte dem på igen og sagde: "Ja i min tid kommer nok ikke Holger Danske! men drengen der i sengen kan måske få ham at se og være med når det rigtigt gælder," og den gamle bedstefader nikkede, og jo mere han så på sin Holger Danske, des tydeligere blev det ham at det var et godt billede han der havde gjort; han syntes ordentlig at det fik kulør, og at harnisket skinnede som jern og stål; hjerterne i det danske våben blev mere og mere røde og løverne sprang med guldkroner på.

"Det er dog det dejligste våben nogen i verden har!" sagde den gamle. "Løverne er styrke og hjerterne er mildhed og kærlighed!" og han så på den øverste løve og tænkte på kong Knud, der bandt det store England til Danmarks kongestol, og han så på den anden

he looked at the second lion, and thought of Waldemar, who untied Denmark and conquered the Vandals. The third lion reminded him of Margaret, who united Denmark, Sweden, and Norway. But when he gazed at the red hearts, their colors glowed more deeply, even as flames, and his memory followed each in turn.

løve og tænkte på Valdemar, som samlede Danmark og betvang de vendiske lande; han så på den tredje løve og tænkte på Margrethe som forenede Danmark, Sverige og Norge; men idet han så på de røde hjerter, så skinnede de endnu stærkere end før, de blev til flammer som bevægede sig, og hans tanke fulgte hver af dem.

The first led him to a dark, narrow prison, in which sat a prisoner, a beautiful woman, daughter of Christian the Fourth, Eleanor Ulfeld, and the flame became a rose on her bosom, and its blossoms were not more pure than the heart of this noblest and best of all Danish women.

Den første flamme førte ham ind i et snævert mørkt fængsel; der sad en fange, en dejlig kvinde, Christian den Fjerdes datter: Eleonore Ulfeldt; og flammen satte sig som en rose på hendes bryst og blomstrede sammen med hendes hjerte, hun den ædleste og bedste af alle danske kvinder.

"Ah, yes; that is indeed a noble heart in the Danish arms," said the grandfather.

"Ja, det er et hjerte i Danmarks våben!" sagde den gamle bedstefader.

And his spirit followed the second flame, which carried him out to sea, where cannons roared and the ships lay shrouded in smoke, and the flaming heart attached itself to the breast of Hvitfeldt in the form of the ribbon of an order, as he blew himself and his ship into the air in order to save the fleet.

Og hans tanker fulgte flammen, som førte ham ud på havet, hvor kanonerne buldrede, hvor skibene lå indhyllet i røg; og flammen hæftede sig som et ordensbånd på Hvitfeldts bryst idet han til flådens frelse sprængte sig og sit skib i luften.

And the third flame led him to Greenland's wretched huts, where the preacher, Hans Egede, ruled with love in every word and action. The flame was as a star on his breast, and added another heart to

Og den tredje flamme førte ham til Grønlands usle hytter hvor præsten Hans Egede stod med kærlighed i ord og gerning, flammen var en stjerne på hans bryst, et hjerte til det danske våben.

the Danish arms.

And as the old grandfather's spirit followed the next hovering flame, he knew whither it would lead him. In a peasant woman's humble room stood Frederick the Sixth, writing his name with chalk on the beam. The flame trembled on his breast and in his heart, and it was in the peasant's room that his heart became one for the Danish arms. The old grandfather wiped his eyes, for he had known King Frederick, with his silvery locks and his honest blue eyes, and had lived for him, and he folded his hands and remained for some time silent. Then his daughter came to him and said it was getting late, that he ought to rest for a while, and that the supper was on the table.

Og den gamle bedstefaders tanker gik foran den svævende flamme, thi hans tanke vidste hvor flammen ville hen. I bondekonens fattige stue stod Frederik den Sjette og skrev sit navn med kridt på bjælken; flammen bævede på hans bryst, bævede i hans hjerte; i bondens stue blev hans hjerte et hjerte i Danmarks våben. Og den gamle bedstefader tørrede sine øjne, for han havde kendt og levet for Kong Frederik med de sølvhvide hår og de ærlige blå øjne, og han foldede sine hænder og så stille frem for sig. Da kom den gamle bedstefaders sønnekone og sagde at det var sildigt, nu skulle han hvile, og at aftenbordet var dækket.

"What you have been carving is very beautiful, grandfather," said she. "Holger Danske and the old coat of arms; it seems to me as if I have seen the face somewhere."

"Men dejligt er det dog hvad du der har gjort, bedstefader!" sagde hun. "Holger Danske og hele vort gamle våben! – Det er ligesom om jeg havde set det ansigt før!"

"No, that is impossible," replied the old grandfather; "but I have seen it, and I have tried to carve it in wood, as I have retained it in my memory. It was a long time ago, while the English fleet lay in the roads, on the second of April, when we showed that we were true, ancient Danes. I was on board the Denmark, in Steene Bille's squadron; I had a man by

"Nej det har du nok ikke!" sagde den gamle bedstefader, "men jeg har set det, og jeg har stræbt at snitte det i træ, således som jeg husker det. Den gang var det, da englænderne lå på Reden, den danske anden april, da vi viste vi var gamle danske! På "Danmark" hvor jeg stod i Steen Billes eskadre, havde jeg en mand ved min side; det var, som kuglerne var bange

my side whom even the cannon balls seemed to fear. He sung old songs in a merry voice, and fired and fought as if he were something more than a man. I still remember his face, but from whence he came, or whither he went, I know not; no one knows. I have often thought it might have been Holger Danske himself, who had swam down to us from Kronenburg to help us in the hour of danger. That was my idea, and there stands his likeness."

for ham! lystig sang han gamle viser og skød og stred, som var han mere end et menneske. Jeg husker hans ansigt endnu; men hvorfra han kom, hvorhen han gik, ved ikke jeg, ved ingen. Jeg har tit tænkt, det var nok gamle Holger Danske selv, der var svømmet ned fra Kronborg og hjalp os i farens stund; det var nu min tanke og dér står hans billede!"

The wooden figure threw a gigantic shadow on the wall, and even on part of the ceiling; it seemed as if the real Holger Danske stood behind it, for the shadow moved; but this was no doubt caused by the flame of the lamp not burning steadily. Then the daughter-in-law kissed the old grandfather, and led him to a large arm-chair by the table; and she, and her husband, who was the son of the old man and the father of the little boy who lay in bed, sat down to supper with him. And the old grandfather talked of the Danish lions and the Danish hearts, emblems of strength and gentleness, and explained quite clearly that there is another strength than that which lies in a sword, and he pointed to a shelf where lay a number of old books, and amongst them a collection of Holberg's plays, which are much read and are so clever and amusing

Og det kastede sin store skygge helt op ad væggen, selv noget hen ad loftet, det så ud, som var det den virkelige Holger Danske selv, som stod der bag ved, for skyggen rørte sig, men det kunne da også være fordi flammen i lyset ikke brændte stadigt. Og sønnekonen kyssede den gamle bedstefader og førte ham hen i den store lænestol foran bordet, og hun og hendes mand, som jo var den gamle bedstefaders søn og fader til den lille dreng der lå i sengen, sad og spiste deres aftensmad, og den gamle bedstefader talte om de danske løver og de danske hjerter, om styrken og mildheden, og ganske tydeligt forklarede han at der var endnu en styrke foruden den der lå i sværdet og han pegede på hylden hvor der lå gamle bøger, hvor alle Holbergs komedier lå, de som så tit var læst, for de var så morsomme, man syntes ordentlig at kende alle de personer deri fra

that it is easy to fancy we have known the people of those days, who are described in them.

gamle dage.

"He knew how to fight also," said the old man; "for he lashed the follies and prejudices of people during his whole life." Then the grandfather nodded to a place above the looking-glass, where hung an almanac, with a representation of the Round Tower upon it, and said "Tycho Brahe was another of those who used a sword, but not one to cut into the flesh and bone, but to make the way of the stars of heaven clear, and plain to be understood. And then he whose father belonged to my calling,– yes, he, the son of the old image-carver, he whom we ourselves have seen, with his silvery locks and his broad shoulders, whose name is known in all lands;– yes, he was a sculptor, while I am only a carver. Holger Danske can appear in marble, so that people in all countries of the world may hear of the strength of Denmark. Now let us drink the health of Bertel."

"Se, han har også vidst at hugge!" sagde den gamle bedstefader; "han har hugget det gale og kantede af folk så langt han kunne!" og gamle bedstefader nikkede hen til spejlet, hvor almanakken stod med det "Rundetårn" og så sagde han: "Tyge Brahe, han var også en, som brugte sværdet; ikke til at hugge i kød og ben, men hugge en tydeligere vej op imellem alle himlens stjerner! – Og så han, hvis fader var af min stand, den gamle billedsnitters søn, han vi selv har set med det hvide hår og de stærke skuldre, han som nævnes af alle verdens lande! ja han kunne hugge, jeg kan kun snitte! Jo, Holger Danske kan komme på mange måder, så at der i alle verdens lande høres om Danmarks styrke! Skal vi så drikke Bertels skål!"

But the little boy in bed saw plainly the old castle of Kronenburg, and the Sound of Elsinore, and Holger Danske, far down in the cellar, with his beard rooted to the table, and dreaming of everything that was passing above him. And Holger Danske did dream of the

Men den lille dreng i sengen så tydeligt det gamle Kronborg med Øresund, den virkelige Holger Danske som sad dybt dernede med skægget vokset fast i marmorbordet og drømte om alt hvad der sker her oppe; Holger Danske drømte også om den lille

little humble room in which the image-carver sat; he heard all that had been said, and he nodded in his dream, saying,

"Ah, yes, remember me, you Danish people, keep me in your memory, I will come to you in the hour of need."

The bright morning light shone over Kronenburg, and the wind brought the sound of the hunting-horn across from the neighboring shores. The ships sailed by and saluted the castle with the boom of the cannon, and Kronenburg returned the salute, "Boom, boom." But the roaring cannons did not awake Holger Danske, for they meant only "Good morning," and "Thank you." They must fire in another fashion before he awakes; but wake he will, for there is energy yet in Holger Danske.

fattige stue, hvor billedsnitteren sad, han hørte alt hvad der blev talt og nikkede i drømme og sagde:

"Ja, husk kun på mig I danske folk! behold mig i tanke! jeg kommer i nødens time!"

Og uden for Kronborg skinnede den klare dag og vinden bar jægerhornets toner over fra nabolandet, skibene sejlede forbi og hilste: "bum! bum!" og fra Kronborg svarede det: "bum! bum!" men Holger Danske vågnede ikke hvor stærkt de skød, for det var jo bare: "Goddag!" – "Mange tak!" Der skal skydes anderledes før han vil vågne; men han vågner nok, for der er krummer i Holger Danske!

The bell

In the narrow streets of a large town people often heard in the evening, when the sun was setting, and his last rays gave a golden tint to the chimney-pots, a strange noise which resembled the sound of a church bell; it only lasted an instant, for it was lost in the continual roar of traffic and hum of voices which rose from the town. "The evening bell is ringing," people used to say; "the sun is setting!"

Klokken

Om aftnen i de snævre gader i den store by, når solen gik ned og skyerne skinnede som guld oppe mellem skorstenene, hørte tit snart den ene snart den anden en underlig lyd, ligesom klangen af en kirkeklokke, men det var kun et øjeblik den hørtes, for der var sådan en rumlen med vogne og sådan en råben og det forstyrrer. "Nu ringer aftenklokken!" sagde man, "nu går solen ned!"

Those who walked outside the town, where the houses were less crowded and interspersed by gardens and little fields, saw the evening sky much better, and heard the sound of the bell much more clearly. It seemed as though the sound came from a church, deep in the calm, fragrant wood, and thither people looked with devout feelings.

De, som gik uden for byen, hvor husene lå længere fra hinanden med haver og små marker, så aftenhimlen endnu prægtigere og hørte langt stærkere klangen af klokken, det var som kom lyden fra en kirke dybt inde i den stille, duftende skov; og folk så derhen, og blev ganske højtidelige. -

A considerable time elapsed: one said to the other, "I really wonder if there is a church out in the wood. The bell has indeed a strange sweet sound! Shall we go there and see what the cause of it is?" The rich drove, the poor walked, but the way seemed to them extraordinarily long, and when they arrived at a number of willow trees on the border of the wood they sat down, looked up into the great branches and thought they were now really in the wood. A confectioner from the town also came out and put up a stall there; then came another confectioner who hung a bell over his stall, which was covered with pitch to protect it from the rain, but the clapper was wanting. When people came home they used to say that it had been very romantic, and that really means something else than merely taking tea. Three persons declared that they had gone as far as the end of the wood; they had always heard the strange

Nu gik mange tider, den ene sagde til den anden: "Mon der er en kirke derude i skoven? Den klokke har dog en underlig, dejlig klang, skal vi ikke tage derud og se lidt nærmere på den." Og de rige folk de kørte og de fattige de gik, men vejen blev dem så underlig lang, og da de kom til en hel del piletræer, der voksede ved udkanten af skoven, så satte de sig der og så op i de lange grene og troede, at de var rigtigt i det grønne; konditoren inde fra byen kom derud og slog sit telt op, og så kom der nok en konditor og han hang en klokke op lige over sit telt, og det en klokke, som var tjæret for at kunne tåle regnen, og kneblen manglede. Når så folk tog hjem igen, sagde de at det havde været så romantisk, og det betyder noget ganske uden for tevand. Tre personer forsikrede, at de var trængt ind i skoven lige til hvor den endte, og de havde altid hørt den underlige klokkeklang, men det var der for dem ligesom den kom inde fra byen; den ene

sound, but there it seemed to them as if it came from the town. One of them wrote verses about the bell, and said that it was like the voice of a mother speaking to an intelligent and beloved child; no tune, he said, was sweeter than the sound of the bell.

skrev en hel vise derom og sagde, at klokken klang som en moders stemme til et kært klogt barn, ingen melodi var dejligere end klokkens klang.

The emperor of the country heard of it, and declared that he who would really find out where the sound came from should receive the title of "Bellringer to the World," even if there was no bell at all.

Landets kejser blev også opmærksom derpå og lovede, at den som ret kunne opdage hvorfra lyden kom, skulle få titel af "Verdensklokker" og det selv om det ikke var en klokke.

Now many went out into the wood for the sake of this splendid berth; but only one of them came back with some sort of explanation. None of them had gone far enough, nor had he, and yet he said that the sound of the bell came from a large owl in a hollow tree. It was a wisdom owl, which continually knocked its head against the tree, but he was unable to say with certainty whether its head or the hollow trunk of the tree was the cause of the noise. He was appointed "Bellringer to the World," and wrote every year a short dissertation on the owl, but by this means people did not become any wiser than they had been before.

Nu gik da mange til skoven for det gode levebrøds skyld, men der var kun én, som kom hjem med en slags forklaring, ingen havde været dybt nok inde, og han da ikke heller, men han sagde dog at klokkelyden kom fra en meget stor ugle i et hult træ, det var sådan en visdomsugle, som idelig slog sit hoved mod træet, men om lyden kom fra dens hoved eller fra den hule stamme, det kunne han ikke endnu med bestemthed sige, og så blev han ansat som Verdensklokker og skrev hvert år en lille afhandling om uglen; men lige meget vidste man.

It was just confirmation-day. The clergyman had delivered a beautiful and touching sermon, the

Nu var det just en konfirmationsdag, præsten havde talt så smukt og inderligt;

candidates were deeply moved by it; it was indeed a very important day for them; they were all at once transformed from mere children to grown-up people; the childish soul was to fly over, as it were, into a more reasonable being. The sun shone most brightly; and the sound of the great unknown bell was heard more distinctly than ever. They had a mind to go thither, all except three. One of them wished to go home and try on her ball dress, for this very dress and the ball were the cause of her being confirmed this time, otherwise she would not have been allowed to go. The second, a poor boy, had borrowed a coat and a pair of boots from the son of his landlord to be confirmed in, and he had to return them at a certain time. The third said that he never went into strange places if his parents were not with him; he had always been a good child, and wished to remain so, even after being confirmed, and they ought not to tease him for this; they, however, did it all the same.

konfirmanderne havde været så bevægede, det var en vigtig dag for dem, de blev fra børn med ét til voksne mennesker, barnesjælen skulle nu ligesom flyve over i en forstandigere person. Det var det dejligste solskin, konfirmanderne gik ud af byen, og fra skoven klang forunderlig stærkt den store ubekendte klokke. De fik lige straks sådan en lyst til at komme der, og det alle på tre nær, den ene af dem skulle hjem og prøve sin balkjole, for det var just den kjole og det bal, der var skyld i, at hun var blevet konfirmeret denne gang, for ellers var hun ikke kommet med; den anden var en fattig dreng, som havde lånt sin konfirmationskjole og støvlerne hos værtens søn og dem måtte han levere af på bestemt klokkeslæt; den tredje sagde, at han aldrig gik noget fremmed sted, uden hans forældre var med, og at han altid havde været et artigt barn og det ville han forblive, selv som konfirmand, og det skal man ikke gøre nar af! - men det gjorde de.

These three, therefore did not go; the others went on. The sun was shining, the birds were singing, and the confirmed children sang too, holding each other by the hand, for they had no position yet, and they were all equal in the eyes of God.

Tre af dem gik altså ikke med; de andre travede af sted; solen skinnede og fuglene sang og konfirmanderne sang med og holdt hinanden i hænderne, for de havde jo ikke fået embeder endnu og var alle konfirmander for Vorherre.

Two of the smallest soon became

Men snart blev to af de mindste

tired and returned to the town; two little girls sat down and made garlands of flowers, they, therefore, did not go on. When the others arrived at the willow trees, where the confectioner had put up his stall, they said: "Now we are out here; the bell does not in reality exist– it is only something that people imagine!"

trætte og så vendte de to om til byen igen; to småpiger satte sig og bandt kranse, de kom heller ikke med, og da de andre nåede piletræerne, hvor konditoren boede, så sagde de: "Se så, nu er vi herude; klokken er jo egentlig ikke til, den er bare sådant noget man bilder sig ind!"

Then suddenly the sound of the bell was heard so beautifully and solemnly from the wood that four or five made up their minds to go still further on. The wood was very thickly grown. It was difficult to advance: wood lilies and anemones grew almost too high; flowering convolvuli and brambles were hanging like garlands from tree to tree; while the nightingales were singing and the sunbeams played. That was very beautiful! But the way was unfit for the girls; they would have torn their dresses. Large rocks, covered with moss of various hues, were lying about; the fresh spring water rippled forth with a peculiar sound.

Da lød i det samme dybt i skoven klokken så sødt og højtideligt, at fire, fem bestemte sig til dog at gå noget længere ind i skoven. Den var så tæt, så løvfuld, det var ordentligt besværligt at komme frem, skovmærker og anemoner voksede næsten alt for højt, blomstrende konvolvolus og brombærranker hang i lange guirlander fra træ til træ, hvor nattergalen sang og solstrålerne legede; oh det var så velsignet, men det var ingen vej at gå for pigerne, de ville fået klæderne revet itu. Der lå store klippeblokke begroede med mos af alle farver, det friske kildevand piblede frem og underligt sagde det ligesom "kluk, kluk!"

"I don't think that can be the bell," said one of the confirmed children, and then he lay down and listened. "We must try to find out if it is!" And there he remained, and let the others walk on.

"Det skulle dog ikke være klokken"! sagde en af konfirmanderne, og lagde sig ned og hørte efter. "Det må man rigtigt studere"! og så blev han og lod de andre gå.

They came to a hut built of the bark of trees and branches; a large

De kom til et hus af bark og grene, et stort træ med vilde æbler

crab-apple tree spread its branches over it, as if it intended to pour all its fruit on the roof, upon which roses were blooming; the long boughs covered the gable, where a little bell was hanging. Was this the one they had heard? All agreed that it must be so, except one who said that the bell was too small and too thin to be heard at such a distance, and that it had quite a different sound to that which had so touched men's hearts. He who spoke was a king's son, and therefore the others said that such a one always wishes to be cleverer than other people.

hældede sig hen over det, som ville det ryste hele sin velsignelse ud over taget, der blomstrede med roser; de lange grene lå lige hen om gavlen, og på den hang en lille klokke. Skulle det være den, man havde hørt. Ja, derom var de alle enige, på én nær, han sagde, at den klokke var for lille og fin til at kunne høres så langt borte, som de havde hørt den, og at det var ganske andre toner, som således rørte et menneskehjerte; han som talte var en kongesøn, og så sagde de andre "sådan én ville nu altid være klogere."

Therefore they let him go alone; and as he walked on, the solitude of the wood produced a feeling of reverence in his breast; but still he heard the little bell about which the others rejoiced, and sometimes, when the wind blew in that direction, he could hear the sounds from the confectioner's stall, where the others were singing at tea. But the deep sounds of the bell were much stronger; soon it seemed to him as if an organ played an accompaniment– the sound came from the left, from the side where the heart is.

Så lod de ham gå alene, og alt som han gik blev hans bryst mere og mere opfyldt af skovensomheden; men endnu hørte han den lille klokke, som de andre var så fornøjede med, og imellem, når vinden bar fra konditoren, kunne han også høre, hvorledes der blev sunget til tevand; men de dybe klokkeslag lød dog stærkere, det var snart ligesom et orgel spillede dertil, lyden kom fra venstre, fra den side, på hvilken hjertet sidder.

Now something rustled among the bushes, and a little boy stood before the king's son, in wooden shoes and such a short jacket that the sleeves did not reach to his

Nu raslede det i busken og der stod en lille dreng foran kongesønnen, en dreng i træsko og med en trøje så kort, at man ret kunne se hvor lange håndled han

wrists. They knew each other: the boy was the one who had not been able to go with them because he had to take the coat and boots back to his landlord's son. That he had done, and had started again in his wooden shoes and old clothes, for the sound of the bell was too enticing– he felt he must go on.

havde. De kendte begge hinanden, drengen var just den af konfirmanderne, som ikke kunne komme med, fordi han skulle hjem og levere trøje og støvler af til værtens søn; det havde han gjort og var nu i træsko og de fattige klæder gået af sted alene, thi klokken klang så stærkt, så dybt, han måtte derud.

"We might go together," said the king's son. But the poor boy with the wooden shoes was quite ashamed; he pulled at the short sleeves of his jacket, and said that he was afraid he could not walk so fast; besides, he was of opinion that the bell ought to be sought at the right, for there was all that was grand and magnificent.

"Så kan vi jo gå sammen"! sagde kongesønnen. Men den fattige konfirmand med træskoene var ganske undselig, han trak på de korte trøjeærmer og sagde: Han var bange for, at han ikke kunne gå så rask med, desuden mente han, at klokken måtte søges til højre, thi den plads havde jo alt stort og herligt.

"Then we shall not meet," said the king's son, nodding to the poor boy, who went into the deepest part of the wood, where the thorns tore his shabby clothes and scratched his hands, face, and feet until they bled. The king's son also received several good scratches, but the sun was shining on his way, and it is he whom we will now follow, for he was a quick fellow.

"Ja, så mødes vi slet ikke"! sagde kongesønnen og nikkede til den fattige dreng, der gik ind i den mørkeste, mest tætte del af skoven, hvor tornene rev hans fattige klæder itu og ansigt, hænder og fødder til blods. Kongesønnen fik også nogle gode rifter, men solen skinnede dog på hans vej, og det er ham vi nu følger med, for en rask knøs var han.

"I will and must find the bell," he said, "if I have to go to the end of the world."

"Klokken vil og må jeg finde"! sagde han, "om jeg så skal gå til verdens ende"!

Ugly monkeys sat high in the branches and clenched their teeth. "Shall we beat him?" they said.

De ækle abekatte sad oppe i træerne og grinede med alle deres tænder. "Skal vi dænge ham"! sagde

"Shall we thrash him? He is a king's son!"

de; "skal vi dænge ham; han er en kongesøn"!

But he walked on undaunted, deeper and deeper into the wood, where the most wonderful flowers were growing; there were standing white star lilies with blood-red stamens, sky-blue tulips shining when the wind moved them; apple-trees covered with apples like large glittering soap bubbles: only think how resplendent these trees were in the sunshine! All around were beautiful green meadows, where hart and hind played in the grass. There grew magnificent oaks and beech-trees; and if the bark was split of any of them, long blades of grass grew out of the clefts; there were also large smooth lakes in the wood, on which the swans were swimming about and flapping their wings. The king's son often stood still and listened; sometimes he thought that the sound of the bell rose up to him out of one of these deep lakes, but soon he found that this was a mistake, and that the bell was ringing still farther in the wood.

Men han gik ufortrøden dybere og dybere ind i skoven, hvor der voksede de forunderligste blomster, der stod hvide stjerneliljer med blodrøde støvtråde, himmelblå tulipaner, som gnistrede i vinden, og æbletræer, hvor æblerne ganske og aldeles så ud som store skinnende sæbebobler, tænk bare hvor de træer måtte stråle i solskinnet. Rundt om de dejligste grønne enge, hvor hjort og hind legede i græsset, voksede prægtige ege og bøge, og var et af træerne revnet i barken, så voksede her græs og lange ranker i revnen; der var også store skovstrækninger med stille indsøer, hvori hvide svaner svømmede og slog med vingerne. Kongesønnen stod tit stille og lyttede, ofte troede han, at det var fra en af disse dybe søer klokken klang op til ham, men så mærkede han dog nok, at det var ikke derfra, men endnu dybere inde i skoven at klokken klang.

Then the sun set, the clouds were as red as fire; it became quiet in the wood; he sank down on his knees, sang an evening hymn and said: "I shall never find what I am looking for! Now the sun is setting, and the night, the dark night, is approaching. Yet I may perhaps

Nu gik solen ned, luften skinnede rød, som ild, der blev så stille, så stille i skoven, og han sank på sin knæ, sang sin aftensalme og sagde: "Aldrig finder jeg hvad jeg søger! nu går solen ned, nu kommer natten, den mørke nat; dog engang kan jeg måske endnu se den runde,

see the round sun once more before he disappears beneath the horizon. I will climb up these rocks, they are as high as the highest trees!"

røde sol, før den ganske synker bag jorden; jeg vil stige op på klipperne der, de rejser sig i højde med de største træer"!

And then, taking hold of the creepers and roots, he climbed up on the wet stones, where water-snakes were wriggling and the toads, as it were, barked at him: he reached the top before the sun, seen from such a height, had quite set. "Oh, what a splendour!" The sea, the great majestic sea, which was rolling its long waves against the shore, stretched out before him, and the sun was standing like a large bright altar and there where sea and heaven met– all melted together in the most glowing colours; the wood was singing, and his heart too. The whole of nature was one large holy church, in which the trees and hovering clouds formed the pillars, the flowers and grass the woven velvet carpet, and heaven itself was the great cupola; up there the flame colour vanished as soon as the sun disappeared, but millions of stars were lighted; diamond lamps were shining, and the king's son stretched his arms out towards heaven, towards the sea, and towards the wood. Then suddenly the poor boy with the short-sleeved jacket and the wooden shoes appeared; he had arrived just as quickly on the road he had

Og han greb i ranker og rødder, klatrede op ad de våde sten, hvor vandslangerne snoede sig, hvor skrubtudsen ligesom gøede af ham; men op kom han før solen endnu ganske var nede, set fra denne højde; oh, hvilken pragt! Havet, det store herlige hav, der væltede sine lange bølger mod kysten, strakte sig ud foran ham, og solen stod som et stort skinnende alter derude, hvor hav og himmel mødtes, alt smeltede sammen i glødende farver, skoven sang og havet sang og hans hjerte sang med; den hele natur var en stor hellig kirke, hvori træer og svævende skyer var pillerne, blomster og græs det vævede fløjlsklæde og himlen selv den store kuppel: Deroppe slukkedes de røde farver, idet solen forsvandt, men millioner stjerner tændtes, millioner diamantlamper skinnede da, og kongesønnen bredte sine arme ud mod himlen, mod havet og skoven, og i det samme, fra den højre sidegang, kom med de korte ærmer og med træsko den fattige konfirmand; han var kommet der lige så tidlig, kommet der ad sin vej, og de løb hinanden i møde og holdt hinanden i hænderne i naturens og

chosen. And they ran towards each other and took one another's hand, in the great cathedral of nature and poesy, and above them sounded the invisible holy bell; happy spirits surrounded them, singing hallelujahs and rejoicing.

poesiens store kirke, og over dem klang den usynlige hellige klokke, salige ånder svævede i dans om den til et jublende halleluja!

Grandmother

Grandmother is very old, her face is wrinkled, and her hair is quite white; but her eyes are like two stars, and they have a mild, gentle expression in them when they look at you, which does you good. She wears a dress of heavy, rich silk, with large flowers worked on it; and it rustles when she moves. And then she can tell the most wonderful stories. Grandmother knows a great deal, for she was alive before father and mother– that's quite certain. She has a hymn-book with large silver clasps, in which she often reads; and in the book, between the leaves, lies a rose, quite flat and dry; it is not so pretty as the roses which are standing in the glass, and yet she smiles at it most pleasantly, and tears even come into her eyes. "I wonder why grandmother looks at the withered flower in the old book that way? Do you know?" Why, when grandmother's tears fall upon the rose, and she is looking at it, the rose revives, and fills the room with its fragrance; the walls vanish as in a mist, and all around

Bedstemoder

Bedstemoder er så gammel, hun har så mange rynker og et ganske hvidt hår, men hendes øjne de skinner ligesom to stjerner, ja de er meget smukkere, de er så milde, så velsignede at se ind i. Og så kan hun de dejligste historier, og hun har en kjole med store, store blomster, det er sådant noget tykt silketøj, det rasler. Bedstemoder ved så meget, for hun har levet længe førend fader og moder, det er ganske vist! Bedstemoder har en salmebog med tykke spænder af sølv, og i den læser hun tit; midt i den ligger en rose, den er ganske flad og tør, den er ikke så smuk som roserne, hun har i glasset, og dog smiler hun allervenligst til den, ja der kommer tårer i hendes øjne. Hvorfor mon bedstemoder således ser på den visne rose i den gamle bog? Ved du det? Hver gang bedstemoders tårer falder på blomsten, da bliver farven friskere, da svulmer rosen og hele stuen fyldes med duft, væggene synker, som var de kun tåger, og rundt om er det den grønne, den dejlige skov, hvor solen skinner ind

her is the glorious green wood, where in summer the sunlight streams through thick foliage; and grandmother, why she is young again, a charming maiden, fresh as a rose, with round, rosy cheeks, fair, bright ringlets, and a figure pretty and graceful; but the eyes, those mild, saintly eyes, are the same,– they have been left to grandmother. At her side sits a young man, tall and strong; he gives her a rose and she smiles. Grandmother cannot smile like that now. Yes, she is smiling at the memory of that day, and many thoughts and recollections of the past; but the handsome young man is gone, and the rose has withered in the old book, and grandmother is sitting there, again an old woman, looking down upon the withered rose in the book.

mellem bladene, og bedstemoder – ja, hun er ganske ung, hun er en dejlig pige med gule lokker, med røde, runde kinder, smuk og yndig, ingen rose er mere frisk, dog øjnene, de milde, velsignede øjne, jo det er endnu bedstemoders. Ved hendes side sidder en mand, så ung, kraftig og smuk; han rækker hende rosen og hun smiler, – således smiler dog ikke bedstemoder! – jo, smilet kommer. Han er borte; der går mange tanker og mange skikkelser forbi; den smukke mand er borte, rosen ligger i salmebogen, og bedstemoder – ja, hun sidder der igen, som en gammel kone og ser på den visne rose, der ligger i bogen.

Grandmother is dead now. She had been sitting in her arm-chair, telling us a long, beautiful tale; and when it was finished, she said she was tired, and leaned her head back to sleep awhile. We could hear her gentle breathing as she slept; gradually it became quieter and calmer, and on her countenance beamed happiness and peace. It was as if lighted up with a ray of sunshine. She smiled once more, and then people said she was dead. She was laid in a black coffin, looking mild and beautiful in the white folds of the shrouded linen,

Nu er bedstemoder død. – Hun sad i lænestolen og fortalte en lang, lang dejlig historie: "Og nu er den ude," sagde hun, "og jeg ganske træt, lad mig nu sove lidt." Og så lagde hun sig tilbage og hun trak vejret, hun sov; men det blev mere og mere stille, og hendes ansigt var så fuldt af fred og lykke, det var ligesom der gik solskin over det, og så sagde de, hun var død.

though her eyes were closed; but every wrinkle had vanished, her hair looked white and silvery, and around her mouth lingered a sweet smile. We did not feel at all afraid to look at the corpse of her who had been such a dear, good grandmother. The hymn-book, in which the rose still lay, was placed under her head, for so she had wished it; and then they buried grandmother.

On the grave, close by the churchyard wall, they planted a rose-tree; it was soon full of roses, and the nightingale sat among the flowers, and sang over the grave. From the organ in the church sounded the music and the words of the beautiful psalms, which were written in the old book under the head of the dead one.

Hun blev lagt i den sorte kiste, hun lå svøbt i det hvide linned, hun var så smuk, og dog var øjnene lukkede, men alle rynkerne var borte, hun lå med smil om munden; hendes hår var så sølvhvidt, så ærværdigt, man blev slet ikke bange ved at se på den døde, det var jo den søde, ejegode bedstemoder. Og salmebogen blev lagt under hendes hoved, det havde hun selv forlangt, og rosen lå i den gamle bog; og så begravede de bedstemoder.

The moon shone down upon the grave, but the dead was not there; every child could go safely, even at night, and pluck a rose from the tree by the churchyard wall. The dead know more than we do who are living. They know what a terror would come upon us if such a strange thing were to happen, as the appearance of a dead person among us. They are better off than we are; the dead return no more.

På graven, tæt under kirkemuren, plantede de et rosentræ, og det stod fuldt med blomster, og nattergalen sang over det, og inde fra kirken spillede orglet de smukkeste salmer, der stod i bogen under den dødes hoved. Og månen skinnede lige ned på graven; men den døde var der ikke; ethvert barn kunne ved nattetid roligt gå hen og plukke en rose der ved kirkegårdsmuren. En død ved

The earth has been heaped on the coffin, and it is earth only that lies within it. The leaves of the hymn-book are dust; and the rose, with all its recollections, has crumbled to dust also. But over the grave fresh roses bloom, the nightingale sings, and the organ sounds and there still lives a remembrance of old grandmother, with the loving, gentle eyes that always looked young. Eyes can never die. Ours will once again behold dear grandmother, young and beautiful as when, for the first time, she kissed the fresh, red rose, that is now dust in the grave.

mere, end alle vi levende ved, den døde kender den angst vi vil føle for noget så sælsomt, som det, at de kom til os; de døde er bedre end vi alle, og så kommer de ikke. Der er jord over kisten, der er jord inden i den. Salmebogen med dens blade er støv, rosen med alle sine erindringer er falden i støv; men ovenfor blomstrer nye roser, ovenfor synger nattergalen, og orglet spiller; man tænker på den gamle bedstemoder med de milde, evig unge øjne. Øjne kan aldrig dø! vore skal engang se hende, ung og smuk, som da hun første gang kyssede den friske, røde rose, der nu er støv i graven.

By the almshouse window

Fra et vindue i Vartov

Near the grass-covered rampart which encircles Copenhagen lies a great red house. Balsams and other flowers greet us from the long rows of windows in the house, whose interior is sufficiently poverty-stricken; and poor and old are the people who inhabit it. The building is the Warton Almshouse.

Ud til den grønne vold, der går rundt om København, ligger en stor, rød gård med mange vinduer, i dem vokser balsaminen og ambratræet; fattigt ser der ud derindenfor, og fattige gamle folk bor der. Der er Vartov.

Look! at the window there leans an old maid. She plucks the withered leaf from the balsam, and looks at the grass-covered rampart, on which many children are playing. What is the old maid thinking of? A whole life drama is unfolding itself before her inward gaze.

Se! op til vindueskarmen læner sig en gammel pige, hun plukker det visne blad af balsaminen og ser ud på den grønne vold, hvor lystige børn tumler sig; hvad tænker hun på? Et livs drama ruller op for tanken.

The poor little children, how

De fattige små, hvor lykkeligt de

happy they are– how merrily they play and romp together! What red cheeks and what angels' eyes! but they have no shoes nor stockings. They dance on the green rampart, just on the place where, according to the old story, the ground always sank in, and where a sportive, frolicsome child had been lured by means of flowers, toys and sweetmeats into an open grave ready dug for it, and which was afterwards closed over the child; and from that moment, the old story says, the ground gave way no longer, the mound remained firm and fast, and was quickly covered with the green turf. The little people who now play on that spot know nothing of the old tale, else would they fancy they heard a child crying deep below the earth, and the dewdrops on each blade of grass would be to them tears of woe. Nor do they know anything of the Danish King who here, in the face of the coming foe, took an oath before all his trembling courtiers that he would hold out with the citizens of his capital, and die here in his nest; they know nothing of the men who have fought here, or of the women who from here have drenched with boiling water the enemy, clad in white, and 'biding in the snow to surprise the city.

leger! hvilke røde kinder, hvilke velsignede øjne, men hverken sko eller strømper har de på! de danser på den grønne vold der, hvor sagnet fortæller at for mange år tilbage, da jorden der altid sank, blev et uskyldigt barn lokket med blomster og legetøj ind i den åbne grav, som de murede til medens den lille legede og spiste. Da lå volden fast og bar snart et dejligt grønsvær. De små kender ikke sagnet, ellers ville de høre barnet græde endnu dernede under jorden, og duggen på græsset ville synes dem de brændende tårer. De kender ikke historien om Danmarks konge, der da fjenden lå udenfor, red her forbi, og svor, han ville dø i sin rede; da kom kvinder og mænd, de gød kogende vand ned over de hvidklædte fjender, som i sneen kravlede op ad den ydre voldside.

No! the poor little ones are playing with light, childish spirits.

Lystigt leger de fattige små.

Play on, play on, thou little maiden! Soon the years will come– yes, those glorious years. The priestly hands have been laid on the candidates for confirmation; hand in hand they walk on the green rampart. Thou hast a white frock on; it has cost thy mother much labor, and yet it is only cut down for thee out of an old larger dress! You will also wear a red shawl; and what if it hang too far down? People will only see how large, how very large it is. You are thinking of your dress, and of the Giver of all good– so glorious is it to wander on the green rampart! And the years roll by; they have no lack of dark days, but you have your cheerful young spirit, and you have gained a friend– you know not how. You met, oh, how often! You walk together on the rampart in the fresh spring, on the high days and holidays, when all the world come out to walk upon the ramparts, and all the bells of the church steeples seem to be singing a song of praise for the coming spring. Scarcely have the violets come forth, but there on the rampart, just opposite the beautiful Castle of Rosenberg, there is a tree bright with the first green buds. Every year this tree sends forth fresh green shoots. Alas! It is not so with the human heart! Dark mists, more in number than those that cover the northern skies, cloud the human heart. Poor child! thy

Leg, du lille pige! snart kommer årene - ja, de velsignede år: Konfirmanderne spadserer hånd i hånd, du går i hvid kjole, den har kostet din moder nok, og dog er den syet om af en større, gammel! du får et rødt sjal, det hænger dig for langt ned, men så kan man se, hvor stort det er, hvor alt for stort! du tænker på din stads og på den gode Gud. Dejlig er en vandring på volden! Og årene går med mange mørke dage, men med ungdomssind, og du får en ven, du ved det ikke! I mødes; I vandrer på volden i det tidlige forår, når alle kirkeklokker ringer på store bededag. Der er endnu ikke violer at finde, men ud for Rosenborg står der et træ med de første grønne knopper, dér standser I. Hvert år skyder træet grønne grene, det gør ikke hjertet i menneskets bryst, gennem dette glider flere mørke skyer, end Norden kender. Stakkels barn, din brudgoms brudekammer bliver ligkisten, og du bliver en gammel pige; fra Vartov ser du bag balsaminen ud på de legende børn, ser din historie gentages.

friend's bridal chamber is a black coffin, and thou becomest an old maid. From the almshouse window, behind the balsams, thou shalt look on the merry children at play, and shalt see thine own history renewed.

And that is the life drama that passes before the old maid while she looks out upon the rampart, the green, sunny rampart, where the children, with their red cheeks and bare shoeless feet, are rejoicing merrily, like the other free little birds.

Og det er just det livsdrama, der ruller op for den gamle pige, der ser ud på volden, hvor solen skinner, hvor børnene med røde kinder og uden strømper og sko jubler, som alle de andre himlens fugle.

A picture from the ramparts

It is autumn. We stand on the ramparts, and look out over the sea. We look at the numerous ships, and at the Swedish coast on the opposite side of the sound, rising far above the surface of the waters which mirror the glow of the evening sky. Behind us the wood is sharply defined; mighty trees surround us, and the yellow leaves flutter down from the branches. Below, at the foot of the wall, stands a gloomy looking building enclosed in palisades. The space between is dark and narrow, but still more dismal must it be behind the iron gratings in the wall which cover the narrow loopholes or windows, for in these dungeons the most depraved of the criminals are confined.

Et billede fra kastelsvolden

Det er efterår, vi står på kastelsvolden og ser ud over havet på de mange skibe og på den svenske kyst, der løfter sig højt i aftnens solskin; bag ved os går volden brat nedad; der står prægtige træer, det gule løv falder fra grenene; dernede ligger skumle huse med træpalisader, og indenfor, hvor skildvagten går, er så snævert og skummelt, men endnu mørkere er der bag det gitrede hul; dér sidder fangne slaver, de værste forbrydere.

A ray of the setting sun shoots into the bare cells of one of the captives, for God's sun shines upon the evil and the good. The hardened criminal casts an impatient look at the bright ray. Then a little bird flies towards the grating, for birds twitter to the just as well as to the unjust. He only cries, "Tweet, tweet," and then perches himself near the grating, flutters his wings, pecks a feather from one of them, puffs himself out, and sets his feathers on end round his breast and throat. The bad, chained man looks at him, and a more gentle expression comes into his hard face. In his breast there rises a thought which he himself cannot rightly analyze, but the thought has some connection with the sunbeam, with the bird, and with the scent of violets, which grow luxuriantly in spring at the foot of the wall. Then there comes the sound of the hunter's horn, merry and full. The little bird starts, and flies away, the sunbeam gradually vanishes, and again there is darkness in the room and in the heart of that bad man. Still the sun has shone into that heart, and the twittering of the bird has touched it.

En stråle fra den nedgående sol falder ind i det nøgne kammer. Solen skinner på onde og på gode! Den mørke barske fange ser med et hæsligt blik på den kolde solstråle. En lille fugl flyver mod gitteret. Fuglen synger for onde og for gode! den synger et kort "kvivit," men bliver siddende, slår med vingen, piller en fjer af den, lader de andre fjer bruse om halsen – og den onde mand i lænker ser derpå; et mildere udtryk går over det hæslige ansigt; en tanke, som han ikke selv gør sig tydelig, skinner frem i hans bryst, den er beslægtet med solstrålen gennem gitteret, beslægtet med duften af violerne, som om foråret vokser så rigt udenfor. Nu lyder jægernes musik, så liflig og stærk. Fuglen flyver fra fangens gitter, solstrålen forsvinder og der er mørkt inde i kamret, mørkt i den onde mands hjerte, men solen har dog skinnet derind, fuglen sunget derind.

Sound on, ye glorious strains of the hunter's horn; continue your stirring tones, for the evening is mild, and the surface of the sea, heaving slowly and calmly, is

Bliv ved, I smukke jægerhornetstoner! Aftnen er mild, havet spejlglat og stille.

smooth as a mirror.

The drop of water

Of course you know what is meant by a magnifying glass– one of those round spectacle-glasses that make everything look a hundred times bigger than it is? When any one takes one of these and holds it to his eye, and looks at a drop of water from the pond yonder, he sees above a thousand wonderful creatures that are otherwise never discerned in the water. But there they are, and it is no delusion. It almost looks like a great plateful of spiders jumping about in a crowd. And how fierce they are! They tear off each other's legs, and arms and bodies, before and behind; and yet they are merry and joyful in their way.

Vanddråben

Du kender da sagtens et forstørrelsesglas, sådan et rundt brilleglas, der gør alting hundrede gange større end det er? Når man tager og holder det for øjet og ser på en vanddråbe ude fra dammen, så ser man over tusinde underlige dyr, som man ellers aldrig ser i vandet, men de er der og det er virkeligt. Det ser næsten ud, som en hel tallerken fuld af rejer, der springer mellem hverandre, og de er så glubende, de river arme og ben, ender og kanter af hverandre og dog er de glade og fornøjede, på deres måde.

Now, there once was an old man whom all the people called Kribble-Krabble, for that was his name. He always wanted the best of everything, and when he could not manage it otherwise, he did it by magic.

Nu var der engang en gammel mand, som alle folk kaldte Krible-Krable, for det hed han. Han ville altid have det bedste ud af enhver ting og når det slet ikke ville gå, så tog han det med trolddom.

There he sat one day, and held his magnifying-glass to his eye, and looked at a drop of water that had been taken out of a puddle by the ditch. But what a kribbling and krabbling was there! All the thousands of little creatures hopped and sprang and tugged at one another, and ate each other up.

Nu sidder han en dag og holder sit forstørrelsesglas for øjet og ser på en vanddråbe, der var taget ude af en pyt vand i grøften. Nej hvor det kriblede og krablede der! alle de tusinde smådyr hoppede og sprang, trak i hverandre og åd af hverandre.

"That is horrible!" said old Kribble-Krabble. "Can one not persuade them to live in peace and quietness, so that each one may mind his own business?" And he thought it over and over, but it would not do, and so he had recourse to magic. "I must give them color, that they may be seen more plainly," said he; and he poured something like a little drop of red wine into the drop of water, but it was witches' blood from the lobes of the ear, the finest kind, at ninepence a drop. And now the wonderful little creatures were pink all over. It looked like a whole town of naked wild men.

"Ja, men det er jo afskyeligt!" sagde gamle Krible-Krable, "kan man ikke få dem til at leve i fred og ro, og hver at passe sit!" og han tænkte og tænkte, men det ville ikke gå, og så måtte han trolde. "Jeg må give dem kulør, at de kan blive tydeligere!" sagde han, og så hældte han ligesom en lille dråbe rød vin i vanddråben, men det var hekseblod, den allerfineste slags til to skilling; og så blev alle de underlige dyr rosenrøde over hele kroppen, det så ud som en hel by af nøgne vildmænd.

"What have you there?" asked another old magician, who had no name– and that was the best thing about him.

"Hvad har du der?" spurgte en anden gammel trold, som ikke havde navn, og det var det fine ved ham.

"Yes, if you can guess what it is," said Kribble-Krabble, "I'll make you a present of it." But it is not so easy to find out if one does not know.

"Ja kan du gætte hvad det er," sagde Krible-Krable, "så skal jeg forære dig det; men det er ikke let at finde ud, når man ikke ved det!"

And the magician who had no name looked through the magnifying-glass. It looked really like a great town reflected there, in which all the people were running about without clothes. It was terrible! But it was still more terrible to see how one beat and pushed the other, and bit and hacked, and tugged and mauled him. Those at the top were being

Og trolden, som intet navn havde, så igennem forstørrelsesglasset. Det så virkelig ud, som en hel by, hvor alle mennesker løb om uden klæder! det var gyseligt, men endnu mere gyseligt at se hvor den ene puffede og stødte den anden, hvor de nippedes og nappedes, bed hinanden og trak hinanden frem. Hvad der var nederst skulle øverst og hvad der var øverst skulle

pulled down, and those at the bottom were struggling upwards. "Look! look! his leg is longer than mine! Bah! Away with it! There is one who has a little bruise. It hurts him, but it shall hurt him still more." And they hacked away at him, and they pulled at him, and ate him up, because of the little bruise. And there was one sitting as still as any little maiden, and wishing only for peace and quietness. But now she had to come out, and they tugged at her, and pulled her about, and ate her up.

nederst! "se! se! hans ben er længere end mit! baf! væk med det! der er én som har en lille knop bag øret, en lille uskyldig knop, men den piner ham, og så skal den pine mere!" og de hakkede i den, og de trak i ham og de åd ham for den lille knops skyld. Der sad én så stille, som en lille jomfru og ønskede alene fred og rolighed, men så skulle jomfruen frem, og de trak i hende og de sled i hende og de åd hende!

"That's funny!" said the magician.

"Det er overordenligt morsomt!" sagde trolden.

"Yes; but what do you think it is?" said Kribble-Krabble. "Can you find that out?"

"Ja men hvad tror du det er?" spurgte Krible-Krable. "Kan du finde det ud?"

"Why, one can see that easily enough," said the other. "That's Paris, or some other great city, for they're all alike. It's a great city!"

"Det er da godt at se!" sagde den anden, "det er jo København eller en anden stor by, de ligner jo alle sammen hinanden. En stor by er det!"

"It's a drop of puddle water!" said Kribble-Krabble.

"Det er grøftevand!" sagde Krible-Krable.

The shirt-collar

Flipperne

There was once a fine gentleman who possessed among other things a boot-jack and a hair-brush; but he had also the finest shirt-collar in the world, and of this collar we are about to hear a story. The collar had become so old that he began

Der var engang en fin kaveler, hvis hele bohave var en støvleknægt og en redekam, men han havde de dejligste flipper i verden og det er om flipperne vi skal høre en historie. De var nu så gamle at de tænkte på at gifte sig, og så traf det

to think about getting married; and one day he happened to find himself in the same washing-tub as a garter.	at de kom i vask med et strømpebånd.
"Upon my word," said the shirt-collar, "I have never seen anything so slim and delicate, so neat and soft before. May I venture to ask your name?"	"Nej!" sagde flipperne, "nu har jeg aldrig set nogen så slank og så fin, så blød og så nysselig. Må jeg ikke spørge om Deres navn?"
"I shall not tell you," replied the garter.	"Det siger jeg ikke!" sagde strømpebåndet.
"Where do you reside when you are at home?" asked the shirt-collar.	"Hvor hører De hjemme?" spurgte flipperne.
But the garter was naturally shy, and did not know how to answer such a question.	Men strømpebåndet var så undselig af sig og syntes at det var noget underligt at svare på.
"I presume you are a girdle," said the shirt-collar, "a sort of under girdle. I see that you are useful, as well as ornamental, my little lady."	"De er nok livbånd!" sagde flipperne, "sådan indvortes livbånd! jeg ser nok de er både til nytte og stads, lille jomfru!"
"You must not speak to me," said the garter; "I do not think I have given you any encouragement to do so."	"De må ikke tale til mig!" sagde strømpebåndet, "jeg synes jeg har slet ikke givet anledning!"
"Oh, when any one is as beautiful as you are," said the shirt-collar, "is not that encouragement enough?"	"Jo, når man er så dejlig som De!" sagde flipperne, "det er anledning nok!"
"Get away; don't come so near me," said the garter, "you appear to me quite like a man."	"Lad være at komme mig så nær!" sagde strømpebåndet. "De ser så mandfolkeagtig ud!"
"I am a fine gentleman certainly," said the shirt-collar, "I possess a boot-jack and a hair-brush." This	"Jeg er også fin kaveler!" sagde flipperne, "jeg har støvleknægt og redekam!" og det var nu ikke sandt

was not true, for these things belonged to his master; but he was a boaster.

det var jo hans herre, der havde dem, men han pralede.

"Don't come so near me," said the garter; "I am not accustomed to it."

"Kom mig ikke nær!" sagde strømpebåndet, "det er jeg ikke vant til!"

"Affectation!" said the shirt-collar. Then they were taken out of the wash-tub, starched, and hung over a chair in the sunshine, and then laid on the ironing-board. And now came the glowing iron.

"Snerpe!" sagde flipperne og så blev de taget af vasken; de fik stivelse, hang på stolen i solskin og blev så lagt på strygebræt; der kom det varme jern.

"Mistress widow," said the shirt-collar, "little mistress widow, I feel quite warm. I am changing, I am losing all my creases. You are burning a hole in me. Ugh! I propose to you."

"Frue!" sagde flipperne, "lille enkefrue! Jeg bliver ganske varm! jeg bliver en anden én, jeg kommer rent ud af folderne, De brænder hul i mig! uh! Jeg frir til Dem!"

"You old rag," said the flat-iron, driving proudly over the collar, for she fancied herself a steam-engine, which rolls over the railway and draws carriages.

"Las!" sagde strygejernet og gik stolt hen over flipperne; for det bildte sig ind det var en dampkedel, der skulle ud på jernbanen og trække vogne.

"You old rag!" said she.

"Las!" sagde det.

The edges of the shirt-collar were a little frayed, so the scissors were brought to cut them smooth.

Flipperne flossede lidt i kanterne, og så kom papirsaksen og skulle klippe flosset af.

"Oh!" exclaimed the shirt-collar, "what a first-rate dancer you would make; you can stretch out your leg so well. I never saw anything so charming; I am sure no human being could do the same."

"Oh!" sagde flipperne! "De er nok førstedanserinde! hvor De kan strække ben! Det er det yndigste jeg har set! det kan intet menneske gøre Dem efter!"

"I should think not," replied the scissors.

"Det ved jeg!" sagde saksen.

"You ought to be a countess," said the shirt collar; "but all I possess consists of a fine gentleman, a boot-jack, and a comb. I wish I had an estate for your sake."

"De fortjente at være grevinde!" sagde flipperne, "Alt hvad jeg har, er en fin kaveler, en støvleknægt og en redekam! Bare jeg havde grevskab!"

"What! Is he going to propose to me?" said the scissors, and she became so angry that she cut too sharply into the shirt collar, and it was obliged to be thrown by as useless.

"Frir han!" sagde saksen, for den blev vred og så gav den ham et ordentligt klip, og så var han kasseret.

"I shall be obliged to propose to the hair-brush," thought the shirt collar; so he remarked one day, "It is wonderful what beautiful hair you have, my little lady. Have you never thought of being engaged?"

"Jeg må nok fri til redekammen! Det er mærkeligt hvor De beholder alle Deres tænder lille frøken!" sagde flipperne. "Har De aldrig tænkt på forlovelse!"

"You might know I should think of it," answered the hair brush; "I am engaged to the boot-jack."

"Jo det kan De vel nok vide!" sagde redekammen, "jeg er jo forlovet med støvleknægten!"

"Engaged!" cried the shirt collar, "now there is no one left to propose to;" and then he pretended to despise all love-making.

"Forlovet!" sagde flipperne; nu var der ingen flere at fri til og så foragtede han det.

A long time passed, and the shirt collar was taken in a bag to the paper-mill. Here was a large company of rags, the fine ones lying by themselves, separated from the coarser, as it ought to be. They had all many things to relate, especially the shirt collar, who was a terrible boaster.

En lang tid gik, så kom flipperne i kasse hos papirmølleren; der var stort kludeselskab, de fine for sig, de grove for sig, således som det skal være. De havde alle meget at fortælle, men flipperne mest, det var en ordentlig pralhans.

"I have had an immense number of love affairs," said the shirt collar,

"Jeg har haft så frygtelig mange kærester!" sagde flipperne, "jeg

"no one left me any peace. It is true I was a very fine gentleman; quite stuck up. I had a boot-jack and a brush that I never used. You should have seen me then, when I was turned down. I shall never forget my first love; she was a girdle, so charming, and fine, and soft, and she threw herself into a washing tub for my sake. There was a widow too, who was warmly in love with me, but I left her alone, and she became quite black. The next was a first-rate dancer; she gave me the wound from which I still suffer, she was so passionate. Even my own hair-brush was in love with me, and lost all her hair through neglected love. Yes, I have had great experience of this kind, but my greatest grief was for the garter, the girdle I meant to say, that jumped into the wash-tub. I have a great deal on my conscience, and it is really time I should be turned into white paper."

kunne ikke gå i ro! Jeg var nu også fin kaveler, med stivelse! Jeg havde både støvleknægt og redekam, som jeg aldrig brugte! De skulle have set mig den gang, set mig når jeg lå på siden! Aldrig glemmer jeg min første kæreste, hun var livbånd, så fin, så blød og så nydelig, hun styrtede sig i en vandbalje for min skyld! Der var også en enkefrue, som blev gloende, men jeg lod hende stå og blive sort! Der var den førstedanserinde, hun gav mig den flænge jeg nu går med, hun var så glubsk! min egen redekam var forlibt i mig, hun tabte alle sine tænder af kærestesorg. Ja jeg har oplevet meget af den slags! men det gør mig mest ondt for strømpebåndet, jeg mener livbåndet der gik i vandbaljen. Jeg har meget på min samvittighed, jeg kan trænge til at blive til hvidt papir!"

And the shirt collar came to this at last. All the rags were made into white paper, and the shirt collar became the very identical piece of paper which we now see, and on which this story is printed. It happened as a punishment to him, for having boasted so shockingly of things which were not true. And this is a warning to us, to be careful how we act, for we may some day find ourselves in the rag-bag, to be

Og det blev de, alle kludene blev hvidt papir, men flipperne blev netop til dette stykke hvide papir vi her ser, hvorpå historien er trykt, og det var fordi at den pralede så frygteligt bagefter af hvad der aldrig havde været; og det skal vi tænke på, at vi ikke bærer os ligesådan ad, for vi kan såmænd aldrig vide, om vi ikke også engang kommer i kludekassen og bliver gjort til hvidt papir og får vor hele

turned into white paper, on which our whole history may be written, even its most secret actions. And it would not be pleasant to have to run about the world in the form of a piece of paper, telling everything we have done, like the boasting shirt collar.

historie trykt for på, selv den allerhemmeligste og må så selv løbe om og fortælle den, ligesom flipperne.

In a thousand years

Yes, in a thousand years people will fly on the wings of steam through the air, over the ocean! The young inhabitants of America will become visitors of old Europe. They will come over to see the monuments and the great cities, which will then be in ruins, just as we in our time make pilgrimages to the tottering splendors of Southern Asia.

In a thousand years they will come!

The Thames, the Danube, and the Rhine still roll their course, Mont Blanc stands firm with its snow-capped summit, and the Northern Lights gleam over the land of the North; but generation after generation has become dust, whole rows of the mighty of the moment are forgotten, like those who already slumber under the hill on which the rich trader, whose ground it is, has built a bench, on which he can sit and look out across his waving corn fields.

"To Europe!" cry the young sons of America; "to the land of our

Om årtusinder

Ja, om årtusinder kommer de på dampens vinger igennem luften hen over verdenshavet! Amerikas unge beboere gæster det gamle Europa. De kommer til mindesmærkerne her og til de da synkende stæder, således som vi i vor tid drager til Sydasiens hensmuldrende herligheder.

Om årtusinder kommer de!

Themsen, Donau, Rhinen ruller endnu; Mont Blanc står med snetop, nordlysene skinner over Nordens lande, men slægt på slægt er støv, rækker af øjeblikkets mægtige glemte, som de der nu alt slumrer i højen, hvor den velhavende melhandler, på hvis grund den er, tømrer sig en bænk for at sidde og se ud over den flade, bølgende kornmark.

"Til Europa!" lyder det hos Amerikas unge slægt - "til fædrenes

ancestors, the glorious land of monuments and fancy– to Europe!"

The ship of the air comes. It is crowded with passengers, for the transit is quicker than by sea. The electro-magnetic wire under the ocean has already telegraphed the number of the aerial caravan. Europe is in sight. It is the coast of Ireland that they see, but the passengers are still asleep; they will not be called till they are exactly over England. There they will first step on European shore, in the land of Shakespeare, as the educated call it; in the land of politics, the land of machines, as it is called by others.

Here they stay a whole day. That is all the time the busy race can devote to the whole of England and Scotland.

Then the journey is continued through the tunnel under the English Channel, to France, the land of Charlemagne and Napoleon. Moliere is named, the learned men talk of the classic school of remote antiquity. There is rejoicing and shouting for the names of heroes, poets, and men of science, whom our time does not know, but who will be born after our time in Paris, the centre of Europe, and elsewhere.

The air steamboat flies over the

land, mindernes og fantasiens dejlige land, Europa!"

Luftskibet kommer; det er overfyldt med rejsende, thi farten er hurtigere end til søs; den elektromagnetiske tråd under verdenshavet har allerede telegraferet, hvor stor luftkaravanen er. Alt øjnes Europa, det er Irlands kyster der ses, men passagererne sover endnu; de vil først vækkes, når de er over England; dér betræder de Europas jord i Shakespeares land, som det hedder hos åndens sønner; politikkens land, maskinernes land, er der andre der kalder det.

En hel dag bliver opholdet her, så meget tid har den travle slægt at give det store England og Skotland.

Farten går under kanaltunnelen til Frankrig, Karl den Stores og Napoleons land, Molière nævnes, de lærde taler om en klassisk og romantisk skole i den fjerne oldtid og der jubles for helte, skjalde og videnskabsmænd, som vor tid ikke kender, men som skal fødes på Europas krater: Paris.

Luftdamperen flyver hen over det

country whence Columbus went forth, where Cortez was born, and where Calderon sang dramas in sounding verse. Beautiful black-eyed women live still in the blooming valleys, and the oldest songs speak of the Cid and the Alhambra.

land, hvorfra Columbus gik ud, hvor Cortez blev født, og hvor Calderon sang dramaer i bølgende vers; dejlige sortøjede kvinder bygger og bor endnu i de blomstrende dale, og i ældgamle sange nævnes Cid og Alhambra.

Then through the air, over the sea, to Italy, where once lay old, everlasting Rome. It has vanished! The Campagna lies desert. A single ruined wall is shown as the remains of St. Peter's, but there is a doubt if this ruin be genuine.

Gennem luften, over havet til Italien, hen hvor det gamle evige Roma lå; det er udslettet, Campagnen en ørk; af Peterskirken vises der en ensomstående murrest, men man tvivler om dens ægthed.

Next to Greece, to sleep a night in the grand hotel at the top of Mount Olympus, to say that they have been there; and the journey is continued to the Bosphorus, to rest there a few hours, and see the place where Byzantium lay; and where the legend tells that the harem stood in the time of the Turks, poor fishermen are now spreading their nets.

Til Grækenland, for at sove en nat i det rige hotel højt på Olympens top, så har man været der; farten går mod Bosporus, for dér i nogle timer at hvile ud og se det sted, hvor Byzanz lå; fattige fiskere spænder deres net der, hvor sagnet fortæller om haremets have i tyrkernes tid.

Over the remains of mighty cities on the broad Danube, cities which we in our time know not, the travellers pass; but here and there, on the rich sites of those that time shall bring forth, the caravan sometimes descends, and departs thence again.

Rester af mægtige byer ved den stærke Donau, byer, vor tid ikke kendte, flyves der hen over, men dér og dér – mindernes rige stæder, de, som kommer, de, som tiden føder – dér og dér daler luftkaravanen og løfter sig igen.

Down below lies Germany, that was once covered with a close net of railway and canals, the region

Dernede ligger Tyskland – som engang omspændtes med det tætteste net af jernbaner og kanaler

where Luther spoke, where Goethe sang, and Mozart once held the sceptre of harmony. Great names shine there, in science and in art, names that are unknown to us. One day devoted to seeing Germany, and one for the North, the country of Oersted and Linnaeus, and for Norway, the land of the old heroes and the young Normans. Iceland is visited on the journey home. The geysers burn no more, Hecla is an extinct volcano, but the rocky island is still fixed in the midst of the foaming sea, a continual monument of legend and poetry.

– landene, hvor Luther talte, Goethe sang, og hvor Mozart i sin tid bar tonernes scepter! Store navne lyste i videnskab og kunst, navne, vi ikke kender. Én dags ophold i Tyskland og én dag for Norden, for Ørsteds og for Linnés fædreland og Norge, de gamle heltes og de unge nordmænds land. Island tages på hjemfarten; Geysir koger ikke længere, Hekla er slukket, men som sagas evige stentavle står den stærke klippeø i det brusende hav!

"There is really a great deal to be seen in Europe," says the young American, "and we have seen it in a week, according to the directions of the great traveller" (and here he mentions the name of one of his contemporaries) "in his celebrated work, 'How to See All Europe in a Week.'"

"I Europa er meget at se!" siger den unge amerikaner; "og vi har set det i otte dage, og det lader sig gøre, som den store rejsende" – et navn nævnes, der hører til deres samtid – "har vist i sit berømte værk: 'Europa set i otte dage'."

The swan's nest

Svanereden

Between the Baltic and the North Sea there lies an old swan's nest, wherein swans are born and have been born that shall never die.

Mellem Østersøen og Nordhavet ligger en gammel svanerede og den kaldes Danmark; i den er født og fødes svaner, hvis navne aldrig skal dø.

In olden times a flock of swans flew over the Alps to the green plains around Milan, where it was delightful to dwell. This flight of swans men called the Lombards.

I oldtiden fløj en svaneflok herfra hen over alperne ned til Majlandets grønne sletter, hvor der var dejligt at bo; svaneflokken kaldtes longobarder. En anden skare, med

Another flock, with shining plumage and honest eyes, soared southward to Byzantium; the swans established themselves there close by the Emperor's throne, and spread their wings over him as shields to protect him. They received the name of Varangians.

skinnende fjer og trofaste øjne svang sig ned mod Byzans, satte sig der om kejserens trone og udbredte sine store hvide vinger som skjolde, for at beskærme ham. Den fik navnet væringer.

On the coast of France there sounded a cry of fear, for the blood-stained swans that came from the North with fire under their wings; and the people prayed, "Heaven deliver us from the wild Northmen."

Der lød fra Frankrigs kyst et angstens skrig for de blodige svaner, der med ild under vingen kom fra Norden og folket bad: "Fri os Gud fra de vilde normanner!"

On the fresh sward of England stood the Danish swan by the open seashore, with the crown of three kingdoms on his head; and he stretched out his golden sceptre over the land.

På Englands engfriske grønsvær ved den åbne strand stod den danske svane med tredobbelt kongekrone på hovedet, sit gyldne scepter strakte den hen over landet.

The heathens on the Pomerian coast bent the knee, and the Danish swans came with the banner of the Cross and with the drawn sword.

I knæ bøjede hedningerne sig på Pommerns kyster, og de danske svaner kom med korsets flag og med draget sværd.

"That was in the very old times," you say.

Det var i de ældgamle dage! siger du.

In later days two mighty swans have been seen to fly from the nest.

Også nærmere vor tid blev set mægtige svaner flyve ud fra reden.

A light shone far through the air, far over the lands of the earth; the swan, with the strong beating of his wings, scattered the twilight mists, and the starry sky was seen,

Det lyste gennem luften, det lyste hen over verdens lande, svanen spredte ved sine stærke vingeslag den dæmrende tåge, og stjernehimlen blev mere synlig, det

and it was as if it came nearer to the earth. That was the swan Tycho Brahe.

var som om den kom Jorden nærmere; det var svanen Tycho Brahe.

"Yes, then," you say; "but in our own days?" We have seen swan after swan soar by in glorious flight. One let his pinions glide over the strings of the golden harp, and it resounded through the North. Norway's mountains seemed to rise higher in the sunlight of former days; there was a rustling among the pine trees and the birches; the gods of the North, the heroes, and the noble women, showed themselves in the dark forest depths.

"Ja den gang!" siger du, "men nu i vore dage!" Da så vi svane flyve ved svane i herlig flugt. En lod sin vinge glide hen over guldharpens strenge og det klang gennem Norden, Norges fjelde løftede sig højere i oldtids sollys; det susede i gran og i birk; Nordens guder, helte og ædle kvinder viste sig i den dybe mørke skovgrund.

We have seen a swan beat with his wings upon the marble crag, so that it burst, and the forms of beauty imprisoned in the stone stepped out to the sunny day, and men in the lands round about lifted up their heads to behold these mighty forms.

Vi så en svane slå med vingen mod marmorfjeldet, så at det brast og de i stenen bundne skønhedsskikkelser skred frem ved solklar dag, og menneskene rundt om i landene løftede deres hoveder for at se disse mægtige skikkelser.

We have seen a third swan spinning the thread of thought that is fastened from country to country round the world, so that the word may fly with lightning speed from land to land.

Vi så en tredje svane spinde tanketråden, der fæstes nu fra land til land, rundt om jorden, så at ordet flyver med lynets fart gennem landene.

And our Lord loves the old swan's nest between the Baltic and the North Sea. And when the mighty birds come soaring through the air to destroy it, even the callow young stand round in a circle on the

Vor Herre har kær den gamle svanerede mellem Østersø og Nordhav. Lad mægtige fugle kun komme gennem luften for at sønderrive den: "Det skal ej ske!" Selv de dunløse unger stiller sig i

margin of the nest, and though their breasts may be struck so that their blood flows, they bear it, and strike with their wings and their claws.

kreds på redens kant, det har vi set, de lader sig hugge i det unge bryst, så deres blod flyder, de slår med næb og med klo.

Centuries will pass by, swans will fly forth from the nest, men will see them and hear them in the world, before it shall be said in spirit and in truth, "This is the last swan, the last song from the swan's nest."

Århundreder vil endnu gå hen, svaner flyver fra reden, ses og høres rundt om i verden, før den tid kommer, at der i ånd og sandhed skal kunne siges, "det er den sidste svane, den sidste sang fra svanereden!"

The old grave-stone

Den gamle gravsten

In a house, with a large courtyard, in a provincial town, at that time of the year in which people say the evenings are growing longer, a family circle were gathered together at their old home. A lamp burned on the table, although the weather was mild and warm, and the long curtains hung down before the open windows, and without the moon shone brightly in the dark-blue sky. But they were not talking of the moon, but of a large, old stone that lay below in the courtyard not very far from the kitchen door. The maids often laid the clean copper saucepans and kitchen vessels on this stone, that they might dry in the sun, and the children were fond of playing on it. It was, in fact, an old grave-stone.

I en af de små købstæder, hos en mand, der havde sin egen gård, sad hele familien i kreds sammen om aftnen, på den årstid, da man siger "aftnen længes;" det var endnu mildt og varmt; lampen var tændt, de lange gardiner hang ned for vinduerne, hvor der stod blomsterpotter, og udenfor var det et dejligt måneskin; men det talte de nu ikke om, de talte om en gammel, stor sten, der lå nede i gården, tæt ved køkkendøren, hvor pigerne tit opstillede det skurede kobbertøj, for at det skulle tørres i solen, og hvor børnene gerne legede, - det var egentlig en gammel gravsten.

"Yes," said the master of the house, "I believe the stone came from the graveyard of the old

"Ja," sagde manden i huset, "jeg tror den er fra den gamle nedbrudte klosterkirke; der blev jo

church of the convent which was pulled down, and the pulpit, the monuments, and the grave-stones sold. My father bought the latter; most of them were cut in two and used for paving-stones, but that one stone was preserved whole, and laid in the courtyard."

solgt både prædikestol, epitafer og gravsten! min salig fader købte flere af disse, de blev slået itu til brolægning, men denne sten blev tilovers og er siden blevet liggende i gården."

"Any one can see that it is a grave-stone," said the eldest of the children; "the representation of an hour-glass and part of the figure of an angel can still be traced, but the inscription beneath is quite worn out, excepting the name 'Preben,' and a large 'S' close by it, and a little farther down the name of 'Martha' can be easily read. But nothing more, and even that cannot be seen unless it has been raining, or when we have washed the stone."

"Man kan godt se, at det er en gravsten," sagde den ældste af børnene, "der er endnu at se på den et timeglas og et stykke af en engel, men indskriften der stod, er næsten rent slettet ud, undtagen det navn Preben og et stort 'S', der står lige bag efter og lidt længere nede 'Marthe;' men mere kan man ikke få ud og det er da kun, når det har regnet eller vi har vasket den, at det står tydeligt."

"Dear me! how singular. Why that must be the grave-stone of Preben Schwane and his wife." The old man who said this looked old enough to be the grandfather of all present in the room. "Yes," he continued, "these people were among the last who were buried in the churchyard of the old convent. They were a very worthy old couple, I can remember them well in the days of my boyhood. Every one knew them, and they were esteemed by all. They were the oldest residents in the town, and people said they possessed a ton of

"Herregud, det er Preben Svanes og hans hustrus gravsten!" sagde en gammel mand derinde, der kunne, i sin alder, godt være bedstefader til dem alle sammen i stuen. "Ja, det ægtepar var et af de sidste som blev jordet på den gamle klosterkirkegård! det var et gammelt, hæderligt par fra mine drengeår! Alle kendte dem, og alle holdt af dem, de var alderskongeparret her i byen! Folk sagde om dem at de ejede over en tønde guld, og dog gik de simpelt klædt, i det groveste tøj, men deres linned var så skinnende hvidt. Det

gold, yet they were always very plainly dressed, in the coarsest stuff, but with linen of the purest whiteness. Preben and Martha were a fine old couple, and when they both sat on the bench, at the top of the steep stone steps, in front of their house, with the branches of the linden-tree waving above them, and nodded in a gentle, friendly way to passers by, it really made one feel quite happy. They were very good to the poor; they fed them and clothed them, and in their benevolence there was judgment as well as true Christianity. The old woman died first; that day is still quite vividly before my eyes. I was a little boy, and had accompanied my father to the old man's house. Martha had fallen into the sleep of death just as we arrived there. The corpse lay in a bedroom, near to the one in which we sat, and the old man was in great distress and weeping like a child. He spoke to my father, and to a few neighbors who were there, of how lonely he should feel now she was gone, and how good and true she, his dead wife, had been during the number of years that they had passed through life together, and how they had become acquainted, and learnt to love each other. I was, as I have said, a boy, and only stood by and listened to what the others said; but it filled me with a strange emotion to listen to the old man,

var et dejligt gammelt par, Preben og Marthe! - Når de sad på bænken, der var oppe på husets høje stentrappe, som det gamle lindetræ hældede sine grene over, og de nikkede venligt og mildt, så blev man ordentlig glad derved. De var så mageløse gode mod de fattige! de bespiste dem, de klædte dem, og der var fornuft og sand kristendom i al deres godgørenhed. Først døde konen! jeg husker den dag så godt! jeg var en lille dreng og med min fader inde hos gamle Preben, lige idet at hun var hensovet; den gamle mand var så bevæget, græd, som et barn. - Liget lå endnu i sovekamret, tæt ved, hvor vi sad, - han talte til min fader og et par naboer, om hvor ensomt der nu ville blive, hvor velsignet hun havde været, hvor mange år de havde levet sammen, og hvorledes det gik til at de blev kendt med hinanden og fik hinanden kær; jeg var som sagt, lille, og stod og hørte til, men det opfyldte mig forunderligt at høre på den gamle mand, og se, hvorledes han mere og mere blev livlig, fik røde kinder, idet han talte om forlovelsesdagene, hvor yndig hun havde været, hvor mange små uskyldige omveje han havde gået for at træffes med hende, og han talte om bryllupsdagen, hans øjne lyste derved, han levede ligesom tilbage igen i den glædestid, og så lå hun nu inde i kamret tæt ved død, en gammel kone, og han var en

and to watch how the color rose in his cheeks as he spoke of the days of their courtship, of how beautiful she was, and how many little tricks he had been guilty of, that he might meet her. And then he talked of his wedding-day; and his eyes brightened, and he seemed to be carried back, by his words, to that joyful time. And yet there she was, lying in the next room, dead– an old woman, and he was an old man, speaking of the days of hope, long passed away. Ah, well, so it is; then I was but a child, and now I am old, as old as Preben Schwane then was. Time passes away, and all things changed. I can remember quite well the day on which she was buried, and how Old Preben walked close behind the coffin. A few years before this time the old couple had had their grave-stone prepared, with an inscription and their names, but not the date. In the evening the stone was taken to the churchyard, and laid on the grave. A year later it was taken up, that Old Preben might be laid by the side of his wife. They did not leave behind them wealth, they left behind them far less than people had believed they possessed; what there was went to families distantly related to them, of whom, till then, no one had ever heard. The old house, with its balcony of wickerwork, and the bench at the top of the high steps, under the lime-tree, was considered, by the

gammel mand og talte om håbets tid! – – ja, ja, således går det! Da var jeg et barn kun og nu er jeg gammel, gammel, som Preben Svane. Tiden går og alting skifter! - Jeg husker så godt hendes begravelsesdag, gamle Preben gik lige bag efter ligkisten. Et par år forud havde ægteparret ladet deres gravsten hugge med indskrift og navne, på dødsåret nær; stenen blev om aftnen kørt hen og lagt på graven, - og året efter løftedes den igen og gamle Preben kom ned til sin hustru. - Der var ikke den rigdom efter dem, som folk havde troet og sagt, det der var, kom til familien, langt ude, den man aldrig før havde vidst om. Det bindingsværkshus, med bænken på den høje stentrappe under lindetræet, blev revet ned af magistraten, thi det var alt for brøstfældigt til at de turde lade det stå. Siden, da det gik med klosterkirken ligesådan og kirkegården blev hævet, så kom Prebens og Marthes gravsten, som alt derfra, til hvem, der ville købe det, og nu er det truffet så, at den ikke er blevet slået i stykker og brugt, men ligger endnu i gården til legested for de små, og til hylde for pigens skurede køkkentøj. - Den brolagte gade går nu hen over gamle Prebens og hans hustrus hvilested; ingen husker dem mere!"

road-inspectors, too old and rotten to be left standing. Afterwards, when the same fate befell the convent church, and the graveyard was destroyed, the grave-stone of Preben and Martha, like everything else, was sold to whoever would buy it. And so it happened that this stone was not cut in two as many others had been, but now lies in the courtyard below, a scouring block for the maids, and a playground for the children. The paved street now passes over the resting place of Old Preben and his wife; no one thinks of them any more now."

And the old man who had spoken of all this shook his head mournfully, and said, "Forgotten! Ah, yes, everything will be forgotten!"

Og den gamle mand, som fortalte alt dette, rystede vemodig med hovedet. "Glemmes!" - "Alt skal glemmes!" sagde han.

And then the conversation turned on other matters. But the youngest child in the room, a boy, with large, earnest eyes, mounted upon a chair behind the window curtains, and looked out into the yard, where the moon was pouring a flood of light on the old gravestone,– the stone that had always appeared to him so dull and flat, but which lay there now like a great leaf out of a book of history. All that the boy had heard of Old Preben and his wife seemed clearly defined on the stone, and as he gazed on it, and glanced at the

Og så talte de i stuen om andre ting; men den mindste dreng derinde, et barn med store, alvorlige øjne, krøb op på stolen bag gardinerne, og så ned i gården, hvor månen skinnede klart på den store sten, der altid før havde syntes ham tom og flad, men nu lå der, som et helt stort blad af en historiebog. Alt hvad drengen havde hørt om Preben og hans hustru havde stenen inde; og han så på den, og han så op mod den klare, lyse måne, i den rene, høje luft og det var ligesom et Guds ansigt, der skinnede ud over

clear, bright moon shining in the pure air, it was as if the light of God's countenance beamed over His beautiful world.

jorden.

"Forgotten! Everything will be forgotten!" still echoed through the room, and in the same moment an invisible spirit whispered to the heart of the boy, "Preserve carefully the seed that has been entrusted to thee, that it may grow and thrive. Guard it well. Through thee, my child, shall the obliterated inscription on the old, weather-beaten grave-stone go forth to future generations in clear, golden characters. The old pair shall again wander through the streets arm-in-arm, or sit with their fresh, healthy cheeks on the bench under the lime-tree, and smile and nod at rich and poor. The seed of this hour shall ripen in the course of years into a beautiful poem. The beautiful and the good are never forgotten, they live always in story or in song."

"Glemmes! - Alt skal glemmes!" lød det inde i stuen, og i det øjeblik kyssede en usynlig engel drengens bryst og pande og hviskede stille: "Gem det givne frøkorn vel, gem det til modenhedens tid! - Ved dig, du barn, skal den udslettede indskrift, den smuldrende gravsten, med lyse gyldne træk stå for kommende slægter! Det gamle ægtepar skal igen arm i arm, vandre did gennem de gamle gader, og smilende med friske, røde kinder, sidde på stentrappen under lindetræet, og nikke til fattig og rig. Frøkornet fra denne time vil, gennem åringer, vokse til et blomstrende digterværk. Det gode og skønne glemmes ikke, det lever i sagn og sange."

The story of the year

It was near the end of January, and a terrible fall of snow was pelting down, and whirling through the streets and lanes; the windows were plastered with snow on the outside, snow fell in masses from the roofs. Every one seemed in a great hurry; they ran, they flew, fell into each other's arms, holding fast for a moment as long as they could

Årets historie

Det var sidst i januar; en frygtelig snestorm var det; sneen fløj i fygende hvirvel gennem gader og stræder; ruderne udenpå var som overklistrede med sne, fra tagene styrtede den i dynger, og så var der en flugt i folk, de løb, de fløj og fór hinanden i armene, holdt hinanden fast et øjeblik og havde så længe fodfæste. Kareter og heste var

stand safely. Coaches and horses looked as if they had been frosted with sugar. The footmen stood with their backs against the carriages, so as to turn their faces from the wind. The foot passengers kept within the shelter of the carriages, which could only move slowly on in the deep snow. At last the storm abated, and a narrow path was swept clean in front of the houses; when two persons met in this path they stood still, for neither liked to take the first step on one side into the deep snow to let the other pass him. There they stood silent and motionless, till at last, as if by tacit consent, they each sacrificed a leg and buried it in the deep snow.

ligesom overpudrede, tjenerne stod med ryggen mod kareten og kørte baglæns imod vinden, fodgængeren holdt sig stadigt i læ af vognen, der kun langsomt gled af sted i den dybe sne; og da endelig stormen lagde sig og der blev kastet en smal sti langs husene, så stod dog folk stille der, når de mødtes; ingen af dem havde lyst til at gøre det første skridt, med at træde op i den dybe sne, for at den anden kunne slippe forbi. Tavse stod de, til endelig, efter ligesom en stille overenskomst, hver af dem gav et ben til pris og lod dette gå ind i snedyngen.

Towards evening, the weather became calm. The sky, cleared from the snow, looked more lofty and transparent, while the stars shone with new brightness and purity. The frozen snow crackled under foot, and was quite firm enough to bear the sparrows, who hopped upon it in the morning dawn. They searched for food in the path which had been swept, but there was very little for them, and they were terribly cold.

Mod aften var det blikstille, himlen så ud, som om den var fejet og gjort mere høj og gennemsigtig, stjernerne syntes splinternye, og nogle var så blå og klare, – og det frøs så det knagede efter, – sagtens kunne da det øverste snelag blive så stærkt, at det i morgenstunden bar gråspurvene; de hoppede om snart oppe snart nede, hvor der var skovlet, men megen æde var der ikke at finde, og de frøs ordentligt.

"Tweet, tweet," said one to another; "they call this a new year, but I think it is worse than the last. We might just as well have kept the old year; I'm quite unhappy, and I

"Pip!" sagde den ene til den anden, "det kalder man det nye år! – det er jo værre, end det gamle! så kunne vi lige så godt have beholdt det. Jeg er misfornøjet og det har jeg grund

have a right to be so."

"Yes, you have; and yet the people ran about and fired off guns, to usher in the new year," said a little shivering sparrow. "They threw things against the doors, and were quite beside themselves with joy, because the old year had disappeared. I was glad too, for I expected we should have some warm days, but my hopes have come to nothing. It freezes harder than ever; I think mankind have made a mistake in reckoning time."

"That they have," said a third, an old sparrow with a white poll; "they have something they call a calendar; it's an invention of their own, and everything must be arranged according to it, but it won't do. When spring comes, then the year begins. It is the voice of nature, and I reckon by that."

"But when will spring come?" asked the others.

"It will come when the stork returns, but he is very uncertain, and here in the town no one knows anything about it. In the country they have more knowledge; shall we fly away there and wait? we shall be nearer to spring then, certainly."

"That may be all very well," said another sparrow, who had been hopping about for a long time, chirping, but not saying anything

til!"

"Ja, der løb nu menneskene om og skød nytår ind," sagde en lille forfrossen spurv, "de slog potter på døre og var rent ellevilde af glæde over at nu gik det gamle år væk! og det var jeg også glad over, for jeg ventede, at vi da ville få varme dage, men det er der ikke blevet noget af; det fryser meget strengere end før! Menneskene har taget fejl af tidsregningen!"

"Det har de!" sagde en tredje, der var gammel og hvid i toppen; "de har nu noget, som de kalder almanakken, den er sådan deres egen opfindelse, og så skal alt gå efter den! men det gør det ikke. Når foråret kommer, så begynder året, det er naturens gang, og den regner jeg efter!"

"Men, når kommer foråret?" spurgte de andre.

"Det kommer når storken kommer, men det er meget ubestemt med ham, og herinde i byen er der ingen, der ved noget derom, det ved de bedre ude på landet; skal vi flyve derud og vente? Dér er man da foråret nærmere."

"Ja, det kan være meget godt!" sagde en af dem, der længe havde gået og pippet uden egentlig at sige noget. "Jeg har herinde i byen

of consequence, "but I have found a few comforts here in town which, I'm afraid, I should miss out in the country. Here in this neighborhood, there lives a family of people who have been so sensible as to place three or four flower-pots against the wall in the court-yard, so that the openings are all turned inward, and the bottom of each points outward. In the latter a hole has been cut large enough for me to fly in and out. I and my husband have built a nest in one of these pots, and all our young ones, who have now flown away, were brought up there. The people who live there of course made the whole arrangement that they might have the pleasure of seeing us, or they would not have done it. It pleased them also to strew bread-crumbs for us, and so we have food, and may consider ourselves provided for. So I think my husband and I will stay where we are; although we are not very happy, but we shall stay."

"And we will fly into the country," said the others, "to see if spring is coming." And away they flew.

In the country it was really winter, a few degrees colder than in the town. The sharp winds blew over the snow-covered fields. The farmer, wrapped in warm clothing, sat in his sleigh, and beat his arms across his chest to keep off the

nogle bekvemmeligheder, som jeg er bange, at jeg vil komme til at savne derude. Heromme i en gård er der en menneskefamilie, der meget fornuftigt har fundet på at slå fast i væggen tre, fire urtepotter med den store åbning ind og bunden udad, i den er der skåret et hul så stort, at jeg kan flyve ud og ind; der har jeg og min mand rede, og derfra er alle vore unger fløjet ud. Menneskefamilien har naturligvis indrettet det hele for at have den fornøjelse at se på os, ellers havde de nok ikke gjort det. De strør brødkrummer ud, også for deres fornøjelse, og vi har da føden! der er ligesom sørget for en; – og så tror jeg, at jeg bliver og min mand bliver! skønt vi er meget misfornøjede, – men vi bliver!"

"Og vi flyver ud på landet, for at se om ikke foråret kommer!" og så fløj de.

Og der var ordentlig vinter ude på landet; det frøs dér et par grader stærkere end inde i byen. Den skarpe vind blæste hen over de snelagte marker. Bonden, med store bælgvanter på, sad i sin slæde og slog sig med sine arme for at få

cold. The whip lay on his lap. The horses ran till they smoked. The snow crackled, the sparrows hopped about in the wheel-ruts, and shivered, crying, "Tweet, tweet; when will spring come? It is very long in coming."

kulden af dem, pisken lå på skødet, de magre heste løb, så de dampede, sneen knagede, og spurvene hoppede i hjulsporene og frøs; "pip! når kommer våren? Det varer så længe!"

"Very long indeed," sounded over the field, from the nearest snow-covered hill. It might have been the echo which people heard, or perhaps the words of that wonderful old man, who sat high on a heap of snow, regardless of wind or weather. He was all in white; he had on a peasant's coarse white coat of frieze. He had long white hair, a pale face, and large clear blue eyes.

"Så længe!" klang det hen over markerne fra den højeste banke, belagt med sne; og det kunne være ekko man hørte, men det kunne også være tale af den underlige gamle mand, som sad der øverst på snedriven i vind og vejr; han var ganske hvid, ligesom en bonde i hvid vadmelskofte, med langt hvidt hår, hvidt skæg, ganske bleg og med store klare øjne.

"Who is that old man?" asked the sparrows.

"Hvem er den gamle der henne?" spurgte spurvene.

"I know who he is," said an old raven, who sat on the fence, and was condescending enough to acknowledge that we are all equal in the sight of Heaven, even as little birds, and therefore he talked with the sparrows, and gave them the information they wanted. "I know who the old man is," he said. "It is Winter, the old man of last year; he is not dead yet, as the calendar says, but acts as guardian to little Prince Spring who is coming. Winter rules here still. Ugh! the cold makes you shiver, little ones, does it not?"

"Det ved jeg!" sagde en gammel ravn, der sad på ledpælen, og var nedladende nok til at erkende, at vi alle er småfugle for Vorherre, og derfor også indlod sig med spurvene og gav forklaring. "Jeg ved, hvem den gamle er. Det er Vinteren, den gamle mand fra det forrige år, han er ikke død, som almanakken siger, nej han er såmænd formynder for den lille prins Forår, der kommer. Jo, Vinteren fører regimentet. Hu! det knager nok i jer, I små!"

"There! Did I not tell you so?" said the smallest of the sparrows. "The calendar is only an invention of man, and is not arranged according to nature. They should leave these things to us; we are created so much more clever than they are."

"Ja, er det ikke det jeg siger!" sagde den mindste, "den almanak er bare menneskepåfund, den er ikke lempet efter naturen! det skulle de lade os om, vi, som er finere skabt!"

One week passed, and then another. The forest looked dark, the hard-frozen lake lay like a sheet of lead. The mountains had disappeared, for over the land hung damp, icy mists. Large black crows flew about in silence; it was as if nature slept. At length a sunbeam glided over the lake, and it shone like burnished silver. But the snow on the fields and the hills did not glitter as before. The white form of Winter sat there still, with his un-wandering gaze fixed on the south. He did not perceive that the snowy carpet seemed to sink as it were into the earth; that here and there a little green patch of grass appeared, and that these patches were covered with sparrows.

Og der gik en uge, der gik næsten to; skoven var sort, den frosne indsø lå så tung og så ud som størknet bly; skyerne, ja det var ikke skyer, der var våde, iskolde tåger, der hang hen over landet; de store sorte krager fløj i flokke, uden skrig, det var som om alt sov. – Der gled en solstråle hen over søen, og den skinnede som smeltet tin. Snelaget hen over marken og oppe på banken glimrede ikke som før, men den hvide skikkelse, Vinteren selv, sad der endnu med blikket stadigt mod syden; han mærkede slet ikke, at snetæppet ligesom sank ind i jorden, at hist og her en lille græsgrøn plet kom frem, og der myldrede det da med spurve.

"Tee-wit, tee-wit; is spring coming at last?"

"Kvivit! Kvivit! kommer nu våren?"

Spring! How the cry resounded over field and meadow, and through the dark-brown woods, where the fresh green moss still gleamed on the trunks of the trees, and from the south came the two first storks flying through the air, and on the back of each sat a lovely little child, a boy and a girl.

"Våren!" klang det hen over mark og eng og igennem de sortbrune skove, hvor mosset skinnede friskt grønt på træstammerne; og gennem luften kom flyvende, sydfra, de to første storke; på ryggen af hver sad der et lille dejligt barn, en dreng og en pige; og de kyssede jorden til hilsen, og hvor

They greeted the earth with a kiss, and wherever they placed their feet white flowers sprung up from beneath the snow. Hand in hand they approached the old ice-man, Winter, embraced him and clung to his breast; and as they did so, in a moment all three were enveloped in a thick, damp mist, dark and heavy, that closed over them like a veil. The wind arose with mighty rustling tone, and cleared away the mist. Then the sun shone out warmly. Winter had vanished away, and the beautiful children of Spring sat on the throne of the year.

"This is really a new year," cried all the sparrows, "now we shall get our rights, and have some return for what we suffered in winter."

Wherever the two children wandered, green buds burst forth on bush and tree, the grass grew higher, and the corn-fields became lovely in delicate green. The little maiden strewed flowers in her path. She held her apron before her: it was full of flowers; it was as if they sprung into life there, for the more she scattered around her, the more flowers did her apron contain. Eagerly she showered snowy blossoms over apple and peach-trees, so that they stood in full beauty before even their green leaves had burst from the bud.

Then the boy and the girl clapped

de satte deres fødder, voksede hvide blomster frem under sneen; hånd i hånd gik de op til den gamle ismand, Vinteren, lagde sig ved hans bryst til ny hilsen og i samme stund var de alle tre skjulte og hele landskabet skjult; en tyk, våd tåge, så tæt og tung, indhyllede alt. – Lidt efter luftede det, – vinden fór af sted, den kom med stærke kast og jog tågen bort, solen skinnede så varmt; – vinteren selv var forsvunden, forårets dejlige børn sad på årets trone.

"Det kalder jeg nytår!" sagde spurvene. "Nu får vi vel igen vore rettigheder og erstatning for den strenge vinter!"

Hvorhen de to børn vendte sig, der skød grønne knopper frem på buske og træer, der blev græsset højere, sædemarken mere og mere liflig grøn. Og rundt om kastede den lille pige blomster; hun havde af dem i overflødighed i sit skørt, de syntes der at myldre frem, altid var det fuldt, i hvor ivrig hun var med at kaste, – i sin ilfærdighed rystede hun en hel blomstersne hen over æble- og ferskentræer, så at de stod i fuld pragt før de endnu rigtig havde grønne blade.

Og hun klappede i hænderne og

their hands, and troops of birds came flying by, no one knew from whence, and they all twittered and chirped, singing "Spring has come!" How beautiful everything was!

drengen klappede, og da kom der fugle frem, man vidste ikke hvorfra, og alle kvidrede og sang: "Våren er kommen!"

Many an old dame came forth from her door into the sunshine, and shuffled about with great delight, glancing at the golden flowers which glittered everywhere in the fields, as they used to do in her young days. The world grew young again to her, as she said, "It is a blessed time out here to-day."

Det var dejligt at se. Og mangen gammel morlille kom uden for sin dør i solskinnet, skuttede sig, så hen på de gule blomster, der prangede over hele engen, akkurat ligesom i hendes unge dage; verden blev ung igen, "det er velsignet i dag herude!" sagde hun.

The forest already wore its dress of dark-green buds. The thyme blossomed in fresh fragrance. Primroses and anemones sprung forth, and violets bloomed in the shade, while every blade of grass was full of strength and sap. Who could resist sitting down on such a beautiful carpet? and then the young children of Spring seated themselves, holding each other's hands, and sang, and laughed, and grew.

Og skoven var endnu brungrøn, knop ved knop, men skovmærken var fremme, så frisk og så duftende, violerne stod i en fylde, og der var anemoner, kodriver og oksedriver, ja i hvert græsstrå var saft og kraft, det var rigtignok et pragttæppe at sidde på, og der sad forårets unge par og holdt hinanden i hænderne og sang og smilede og voksede mere og mere.

A gentle rain fell upon them from the sky, but they did not notice it, for the rain-drops were their own tears of joy. They kissed each other, and were betrothed; and in the same moment the buds of the trees unfolded, and when the sun rose, the forest was green.

En mild regn faldt fra himlen over dem, de mærkede det ikke, regndråben og glædeståren blev en og samme dråbe. Brud og brudgom kyssede hinanden, og i det nu sprang skoven ud. – Da solen stod op, var alle skove grønne!

Hand in hand the two wandered

Og hånd i hånd gik brudeparret

beneath the fresh pendant canopy of foliage, while the sun's rays gleamed through the opening of the shade, in changing and varied colors. The delicate young leaves filled the air with refreshing odor. Merrily rippled the clear brooks and rivulets between the green, velvety rushes, and over the many-colored pebbles beneath. All nature spoke of abundance and plenty. The cuckoo sang, and the lark carolled, for it was now beautiful spring. The careful willows had, however, covered their blossoms with woolly gloves; and this carefulness is rather tedious.

under det friske hængende løvtag, hvor kun sollysets stråler og slagskyggerne gav farveveksel i det grønne. En jomfruelig renhed og en forfriskende duft var i de fine blade! klar og levende rislede å og bæk mellem de fløjlsgrønne siv og over de brogede sten. "Fuldt op evigt og altid er det og bliver det!" sagde hele naturen. Og kukkeren sang og lærken slog, det var det dejlige forår; dog piletræerne havde uldvanter om sine blomster, de var nu så gruelig forsigtige, og det er kedeligt!

Days and weeks went by, and the heat increased. Warm air waved the corn as it grew golden in the sun. The white northern lily spread its large green leaves over the glossy mirror of the woodland lake, and the fishes sought the shadows beneath them. In a sheltered part of the wood, the sun shone upon the walls of a farm-house, brightening the blooming roses, and ripening the black juicy berries, which hung on the loaded cherry-trees, with his hot beams. Here sat the lovely wife of Summer, the same whom we have seen as a child and a bride; her eyes were fixed on dark gathering clouds, which in wavy outlines of black and indigo were piling themselves up like mountains, higher and higher. They came from every side,

Og så gik dage og så gik uger, varmen ligesom væltede ned; hede luftbølger gik gennem kornet, der mere og mere gulnede. Nordens hvide lotus på skovsøerne spredte sine store grønne blade ud over vandspejlet og fiskene søgte skygge under dem; og på skovens læside, hvor solen brændte på bondehusets væg og ordentlig gennemvarmede de udsprungne roser, og kirsebærtræerne hang fulde med saftige, sorte, næsten solhede bær, sad sommerens dejlige kvinde, hende vi så som barn og som brud; og hun så mod de stigende mørke skyer, der i bølgeformer, som bjerge, sortblå og tunge, løftede sig højere og højere; fra tre sider kom de; mere og mere, som et forstenet omvendt hav, sænkede de sig mod skoven,

always increasing like a rising, rolling sea. Then they swooped towards the forest, where every sound had been silenced as if by magic, every breath hushed, every bird mute. All nature stood still in grave suspense. But in the lanes and the highways, passengers on foot or in carriages were hurrying to find a place of shelter. Then came a flash of light, as if the sun had rushed forth from the sky, flaming, burning, all-devouring, and darkness returned amid a rolling crash of thunder. The rain poured down in streams,– now there was darkness, then blinding light,– now thrilling silence, then deafening din. The young brown reeds on the moor waved to and fro in feathery billows; the forest boughs were hidden in a watery mist, and still light and darkness followed each other, still came the silence after the roar, while the corn and the blades of grass lay beaten down and swamped, so that it seemed impossible they could ever raise themselves again. But after a while the rain began to fall gently, the sun's rays pierced the clouds, and the water-drops glittered like pearls on leaf and stem. The birds sang, the fishes leaped up to the surface of the water, the gnats danced in the sunshine, and yonder, on a rock by the heaving salt sea, sat Summer himself, a strong man with sturdy limbs and long, dripping hair.

hvor alt, som ved en trolddom, var tavst; hver luftning havde lagt sig, hver fugl tav, der var en alvor, en forventning i hele naturen; men på veje og stier skyndte sig af sted kørende, ridende og gående, for at komme under tag. – Da lyste det med et, som om solen brød frem, blinkende, blændende, alt opbrændende, og der blev mulm igen i et rullende brag; vandet styrtede i strømme ned; det blev nat og det blev lys, det blev stilhed og det blev bulder. De unge brunfjerede rør i mosen bevægede sig i lange bølger, skovens grene skjultes i vandtåger, mørket kom og lyset kom, stilhed og bulder. – Græs og korn lå som slået ned, som skyllet hen, som skulle det aldrig rejse sig. – Pludselig blev regnen til enkelte dråber, solen skinnede, og fra strå og fra blad blinkede vanddråberne som perler, fuglene sang, fiskene slog op fra å-vandet, myggene dansede, og ude på stenen i det salte piskede havvand sad Sommeren selv, den kraftige mand, med de fyldige lemmer, med drivvådt hår, – forynget af det friske bad, sad han i det varme solskin. Al naturen var forynget rundt om, alt stod frodigt, kraftigt og skønt; det var sommer, den varme dejlige sommer.

Strengthened by the cool bath, he sat in the warm sunshine, while all around him renewed nature bloomed strong, luxuriant, and beautiful: it was summer, warm, lovely summer.

Sweet and pleasant was the fragrance wafted from the clover-field, where the bees swarmed round the ruined tower, the bramble twined itself over the old altar, which, washed by the rain, glittered in the sunshine; and thither flew the queen bee with her swarm, and prepared wax and honey. But Summer and his bosom-wife saw it with different eyes, to them the altar-table was covered with the offerings of nature.

Og liflig og sød var den duft, der kom fra den frodige kløvermark, bierne summede der om det gamle tingsted; brombærranken snoede sig op om alterstenen, der, vasket af regnen, skinnede i sollyset; og derhen fløj bidronningen med sin sværm og satte voks og honning. Ingen så det uden Sommeren og hans kraftige viv; for dem stod alterbordet dækket med naturens offergave.

The evening sky shone like gold, no church dome could ever gleam so brightly, and between the golden evening and the blushing morning there was moonlight. It was indeed summer.

Og aftenhimlen strålede som et guld, ingen kirkekuppel har det så rigt, og månen skinnede mellem aftenrøde og morgenrøde. Det var sommertid.

And days and weeks passed, the bright scythes of the reapers glittered in the corn-fields, the branches of the apple-trees bent low, heavy with the red and golden fruit. The hop, hanging in clusters, filled the air with sweet fragrance, and beneath the hazel-bushes, where the nuts hung in great bunches, rested a man and a woman– Summer and his grave consort.

Og der gik uger og der gik dage. – Høstfolkenes blanke leer blinkede i kornmarkerne, æbletræets grene bøjede sig med røde og gule frugter; humlen duftede dejligt og hang i store kopper og under hasselbuskene, hvor nødderne sad i tunge klaser, hvilede mand og viv, Sommeren med sin alvorsfulde kvinde.

"See," she exclaimed, "what wealth, what blessings surround us. Everything is home-like and good, and yet, I know not why, I long for rest and peace; I can scarcely express what I feel. They are already ploughing the fields again; more and more the people wish for gain. See, the storks are flocking together, and following the plough at a short distance. They are the birds from Egypt, who carried us through the air. Do you remember how we came as children to this land of the north; we brought with us flowers and bright sunshine, and green to the forests, but the wind has been rough with them, and they are now become dark and brown, like the trees of the south, but they do not, like them, bear golden fruit."

"Hvilken rigdom!" sagde hun, "rundt om velsignelse, hjemligt og godt, og dog, jeg ved ikke selv, jeg længes efter – hvile, – ro! jeg ved ikke ordet derfor! – Nu pløjer de alt igen på marken! Mere og altid mere vil menneskene vinde! – Se storkene komme i flokke og gå i afstand efter ploven; Ægyptens fugl, som bar os gennem luften! Husker du, da vi begge som børn kom herind i Nordens lande? – Blomster bragte vi, dejligt solskin og grønne skove, dem har nu vinden faret ilde med, de brunes og mørknes, som sydens træer, men bærer ikke, som de, gyldne frugter!"

"Do you wish to see golden fruit?" said the man, "then rejoice," and he lifted his arm. The leaves of the forest put on colors of red and gold, and bright tints covered the woodlands. The rose-bushes gleamed with scarlet hips, and the branches of the elder-trees hung down with the weight of the full, dark berries. The wild chestnuts fell ripe from their dark, green shells, and in the forests the violets bloomed for the second time.

"Dem vil du se?" sagde Sommeren, "så glæd dig da!" og han løftede sin arm og skovens blade farvedes med rødt og med guld, der kom en farvepragt over alle skove; rosenhækken skinnede med ildrøde hyben, hyldegrenene hang med store tunge sortbrune bær, de vilde kastanjer faldt modne ud af de sortgrønne skaller, og inde i skoven blomstrede violerne anden gang.

But the queen of the year became more and more silent and pale. "It blows cold," she said, "and night

Men årets dronning blev mere og mere stille, mere bleg. "Det lufter koldt!" sagde hun, "natten har våde

brings the damp mist; I long for the land of my childhood."

Then she saw the storks fly away every one, and she stretched out her hands towards them. She looked at the empty nests; in one of them grew a long-stalked corn flower, in another the yellow mustard seed, as if the nest had been placed there only for its comfort and protection, and the sparrows were flying round them all.

"Tweet, where has the master of the nest gone?" cried one, "I suppose he could not bear it when the wind blew, and therefore he has left this country. I wish him a pleasant journey."

The forest leaves became more and more yellow, leaf after leaf fell, and the stormy winds of Autumn howled. The year was now far advanced, and upon the fallen, yellow leaves, lay the queen of the year, looking up with mild eyes at a gleaming star, and her husband stood by her. A gust of wind swept through the foliage, and the leaves fell in a shower. The summer queen was gone, but a butterfly, the last of the year, flew through the cold air.

Damp fogs came, icy winds blew, and the long, dark nights of winter approached. The ruler of the year appeared with hair white as snow,

tåger! – jeg længes efter – barndomslandet!" –

Og hun så storkene flyve bort, hver en! og hun strakte hænderne efter dem. – hun så op til rederne, der stod tomme, og der voksede op i en den langstilkede kornblomst og i en anden den gule kiddike, som om reden kun var til som værn og gærde om den; og spurvene kom derop.

"Pip! hvor er herskabet blevet af! de kan nok ikke tåle at det blæser på dem, og så er de taget ud af landet! Lykke på rejsen!"

Og mere og mere gul blev skovens blade og løv faldt på løv, efterårets storme suste, det var sent på høstens tid. Og på det gule løvfald lå årets dronning og så med milde øjne mod den blinkende stjerne, og hendes husbond stod hos hende. Et vindstød hvirvlede i løvet – det faldt igen, da var hun borte, men en sommerfugl, årets sidste, fløj gennem den kolde luft.

Og de våde tåger kom, den isnende blæst og de mørke, længste nætter. Årets drot stod med snehvidt hår, men han vidste det ikke selv, han

but he knew it not; he thought snow-flakes falling from the sky covered his head, as they decked the green fields with a thin, white covering of snow.

troede, at det var snefnuggene, som faldt fra skyen; et tyndt snelag lå hen over den grønne mark.

And then the church bells rang out for Christmas time.

Og kirkeklokkerne ringede til juletid.

"The bells are ringing for the new-born year," said the ruler, "soon will a new ruler and his bride be born, and. I shall go to rest with my wife in yonder light-giving star."

"Fødselsklokkerne ringer!" sagde årets drot, "snart fødes det nye herskerpar; og jeg får hvile, som hun! Hvile i den blinkende stjerne!"

In the fresh, green fir-wood, where the snow lay all around, stood the angel of Christmas, and consecrated the young trees that were to adorn his feast.

Og i den friske grønne granskov, hvor sneen lå, stod juleenglen og indviede de unge træer, der skulle til dens fest.

"May there be joy in the rooms, and under the green boughs," said the old ruler of the year. In a few weeks he had become a very old man, with hair as white as snow. "My resting-time draws near; the young pair of the year will soon claim my crown and sceptre."

"Glæde i stuen og under de grønne grene!" sagde årets gamle drot, uger havde ældet ham til snehvid gubbe; "det stunder for mig til hvile, årets unge par får nu krone og scepter!"

"But the night is still thine," said the angel of Christmas, "for power, but not for rest. Let the snow lie warmly upon the tender seed. Learn to endure the thought that another is worshipped whilst thou art still lord. Learn to endure being forgotten while yet thou livest. The hour of thy freedom will come when Spring appears."

"Og magten er dog din!" sagde juleenglen, "magten og ikke hvilen! Lad sneen ligge varmende hen over den unge sæd! lær at bære det, at en anden hyldes og du dog er hersker, lær at være glemt og dog at leve! din friheds time kommer, når våren kommer!"

"And when will Spring come?" asked Winter.

"Når kommer våren?" spurgte Vinteren.

"It will come when the stork returns."

"Den kommer når storken kommer!"

And with white locks and snowy beard, cold, bent, and hoary, but strong as the wintry storm, and firm as the ice, old Winter sat on the snowdrift-covered hill, looking towards the south, where Winter had sat before, and gazed. The ice glittered, the snow crackled, the skaters skimmed over the polished surface of the lakes; ravens and crows formed a pleasing contrast to the white ground, and not a breath of wind stirred, and in the still air old Winter clenched his fists, and the ice lay fathoms deep between the lands.

Og med hvide lokker og snehvidt skæg sad Vinteren iskold, gammel og bøjet, men stærk, som vinterstormen og isens magt, højt på bankens snedrive og så mod syd, som Vinteren forud havde siddet og set. – Isen knagede, sneen knirkede, skøjteløberne svang sig på de blanke søer, og ravne og krager tog sig godt ud på den hvide grund, ingen vind rørte sig. Og i den stille luft knyttede Vinteren hænderne, og isen blev favne tyk mellem landene.

Then came the sparrows again out of the town, and asked, "Who is that old man?" The raven sat there still, or it might be his son, which is the same thing, and he said to them,– "It is Winter, the old man of the former year; he is not dead, as the calendar says, but he is guardian to the spring, which is coming."

Så kom igen spurvene fra byen og spurgte: "Hvem er den gamle mand derhenne?" og ravnen sad der igen, eller en søn af ham, som er lige det samme, og den sagde dem: "Det er Vinteren! den gamle mand fra det forrige år. Han er ikke død, som almanakken siger, men formynder for våren, som kommer!"

"When will Spring come?" asked the sparrows, "for we shall have better times then, and a better rule. The old times are worth nothing."

"Når kommer våren!" sagde spurvene, "så får vi god tid, og bedre regimente! det gamle duede ikke."

And in quiet thought old Winter looked at the leafless forest, where the graceful form and bends of

Og i stille tanker nikkede Vinteren til den bladløse, sorte skov, hvor hvert træ viste grenenes dejlige

each tree and branch could be seen; and while Winter slept, icy mists came from the clouds, and the ruler dreamt of his youthful days and of his manhood, and in the morning dawn the whole forest glittered with hoar frost, which the sun shook from the branches,– and this was the summer dream of Winter.

form og bøjning; og under vinterblundet sænkede sig skyernes iskolde tåger, – herskeren drømte om sin ungdoms og sin manddoms tid, og ved dagningen stod hele skoven dejlig med rimfrost, det var Vinterens sommerdrøm; solskinnet dryssede rimfrost fra grenene.

"When will Spring come?" asked the sparrows.

"Når kommer våren?" spurgte spurvene.

"Spring!" Again the echo sounded from the hills on which the snow lay. The sunshine became warmer, the snow melted, and the birds twittered, "Spring is coming!"

"Våren!" lød det som ekko fra de banker, hvor sneen lå. Og solen skinnede mere og mere varm, sneen smeltede, fuglene kvidrede: "Våren kommer!"

And high in the air flew the first stork, and the second followed; a lovely child sat on the back of each, and they sank down on the open field, kissed the earth, and kissed the quiet old man; and, as the mist from the mountain top, he vanished away and disappeared.

Og højt gennem luften kom den første stork, den anden fulgte; et dejligt barn sad på ryggen af hver, og de dalede ned på den åbne mark og de kyssede jorden, og de kyssede den gamle stille mand, og som Moses på bjerget, svandt han, båret af skytågen.

And the story of the year was finished.

Årets historie var endt.

"This is all very fine, no doubt," said the sparrows, "and it is very beautiful; but it is not according to the calendar, therefore, it must be all wrong."

"Det er meget rigtigt!" sagde spurvene, "og det er også meget kønt, men det er ikke efter almanakken, og så er det galt!"

There is no doubt about it

Det er ganske vist!

"That was a terrible affair!" said a hen, and in a quarter of the town,

"Det er en frygtelig historie!" sagde en høne, og det omme i den kant

too, where it had not taken place. "That was a terrible affair in a hen-roost. I cannot sleep alone to-night. It is a good thing that many of us sit on the roost together." And then she told a story that made the feathers on the other hens bristle up, and the cock's comb fall. There was no doubt about it.

af byen, hvor historien ikke var passeret. "Det er en frygtelig historie i hønsehuset! jeg tør ikke sove alene i nat! det er godt at vi er mange sammen på hjalet!" – Og så fortalte hun, så at fjerene rejste sig på de andre høns og hanen lod kammen falde. Det er ganske vist!

But we will begin at the beginning, and that is to be found in a hen-roost in another part of the town. The sun was setting, and the fowls were flying on to their roost; one hen, with white feathers and short legs, used to lay her eggs according to the regulations, and was, as a hen, respectable in every way. As she was flying upon the roost, she plucked herself with her beak, and a little feather came out.

Men vi vil begynde med begyndelsen, og den var i den anden kant af byen i et hønsehus. Solen gik ned og hønsene fløj op; en af dem, hun var hvidfjeret og lavbenet, lagde sine reglementerede æg og var, som høne, respektabel i alle måder; idet hun kom til hjals, pillede hun sig med næbbet, og så faldt der en lille fjer af hende.

"There it goes," she said; "the more I pluck, the more beautiful do I get." She said this merrily, for she was the best of the hens, and, moreover, as had been said, very respectable. With that she went to sleep.

"Der gik den!" sagde hun, "jo mere jeg piller mig, des dejligere bliver jeg nok!" Og det var nu sagt i munterhed, for hun var det muntre sind mellem de høns, i øvrigt, som sagt, meget respektabel; og så sov hun.

It was dark all around, and hen sat close to hen, but the one who sat nearest to her merry neighbour did not sleep. She had heard and yet not heard, as we are often obliged to do in this world, in order to live at peace; but she could not keep it from her neighbour on the other side any longer. "Did you hear

Mørkt var det rundt om, høne sad ved høne og den, som sad hende nærmest, sov ikke; hun hørte og hun ikke hørte, som man jo skal i denne verden, for at leve i sin gode rolighed; men sin anden naboerske måtte hun dog sige det: "Hørte du hvad her blev sagt? Jeg nævner ingen, men der er en høne, som vil

what was said? I mention no names, but there is a hen here who intends to pluck herself in order to look well. If I were a cock, I should despise her."

plukke sig, for at se godt ud! var jeg hane, ville jeg foragte hende!"

Just over the fowls sat the owl, with father owl and the little owls. The family has sharp ears, and they all heard every word that their neighbour had said. They rolled their eyes, and mother owl, beating her wings, said: "Don't listen to her! But I suppose you heard what was said? I heard it with my own ears, and one has to hear a great deal before they fall off. There is one among the fowls who has so far forgotten what is becoming to a hen that she plucks out all her feathers and lets the cock see it."

Og lige oven over hønsene sad uglen med uglemand og ugleborn; de har skarpe ører i den familie, de hørte hvert ord, som nabohønen sagde, og de rullede med øjnene og uglemor viftede sig med vingerne: "Hør bare ikke efter! men I hørte sagtens hvad der blev sagt? Jeg hørte det med mine egne ører, og man skal høre meget før de falder af! Der er en af hønsene, som i den grad har glemt, hvad der skikker sig en høne, at hun sidder og piller alle fjerene af sig og lader hanen se på det!"

"Prenez garde aux enfants!" said father owl; "children should not hear such things."

"Prenez garde aux enfants!" sagde uglefader, "det er ikke noget for børnene!"

"But I must tell our neighbour owl about it; she is such an estimable owl to talk to." And with that she flew away.

"Jeg vil dog fortælle genbougle det! det er sådan en agtværdig ugle i omgang!" og så fløj mutter.

"Too-whoo! Too-whoo!" they both hooted into the neighbour's dove-cot to the doves inside. "Have you heard? Have you heard? Too-whoo! There is a hen who has plucked out all her feathers for the sake of the cock; she will freeze to death, if she is not frozen already. Too-whoo!"

"Hu-hu! uhuh!" tudede de begge to og det lige ned i genboens dueslag til duerne. "Har I hørt det! har I hørt det! uhuh! der er en høne, som har plukket alle fjerene af sig for hanens skyld! hun fryser ihjel, om hun ikke er det, uhuh!"

"Where? where?" cooed the doves.

"Hvor? hvor?" kurrede duerne!

"In the neighbour's yard. I have as good as seen it myself. It is almost unbecoming to tell the story, but there is no doubt about it."

"I genboens gård! jeg har så godt som selv set det! det er næsten en upassende historie at fortælle! men det er ganske vist!"

"Believe every word of what we tell you," said the doves, and cooed down into their poultry-yard. "There is a hen– nay, some say that there are two– who have plucked out all their feathers, in order not to look like the others, and to attract the attention of the cock. It is a dangerous game, for one can easily catch cold and die from fever, and both of these are dead already."

"Tror, tror hvert evige ord!" sagde duerne, og kurrede ned til deres hønsegård: "Der er en høne, ja der er somme der siger, at der er to, som har plukket alle fjerene af sig, for ikke at se ud som de andre og således vække hanens opmærksomhed. Det er et voveligt spil, man kan forkøle sig og dø af feber, og de er døde begge to!"

"Wake up! wake up!" crowed the cock, and flew upon his board. Sleep was still in his eyes, but yet he crowed out: "Three hens have died of their unfortunate love for a cock. They had plucked out all their feathers. It is a horrible story: I will not keep it to myself, but let it go farther."

"Vågn op! vågn op!" galede hanen og fløj op på plankeværket, søvnen sad ham endnu i øjnene, men han galede alligevel: "Der er tre høns døde af ulykkelig kærlighed til en hane! de havde plukket alle fjerene af sig! det er en fæl historie, jeg vil ikke beholde den, lad gå videre!"

"Let it go farther," shrieked the bats, and the hens clucked and the cocks crowed, "Let it go farther! Let it go farther!" In this way the story travelled from poultry-yard to poultry-yard, and at last came back to the place from which it had really started.

"Lad gå videre!" peb flagermusene, og hønsene klukkede og hanerne galede: "Lad gå videre! lad gå videre!" og så fór historien fra hønsehus til hønsehus og til sidst tilbage til stedet, hvorfra den egentlig var gået ud.

"Five hens," it now ran, "have plucked out all their feathers to show which of them had grown leanest for love of the cock, and

"Der er fem høns," hed det, "som alle har plukket fjerene af sig, for at vise, hvem af dem der var blevet magrest af kærestesorg til hanen,

then they all pecked at each other till the blood ran down and they fell down dead, to the derision and shame of their family, and to the great loss of their owner."

og så hakkede de hinanden til blods og faldt døde ned, til skam og skændsel for deres familie og til stort tab for ejeren!"

The hen who had lost the loose little feather naturally did not recognise her own story, and being a respectable hen, said: "I despise those fowls; but there are more of that kind. Such things ought not to be concealed, and I will do my best to get the story into the papers, so that it becomes known throughout the land; the hens have richly deserved it, and their family too."

Og hønen, som havde mistet den løse lille fjer, kendte naturligvis ikke sin egen historie igen, og da hun var en respektabel høne, så sagde hun: Jeg foragter de høns! men der er flere af den slags! Sligt skal man ikke fortie, og jeg vil gøre mit til, at den historie kan komme i avisen, så går den landet over; det har de høns fortjent og familien med!"

It got into the papers, it was printed; and there is no doubt about it, one little feather may easily grow into five hens.

Og det kom i avisen og det blev trykt og det er ganske vist: En lille fjer kan nok blive til fem høns!

Heartache

Hjertesorg

The story we have for you here is really divided into two parts. The first part could be omitted, but it gives us some preliminary information which is useful.

Det er egentligt en historie i to dele, vi her kommer med; første del kunne gerne være borte, – men den giver forkundskaber, og de er nyttige!

We were staying at a manor house in the country, and it happened that the owner was absent for a day or so. Meanwhile a lady with a pug dog arrived from the next town; come, she explained, to dispose of the shares in her tannery. She had her certificates with her, and we advised her to seal them in an envelope and to write on it the address of the proprietor of the

Vi opholdt os inde i landet på en herregård, og så traf det sig, at herskabet der, for en dags tid, tog bort. Da kom der fra nærmeste købstad en madamme, hun havde sin moppe med og kom for, som hun sagde, at man skulle tage "aktier" i hendes garveri. Sine papirer havde hun med, og vi rådede hende, at slå en konvolut om dem og uden på at skrive

estate, "General War Commissary, Knight," etc.

gårdejerens adresse: "Generalkrigskommissær, Ridder, etcetera."

She listened to us, took up the pen, then hesitated, and begged us to repeat the address slowly. We complied and she wrote, but in the middle of the "General War--" she stopped, sighed, and said, "I'm only a woman!" While she wrote, she had placed her Puggie on the floor, and he was growling, for the dog had come with her for pleasure and health's sake, and a visitor shouldn't be placed on the floor. He was characterized outwardly by a snub nose and a fleshy back.

Hun hørte på os, hun tog pennen, standsede, og bad os om at gentage udskriften, men langsomt. Vi gjorde det, og hun skrev; men midt i "Generalkrigs" blev hun stående, sukkede og sagde: "Jeg er kun et fruentimmer!" Moppen havde hun sat på gulvet, mens hun skrev, og han knurrede; han var jo også taget med for sin fornøjelse og sundheds skyld, og så skal man ikke sættes på gulvet. Braknæse og flæskeryg var hans udvortes.

"He doesn't bite," said the woman. "He hasn't any teeth. He's like one of the family, faithful and grouchy; but the latter is the fault of my grandchildren for teasing him. They play wedding, and want to make him the bridesmaid, and that's too strenuous for the poor old fellow."

"Han bider ikke!" sagde madammen, "han har ingen tænder. Han er ligesom medlem af familien, trofast og arrig, men dette er han tirret til af mine børnebørn; de leger bryllup, og så vil de have ham til at være brudepige, og det anstrenger ham, det gamle skind!"

Then she delivered her certificates and took Puggie up in her arms. And that's the first part of the story, which could have been omitted.

Og hun afleverede sine papirer og tog moppen på armen. Det er første del – som nok kunne undværes!

Puggie died! That's the second part.

"Moppen døde!" det er anden del.

About a week later we arrived in the town and put up at the inn. Our windows looked out into the

Det var en uges tid efter; vi kom til købstaden og tog ind på gæstgiverstedet. Vore vinduer

tannery yard, which was divided into two parts by a wooden fence; in one section were hides and skin caps, raw and tanned. Here was all the equipment for carrying on a tanning business, and it belonged to the widow. Puggie had died that morning and was to be buried in this section of the yard. The widow's grandchildren (that is, the tanner's widow's, for Puggie had never married) covered the grave-a grave so beautiful it must have been quite pleasant to lie there.

vendte ud til gården, der ved et plankeværk var delt i to dele; i den ene her hang skind og huder, rå og barkede; her stod alle materialer til et garveri, og det var enkens. – Moppen var død i denne morgen og begravet her i gården; enkens børnebørn, det vil sige garverenkens, for moppen havde ikke været gift, klappede graven til, og det var en dejlig grav, det måtte være en fornøjelse at ligge der.

The grave was bordered with broken flowerpots and strewn over with sand; at its head they had stuck up a small beer bottle with the neck upward, and that wasn't at all symbolic.

Graven var indhegnet med potteskår, og bestrøet med sand; øverst på den havde de sat en halv ølflaske med halsen op, og det var slet ikke allegorisk.

The children danced around the grave, and then the oldest of the boys, a practical youngster of seven, proposed that there should be an exhibition of Puggie's grave for everybody living in the street. The price of admission would be one trouser button; that was something every boy would be sure to have and which he also could give to the little girls. This suggestion was adopted by acclamation.

Børnene dansede rundt om graven, og den ældste af drengene, en praktisk yngling på syv år, foreslog, at der skulle være en udstilling af moppens grav og det for alle fra strædet; adgangen måtte betales med en seleknap, det var noget enhver dreng havde, og han også kunne levere for småpigerne; og det forslag blev enstemmigt antaget.

And all the children from the street, and even from the little lane behind, came, and each gave a button. Many were seen that afternoon going about with one

Og alle børn fra strædet og bagstrædet med kom og gav deres knap, der var mange, der kom til at gå med én sele den eftermiddag, men så havde man set moppens

suspender, but then they had seen Puggie's grave, and that sight was worth it.

grav, og det var nok så meget værd.

But outside the tannery yard, close to the entrance, stood a ragged little girl, very beautiful, with the prettiest curly hair, and eyes so clear and blue that it was a pleasure to look into them. She didn't say a word, nor did she cry, but every time the gate was opened she looked into the yard as long as she could. She had no button, as she knew very well, so she had to stand sorrowfully outside, until all the others had seen the grave and everyone had left. Then she sat down, put her little brown hands before her eyes, and burst into tears, for she alone hadn't seen Puggie's grave. It was a heartache as great as any grown-up can experience.

Men uden for garvergården, tæt op til lågen der, stod en lille pjaltet unge, så yndigt skabt, med det dejligste krøllede hår og øjne så blå og klare, at det var en lyst; hun sagde ikke et ord, hun græd ikke heller, men så så langt hun kunne, hver gang lågen åbnedes. Hun ejede ikke en knap, vidste hun, og blev derfor sørgmodig stående udenfor, stod der til de alle havde set af, og alle var gået bort; da satte hun sig ned, holdt de små brune hænder for øjnene og brast i gråd; hun alene havde ikke set moppens grav. Det var hjertesorg og stor, som den voksnes tit kan være det.

We saw this from above-and seen from above, this, like many of our own and others' griefs could, made us smile! That's the story, and anyone who doesn't understand it can go and buy a share in the widow's tannery.

Vi så det ovenfra – og ovenfra set – denne, som mange af vore og andres sorger, – ja så kan vi le af dem! – det er historien, og den, som ikke forstår den, kan tage aktier i enkens garveri.

The moneybox

Pengegrisen

In a nursery where a number of toys lay scattered about, a money-box stood on the top of a very high wardrobe. It was made of clay in the shape of a pig, and had been bought of the potter. In the back

Der var så meget legetøj i børnenes stue; øverst på skabet stod sparebøssen, den var af lertøj, i skikkelse af en gris; den havde naturlig sprække i ryggen og sprækken var med en kniv gjort

of the pig was a slit, and this slit had been enlarged with a knife, so that dollars, or crown pieces, might slip through; and, indeed there were two in the box, besides a number of pence. The money-pig was stuffed so full that it could no longer rattle, which is the highest state of perfection to which a money-pig can attain. There he stood upon the cupboard, high and lofty, looking down upon everything else in the room. He knew very well that he had enough inside him to buy up all the other toys, and this gave him a very good opinion of his own value.

større, at der også kunne gå sølvdalere ind og der var gået to, foruden mange andre skillinger. Pengegrisen var så proppet, at han ikke længere kunne rasle, og det er det højeste en pengegris kan bringe det til. Dér stod han nu øverst på hylden og så ned på alt i stuen, han vidste nok at med hvad han havde i maven kunne han købe det hele, og det er at have en god bevidsthed.

The rest thought of this fact also, although they did not express it, for there were so many other things to talk about. A large doll, still handsome, though rather old, for her neck had been mended, lay inside one of the drawers which was partly open. She called out to the others, "Let us have a game at being men and women, that is something worth playing at." Upon this there was a great uproar; even the engravings, which hung in frames on the wall, turned round in their excitement, and showed that they had a wrong side to them, although they had not the least intention to expose themselves in this way, or to object to the game.

Det tænkte de andre også på, om de ikke sagde det, der var jo andet at tale om. Kommodeskuffen stod på klem og der viste sig en stor dukke, noget gammel var hun og klinket i halsen; hun så ud, og sagde: "Skal vi nu lege mennesker, det er jo altid noget!" og så blev der et røre, selv skilderierne vendte sig på væggen, de viste, de også havde bagside, men det var ikke for at sige imod.

It was late at night, but as the moon shone through the windows,

Det var midt om natten, Månen skinnede ind ad vinduet og gav fri

they had light at a cheap rate. And as the game was now to begin, all were invited to take part in it, even the children's wagon, which certainly belonged to the coarser playthings. "Each has its own value," said the wagon; "we cannot all be noblemen; there must be some to do the work."

belysning. Nu skulle legen begynde og alt var indbudt, selv barnevognen, der dog hørte til det grovere legetøj. "Enhver er god for sig!" sagde den, "man kan ikke alle være af adel! Nogen må gøre gavn, som man siger!"

The money-pig was the only one who received a written invitation. He stood so high that they were afraid he would not accept a verbal message. But in his reply, he said, if he had to take a part, he must enjoy the sport from his own home; they were to arrange for him to do so; and so they did.

Pengegrisen var den eneste, som fik indbydelsen skriftligt, han stod for højt til at de troede, at han kunne høre den mundtlig, og gav heller ikke svar om han kom, for han kom ikke; skulle han med, måtte han nyde det hjemmefra, det kunne de rette sig efter og det gjorde de.

The little toy theatre was therefore put up in such a way that the money-pig could look directly into it. Some wanted to begin with a comedy, and afterwards to have a tea party and a discussion for mental improvement, but they commenced with the latter first. The rocking-horse spoke of training and races; the wagon of railways and steam power, for these subjects belonged to each of their professions, and it was right they should talk of them. The clock talked politics– "tick, tick;" he professed to know what was the time of day, but there was a whisper that he did not go correctly. The bamboo cane stood by, looking stiff and proud: he was

Det lille dukketeater blev straks stillet op således at han kunne se lige ind i det; de ville begynde med komedie, og så skulle der være te og forstandsøvelse, og med den begyndte de straks; gyngehesten talte om træning og fuldblod, barnevognen om jernbaner og dampkraft – det var jo alt sammen noget der hørte til deres fag og som de kunne tale om. Stueuret talte om politik – tik – tik! det vidste hvad klokken var slået, men man sagde at det gik ikke rigtigt. Spanskrørsstokken stod og var stolt af sin dupsko og sølvknap, han var jo beslået foroven og forneden; i sofaen lå to broderede puder, de var nydelige og dumme – og så kunne komedien begynde.

vain of his brass ferrule and silver top, and on the sofa lay two worked cushions, pretty but stupid.

When the play at the little theatre began, the rest sat and looked on; they were requested to applaud and stamp, or crack, when they felt gratified with what they saw. But the riding-whip said he never cracked for old people, only for the young who were not yet married. "I crack for everybody," said the cracker. "Yes, and a fine noise you make," thought the audience, as the play went on. It was not worth much, but it was very well played, and all the characters turned their painted sides to the audience, for they were made only to be seen on one side. The acting was wonderful, excepting that sometimes they came out beyond the lamps, because the wires were a little too long. The doll, whose neck had been darned, was so excited that the place in her neck burst, and the money-pig declared he must do something for one of the players, as they had all pleased him so much. So he made up his mind to remember one of them in his will, as the one to be buried with him in the family vault, whenever that event should happen.

Alle sad de og så til, og der blev bedt om at man ville smælde, knalde og rumle, ligesom man var fornøjet til. Men ridepisken sagde, at han aldrig smældede for de gamle, men kun for de uforlovede. "Jeg knalder for alt!" sagde knaldperlen. "Ét sted skal man jo være!" mente spyttebakken; det var nu sådan enhvers tanke ved at være på komedie. Stykket duede ikke, men det blev godt givet; alle de spillende vendte den malede side udad, de var kun til at se på én led, ikke på vrangen; og alle spillede de udmærket, helt forud af teatret, tråden var for lang i dem, men så blev de mere mærkbare. Den klinkede dukke blev så betaget, at hun blev løs i klinken og pengegrisen blev på sin måde så betaget at han besluttede at gøre noget for en af dem, sætte ham i sit testamente, som den, der skulle ligge i åben begravelse med ham når den tid kom.

They all enjoyed the comedy so much, that they gave up all thoughts of the tea party, and only

Det var en sand nydelse, så at man opgav tevandet og blev ved forstandsøvelsen, det kaldte man at

carried out their idea of intellectual amusement, which they called playing at men and women; and there was nothing wrong about it, for it was only play. All the while, each one thought most of himself, or of what the money-pig could be thinking. His thoughts were on, as he supposed, a very distant time– of making his will, and of his burial, and of when it might all come to pass. Certainly sooner than he expected– for all at once down he came from the top of the press, fell on the ground, and was broken to pieces. Then the pennies hopped and danced about in the most amusing manner. The little ones twirled round like tops, and the large ones rolled away as far as they could, especially the one great silver crown piece who had often to go out into the world, and now he had his wish as well as all the rest of the money. The pieces of the money-pig were thrown into the dust-bin, and the next day there stood a new money-pig on the cupboard, but it had not a farthing in its inside yet, and therefore, like the old one, it could not rattle. This was the beginning with him, and we will make it the end of our story.

lege mennesker og der var ingen ondskab deri, for de legede kun – og hver tænkte på sig og på hvad pengegrisen tænkte, og pengegrisen tænkte længst, han tænkte jo på testamente og begravelse – og når kom det i stand – altid før man venter det. – Knak! der lå han fra skabet – lå på gulvet i stumper og stykker, mens skillingerne dansede og sprang; de mindste snurrede, de store trillede, især den ene sølvdaler, han ville ordentlig ud i verden. Og det kom han og det kom de alle sammen; og skårene af pengegrisen kom i bøtten, men på skabet selv stod igen næste dag en ny pengegris af lertøj, der var endnu ikke en skilling i den, derfor kunne den heller ikke rasle, deri lignede han den anden, det var altid en begyndelse – og med den vil vi ende!

The bell deep

"Ding-dong! Ding-dong!" rings out from the Bell Deep in the Odense River. And what sort of river is

Klokkedybet

"Ding dang! ding dang!" klinger det fra Klokkedybet i Odense Å. – Hvad er det for en å? – Den

that? Why, every child in Odense Town knows it well. It flows around the foot of the gardens, from the locks to the water mill, under the wooden bridges. Yellow water lilies grow in the river, and brown, featherlike reeds, and the black, velvety bulrushes, so high and so thick. Decayed old willow trees, bent and gnarled, hang far over the water beside the monks' marsh and the pale meadows; but a little above are the many gardens, each very different from the next. Some have beautiful flowers and arbors as clean and neat as dolls' houses, while some have only cabbages, and in others no attempts at formal gardens can be seen at all, only great elder trees stretching out and overhanging the running water, which in places is deeper that an oar can measure.

kender hvert barn i Odense by, den løber neden om haverne, fra slusen til vandmøllen hen under træbroerne. I åen vokser gule åkander, brunfjerede rør og den sorte, fløjlsagtige dunhammer, så høj og så stor; gamle, revnede piletræer, svajede og drejede, hænger langt ud i vandet på Munkemose side og ved blegmandens eng, men lige overfor er have ved have, den ene anderledes end den anden, snart med dejlige blomster og lysthuse, glatte og pæne, ligesom småt dukkestads, snart står de kun med kål eller der er slet ingen have at se, thi de store hyldebuske breder sig dér og hænger langt ud over det rindende vand, som hist og her er dybere, end man kan nå med åren. Ud for det gamle frøkenkloster er det dybeste sted, det kaldes Klokkedybet, og dér bor åmanden; han sover om dagen, når solen skinner gennem vandet, men kommer frem ved stjerneklare nætter og måneskin. Han er meget gammel; mormor har hørt om ham af sin mormor, siger hun, han lever et ensomt liv, har slet ingen at tale med uden den store, gamle kirkeklokke. Engang hang den i kirketårnet, ja nu er der ingen spor hverken af tårn eller kirke, den, der kaldtes Sankt Albani.

The deepest part is right opposite the old nunnery. It is called the Bell Deep, and it is there that the

"Ding dang! ding dang!" klang klokken, da tårnet stod, og en aften, da sol gik ned og klokken var

Merman lives. By day, when the sun shines through the water, he sleeps, but on clear, starry, or moonlit nights he comes forth. He is very old; Grandmother has heard of him from her grandmother, she says; and he lives a lonely life, with hardly anyone to speak to except the big old church bell. It used to hang up in the steeple of the church, but now no trace is left either of the steeple or of the church itself, which used to be called St. Alban's.

i sit stærkeste sving, rev den sig løs og fløj gennem luften; det blanke malm skinnede gloende i de røde stråler.

"Ding-dong! Ding-dong!" rang the Bell when it hung in the steeple. But one evening, just as the sun was setting and the Bell was in full swing, it tore loose and flew through the air, its shining metal glowing in the red beams of the sunset. "Ding-dong! Ding-dong! Now I'm going to bed!" sang the Bell, and it flew into the deepest spot of the Odense River, which is why that spot is now called the Bell Deep. But it found neither sleep nor rest there, for it still rings and clangs down at the Merman's; often it can be heard up above, through the water, and many people say that it rings to foretell the death of someone-but that is not the reason; no, it really rings to talk to the Merman, who then is no longer alone.

"Ding dang! ding dang! nu går jeg i seng!" sang klokken og fløj ud i Odense Å, hvor der var dybest, og derfor kaldes nu det sted Klokkedybet; men ikke fik den søvn eller hvile dér! hos åmanden ringer og klinger den, så at det stundom høres herop igennem vandet, og mange folk siger, at det betyder: Nu skal der nogen dø, men det er ikke derfor, nej den ringer og fortæller for åmanden, som nu ikke længere er alene.

And what stories does the Bell tell? It is so very old; it was cast before

Og hvad fortæller klokken? Den er så gammel, så gammel, er der sagt,

Grandmother's grandmother was born, yet it was scarcely more than a child compared with the Merman. He is a quiet, odd-looking old fellow, with pants of eelskin, a scaly coat decorated with yellow water lilies, bulrushes in his hair, and duckweeds in his beard. He isn't exactly handsome to look at.

den var til, længe før mormors mormor blev født, og dog er den i alder et barn kun imod åmanden, der er en gammel, en stille, en underlig én med åleskindsbukser og skælfiskstrøje med gule åkander i, siv om håret og andemad på skægget og det er just ikke kønt.

It would take years and days to repeat everything the Bell has said; it tells the same stories again and again, in great detail, sometimes lengthening them, sometimes shortening them, according to its mood. It tells of the olden times, those hard and gloomy times.

Hvad klokken fortæller, skal der år og dage til at give igen; den fortæller ud og ind, tit og ofte det samme, snart kort, snart langt, ligesom den lyster; den fortæller om gamle tider, de hårde, de mørke tider.

Up to the tower of St. Alban's Church, where the Bell hung, there once ascended a monk, young and handsome, but deeply thoughtful. He gazed through the loophole out over the Odense River. In those days its bed was broad, and the marsh was a lake. He looked across it, and over the green rampart called "The Nun's Hill," to the cloister beyond, where a light shone from a nun's cell. He had known her well, and he recalled that, and his heart beat rapidly at the thought.

"Ved Sankt Albani kirke deroppe i tårnet, hvor klokken hang, kom munken, han var både ung og smuk, men tankefuld som ingen anden; han så fra lugen ud over Odense Å, da dens leje var bredt og mosen en sø, han så over den og den grønne vold, "Nonnebakken" derovre, hvor klostret lå, hvor lyset skinnede fra nonnens celle; han havde kendt hende vel – og han huskede derpå, og hans hjerte slog stærkt derved – ding dang! ding dang! –"

"Ding-dong! Ding-dong!" Yes, such are the stories the Bell tells.

Ja, sådan fortæller klokken.

"One day the Bishop's silly manservant came up to the tower;

"Der kom i tårnet bispens fjollede svend, og når jeg, klokken, der er

and when I, the Bell, cast as I am from hard and heavy metal, swung to and fro and rang I almost crushed his head, for he sat down right under me and played with two sticks, exactly as if they formed a musical instrument. He sang to them, 'Here I may dare to sing aloud what elsewhere I dare not whisper-sing of all that is hidden behind locks and bolts. It is cold and damp there. The rats eat people up alive! No one knows of this; no one hears of it; even now, for the Bell is ringing so loudly, Ding-dong! Ding-dong!'

støbt af malm, hård og tung, svingede og svang, kunne jeg have knust hans pande; han satte sig tæt under mig og legede med to pinde, ret som om de var et strengespil, og han sang dertil: 'Nu tør jeg synge højt, hvad jeg ellers ikke tør hviske, synge om alt, hvad der gemmes bag lås og lem! der er koldt og vådt! Rotterne æder dem levende op! Ingen ved derom, ingen hører derom! heller ikke nu, thi klokken ringer så højt ding dang! ding dang!'

"Then there was a king called Knud. He bowed low before bishops and monks, but when he unjustly oppressed the people of Vendelbo with heavy taxes and hard words, they armed themselves with weapons and drove him away as if he had been a wild beast. He sought refuge in this church and bolted fast the gate and doors. I have heard tell how the furious mob surrounded the sacred building, until the crows and ravens, and even the jackdaws, became alarmed by the tumult. They flew up in and out of the tower and peered down on the multitude below; they gazed in at the church windows and shrieked out what they saw.

"Der var en konge, de kaldte ham Knud, han nejede både for bisp og munk, men da han kom vendelboerne alt for nær med svære skatter og hårde ord, tog de våben og stænger, jog ham af sted, som var han et vildt; han tyede ind i kirken, låste port og dør; den voldsomme skare lå udenfor, jeg hørte derom: Både skader og krager, alliken med, blev skræmt ved skrig og skrål; de fløj ind i tårnet og ud igen, de så på mængden dernede, de så også ind ad kirkens vinduer, og skreg højt, hvad de så. Kong Knud lå foran alteret og bad, hans brødre Erik og Benedikt stod som vagt med dragne sværd, men kongens tjener, den falske Blake, forrådte sin herre; de vidste derude, hvor han var at ramme, og én smed en sten gennem ruden, og kongen lå død! –

der var skrig og råb af den vilde hob og af fuglenes flok, og jeg råbte med, jeg sang, og jeg klang: ding dang! ding dang!"

"King Knud knelt and prayed before the altar while his brothers, Erik and Benedict, stood guarding him with drawn swords. But the King's servant, the false Blake, betrayed his master, and when those outside knew where he could be hit, one of them hurled a stone in through the windows, and the King lay dead! Then there were shouts and screams from the angry mob, and cries, too, from the flocks of terrified birds, and I joined them all. I rang and sang, 'Ding-dong! Ding-dong!'

"Kirkeklokken hænger højt, ser vidt omkring, får besøg af fuglene og forstår deres sprog, til den suser vinden ind af luger og lydhuller, af hver revne, og vinden ved alt, den har det fra luften, og den omslutter alt, hvad levende er, den trænger ind i menneskets lunger, ved alt, hvad der får lyd, hvert ord og hvert suk –! Luften ved det, vinden fortæller det, kirkeklokken forstår dens mæle og ringer det ud for den hele verden, ding dang! ding dang!"

"The Church Bell hangs high and can see far around; it is visited by the birds and understands their language. The Wind whispers to it through the wickets and loopholes and every little crack, and the Wind knows all things. He hears it from the Air, for the Air surrounds all living creatures, even enters the lungs of humans, and hears every word and sigh. Yes, the Air knows all, the Wind tells all, and the Church Bell understands all and peals it forth to the whole world, 'Ding-dong! Ding-dong!'

"Men det blev mig for meget at høre og vide, jeg mægtede ikke at ringe det ud! jeg blev så træt, jeg blev så tung, at bjælken knækkede og jeg fløj ud i den skinnende luft, ned der hvor åen er dybest, hvor åmanden bor, ensom og ene og der fortæller jeg, år ud og år ind, hvad jeg har hørt og hvad jeg ved: ding dang! ding dang!"

"But all this became too much for me to hear and know; I was no longer able to ring it all out. I became so tired and so heavy that

Således lyder det fra Klokkedybet i Odense Å, det har mormor fortalt.

at last the beam from which I hung broke, and so I flew through the glowing air down to the deepest spot of the river, where the Merman lives in solitude and loneliness. And year in and year out, I tell him all I have seen and all I have heard. Ding-dong! Ding-dong!"

Thus it sounds from the Bell Deep in the Odense River-at least, so my grandmother has told me.

Men vor skolemester siger: "Der er ingen klokke, der kan ringe dernede, for den kan ikke! – og der er ingen åmand dernede, for der er ingen åmand!" og når alle kirkeklokker klinger så lysteligt, så siger han, at det ikke er klokkerne, men at det egentligt er luften, der klinger, luften er det, der giver lyd – det sagde også mormor, at klokken havde sagt – deri er de enige og så er det vist! "Vær agtsom, vær agtsom, vogt nøje dig selv!" siger de begge to.

But our schoolmaster says there's no bell ringing down there, for there couldn't be; and there's no Merman down there, for there aren't any Mermen. And when all the church bells are ringing loudly, he says it's not the bells, but that it is really the air that makes the sound! And my grandmother told me that the Bell said the same thing; so, since they both agree on it, it must be true. The air knows everything. It is around us and in us; it tells of our thoughts and our actions, and it voices them longer

Luften ved alt! den er om os, den er i os, den mæler om vor tanke og vor gerning, og den mæler det længere end klokken nede i dybet i Odense Å, hvor åmanden bor, den mæler det ud i det store himmeldyb, så langt, så langt, evigt og altid, til Himmeriges klokker klinger: "ding dang! ding dang!"

and farther than the Bell down in the Odense River hollow where the Merman lives; it voices them into the great vault of heaven itself, so far, far away, forever and ever, until the bells of heaven ring out, "Ding-dong! Ding-dong!"

The bottle neck

Close to the corner of a street, among other abodes of poverty, stood an exceedingly tall, narrow house, which had been so knocked about by time that it seemed out of joint in every direction. This house was inhabited by poor people, but the deepest poverty was apparent in the garret lodging in the gable. In front of the little window, an old bent bird-cage hung in the sunshine, which had not even a proper water-glass, but instead of it the broken neck of a bottle, turned upside down, and a cork stuck in to make it hold the water with which it was filled. An old maid stood at the window; she had hung chickweed over the cage, and the little linnet which it contained hopped from perch to perch and sang and twittered merrily.

"Yes, it's all very well for you to sing," said the bottle neck: that is, he did not really speak the words as we do, for the neck of a bottle cannot speak; but he thought them to himself in his own mind, just as people sometimes talk quietly to themselves. "Yes, you may sing

Flaskehalsen

Inde i den snævre krogede gade, mellem flere fattige huse stod et hus så smalt og så højt, opført af bindingsværk, der havde givet sig i alle ender og kanter; fattige folk boede her, og fattigst så her ud på kvisten, hvor der udenfor det lille vindue hang i solskinnet et gammelt bulet fuglebur, som ikke engang havde et ordentligt fugleglas, men kun en omvendt flaskehals med prop i forneden og fyldt med vand. En gammel pige stod ved det åbne vindue, hun havde lige nu pyntet med fuglegræs buret, hvori en lille irisk hoppede fra pind til pind og sang, så det klang efter.

"Ja, du kan sagtens synge!" sagde flaskehalsen, ja den sagde det ikke således, som vi kan sige det, for en flaskehals kan ikke tale, men den tænkte det sådan inde i sig, som når vi mennesker taler indvendig. "Ja, du kan sagtens synge! Du, som har dine hele lemmer. Du skulle

very well, you have all your limbs uninjured; you should feel what it is like to lose your body, and only have a neck and a mouth left, with a cork stuck in it, as I have: you wouldn't sing then, I know. After all, it is just as well that there are some who can be happy. I have no reason to sing, nor could I sing now if I were ever so happy; but when I was a whole bottle, and they rubbed me with a cork, didn't I sing then? I used to be called a complete lark. I remember when I went out to a picnic with the furrier's family, on the day his daughter was betrothed,– it seems as if it only happened yesterday. I have gone through a great deal in my time, when I come to recollect: I have been in the fire and in the water, I have been deep in the earth, and have mounted higher in the air than most other people, and now I am swinging here, outside a bird-cage, in the air and the sunshine. Oh, indeed, it would be worth while to hear my history; but I do not speak it aloud, for a good reason– because I cannot."

prøve som jeg at have mistet din nederdel, kun at have hals og mund og det med prop i, således som jeg, så sang du ikke. Men det er da godt, at nogen er fornøjet! Jeg har ingen grund til at synge, og jeg kan det heller ikke! det kunne jeg, dengang jeg var hel flaske og man gned mig med en prop; jeg blev kaldt den rigtige lærke, den store lærke! - og så da jeg var med buntmagerens i skoven, og datteren blev forlovet - ja det husker jeg, som om det var i går! jeg har oplevet meget, når jeg tænker mig om! jeg har været i ild og vand, nede i den sorte jord og højere oppe end de fleste, og nu svæver jeg udenfor fugleburet i luft og solskin! det kunne nok være umagen værd at høre min historie, men jeg taler ikke højt om den, for jeg kan ikke!"

Then the bottle neck related his history, which was really rather remarkable; he, in fact, related it to himself, or, at least, thought it in his own mind. The little bird sang his own song merrily; in the street below there was driving and running to and fro, every one thought of his own affairs, or

Og så fortalte den inde i sig, eller tænkte inde i sig selv sin historie, der var mærkelig nok, og den lille fugl sang lystelig sin vise og nede på gaden kørte man og gik man, hver tænkte på sit, eller tænkte slet ikke, men det gjorde flaskehalsen.

perhaps of nothing at all; but the bottle neck thought deeply.

He thought of the blazing furnace in the factory, where he had been blown into life; he remembered how hot it felt when he was placed in the heated oven, the home from which he sprang, and that he had a strong inclination to leap out again directly; but after a while it became cooler, and he found himself very comfortable. He had been placed in a row, with a whole regiment of his brothers and sisters all brought out of the same furnace; some of them had certainly been blown into champagne bottles, and others into beer bottles, which made a little difference between them. In the world it often happens that a beer bottle may contain the most precious wine, and a champagne bottle be filled with blacking, but even in decay it may always be seen whether a man has been well born. Nobility remains noble, as a champagne bottle remains the same, even with blacking in its interior.

Den huskede den flammende smelteovn i fabrikken, hvor den var blæst i live; den huskede endnu, at den havde været ganske varm, set ind i den buldrende ovn, dens ophavshjem, og følt sådan lyst til straks at springe lige ind i den igen, men at den lidt efter lidt, alt som den blev kølet af, fandt sig ret vel, hvor den var, den stod i række med et helt regiment af brødre og søstre, alle fra samme ovn, men nogle var blæst til champagneflasker, andre til ølflasker, og det gør en forskel! Siden ude i verden kan rigtignok en ølflaske omfatte den kosteligste Lacrymæ Christi og en champagneflaske være fyldt med sværte, men hvad man er født til, ses dog på skabelonen, adel bliver adel, selv med sværte i livet.

When the bottles were packed our bottle was packed amongst them; it little expected then to finish its career as a bottle neck, or to be used as a water-glass to a bird's-cage, which is, after all, a place of honor, for it is to be of some use in the world. The bottle did not behold the light of day again, until

Alle flaskerne blev snart pakket ind, og vor flaske med; da tænkte den ikke på at ende som flaskehals, tjenende sig op til fugleglas, der altid er en hæderlig tilværelse, så er man dog noget! Den så først igen dagslyset, da den med de andre kammerater blev pakket ud i vinhandlerens kælder og første

it was unpacked with the rest in the wine merchant's cellar, and, for the first time, rinsed with water, which caused some very curious sensations. There it lay empty, and without a cork, and it had a peculiar feeling, as if it wanted something it knew not what. At last it was filled with rich and costly wine, a cork was placed in it, and sealed down. Then it was labelled "first quality," as if it had carried off the first prize at an examination; besides, the wine and the bottle were both good, and while we are young is the time for poetry. There were sounds of song within the bottle, of things it could not understand, of green sunny mountains, where the vines grow and where the merry vine-dressers laugh, sing, and are merry. "Ah, how beautiful is life." All these tones of joy and song in the bottle were like the working of a young poet's brain, who often knows not the meaning of the tones which are sounding within him.

gang blev skyllet, det var en løjerlig fornemmelse. Den lå nu tom og propløs, følte sig så underlig flov, den savnede noget, men vidste ikke selv, hvad den savnede. Nu blev den fyldt med en god, herlig vin, den fik prop og blev lakket, der blev klistret udenpå: "Prima Sort," det var ligesom den havde fået første eksamenskarakter, men vinen var også god, og flasken var god; er man ung, er man lyriker! det sang og klang i den om hvad den slet ikke kendte: de grønne solbelyste bjerge, hvor vinen gror, hvor de muntre piger og lystelige svende synger og kysses; jo, det er dejligt at leve! Om alt det sang og klang det inde i flasken ligesom inde i de unge poeter, der tit heller ikke kender noget til det.

One morning the bottle found a purchaser in the furrier's apprentice, who was told to bring one of the best bottles of wine. It was placed in the provision basket with ham and cheese and sausages. The sweetest fresh butter and the finest bread were put into the basket by the furrier's daughter herself, for she packed it. She was young and pretty; her brown eyes

En morgen blev den købt. Buntmagerens dreng skulle bringe en flaske vin af den bedste slags; og den kom med i madkurven hos skinke, ost og pølse; der var det dejligste smør, det fineste brød; buntmagerens datter selv pakkede det ind; hun var så ung, så smuk; de brune øjne lo, der var et smil om munden, der sagde lige så meget som øjnene; hun havde fine,

laughed, and a smile lingered round her mouth as sweet as that in her eyes. She had delicate hands, beautifully white, and her neck was whiter still. It could easily be seen that she was a very lovely girl, and as yet she was not engaged.

bløde hænder, de var så hvide, dog var hals og bryst endnu hvidere, man så straks at hun var én af byens smukkeste piger og dog endnu ikke forlovet.

The provision basket lay in the lap of the young girl as the family drove out to the forest, and the neck of the bottle peeped out from between the folds of the white napkin. There was the red wax on the cork, and the bottle looked straight at the young girl's face, and also at the face of the young sailor who sat near her. He was a young friend, the son of a portrait painter. He had lately passed his examination with honor, as mate, and the next morning he was to sail in his ship to a distant coast. There had been a great deal of talk on this subject while the basket was being packed, and during this conversation the eyes and the mouth of the furrier's daughter did not wear a very joyful expression.

Og madkurven stod på hendes skød, da familien kørte ud i skoven; flaskehalsen stak frem mellem snipperne af den hvide dug; der var rødt lak på proppen, og den så lige ind i pigebarnets ansigt; den så også på den unge styrmand, der sad ved siden af hende; han var en barndomsven, portrætmalerens søn; sin styrmandseksamen havde han så flink og hæderligt nylig taget og skulle i morgen af sted med fartøj, langt bort til fremmede lande; herom var talt meget ved indpakningen, og medens der taltes herom, var der just ikke megen fornøjelse at se i øjne og om mund hos buntmagerens smukke datter.

The young people wandered away into the green wood, and talked together. What did they talk about? The bottle could not say, for he was in the provision basket. It remained there a long time; but when at last it was brought forth it appeared as if something pleasant had happened, for every one was laughing; the furrier's daughter

De to unge folk gik i den grønne skov, de talte sammen -, hvad talte de om? Ja, det hørte flasken ikke, den stod i madkurven. Det varede forunderligt længe, før den blev taget frem, men da den så blev det, var der også sket fornøjelige ting, alle øjne lo, også buntmagerens datter lo, men hun talte mindre, og hendes kinder blussede som to

laughed too, but she said very little, and her cheeks were like two roses.

røde roser.

Then her father took the bottle and the cork-screw into his hands. What a strange sensation it was to have the cork drawn for the first time! The bottle could never after that forget the performance of that moment; indeed there was quite a convulsion within him as the cork flew out, and a gurgling sound as the wine was poured forth into the glasses.

Fader tog den fyldte flaske og proptrækkeren. - Ja, det er underligt således første gang at skulle trækkes op! Flaskehalsen havde aldrig siden kunnet glemme dette højtidelige øjeblik, det havde ordentligt sagt svup inde i den, da proppen gik, og så klukkede det, da vinen strømmede ud i glassene.

"Long life to the betrothed," cried the papa, and every glass was emptied to the dregs, while the young sailor kissed his beautiful bride.

"De forlovedes skål!" sagde fader, og hvert glas blev tømt til bunden og den unge styrmand kyssede sin smukke brud.

"Happiness and blessing to you both," said the old people-father and mother, and the young man filled the glasses again. "Safe return, and a wedding this day next year," he cried; and when the glasses were empty he took the bottle, raised it on high, and said, "Thou hast been present here on the happiest day of my life; thou shalt never be used by others!"

"Lykke og velsignelse!" sagde begge de gamle. Og den unge mand fyldte endnu engang glassene: "Hjemkomst og bryllup i dag et år!" råbte han, og da glassene var tømt, tog han flasken, løftede den højt i vejret: "Du har været med på den dejligste dag i mit liv, du skal ikke tjene nogen længere!"

So saying, he hurled it high in the air. The furrier's daughter thought she should never see it again, but she was mistaken. It fell among the rushes on the borders of a little woodland lake. The bottle neck remembered well how long it lay there unseen. "I gave them wine,

Og han kastede den højt i vejret. Da tænkte mindst buntmagerens datter på, at hun oftere skulle se den flyve, men det skulle hun; nu faldt den ned mellem de tætte rør ved den lille skovsø; flaskehalsen huskede endnu så lyslevende, hvorledes den lå der og tænkte

and they gave me muddy water," he had said to himself, "but I suppose it was all well meant." He could no longer see the betrothed couple, nor the cheerful old people; but for a long time he could hear them rejoicing and singing. At length there came by two peasant boys, who peeped in among the reeds and spied out the bottle. Then they took it up and carried it home with them, so that once more it was provided for.

efter. "Jeg gav dem vin og de giver mig sumpvand, men det er velment!" Den kunne ikke mere se de forlovede og de fornøjede gamle, men den hørte dem endnu længe jubilere og synge. Så kom to små bønderdrenge, kiggede ind i rørene, så flasken og tog den, nu var den forsørget.

At home in their wooden cottage these boys had an elder brother, a sailor, who was about to start on a long voyage. He had been there the day before to say farewell, and his mother was now very busy packing up various things for him to take with him on his voyage. In the evening his father was going to carry the parcel to the town to see his son once more, and take him a farewell greeting from his mother. A small bottle had already been filled with herb tea, mixed with brandy, and wrapped in a parcel; but when the boys came in they brought with them a larger and stronger bottle, which they had found. This bottle would hold so much more than the little one, and they all said the brandy would be so good for complaints of the stomach, especially as it was mixed with medical herbs. The liquid which they now poured into the bottle was not like the red wine

Hjemme i skovhuset, hvor de boede, havde deres ældste broder, som var sømand, i går været og sagt farvel, da han skulle på en af de større rejser; moder stod nu og pakkede ind ét og andet, det fader skulle gå ind til byen med i aften for endnu engang at se sønnen før afrejsen og give ham sin og moders hilsen. En lille flaske med krydret brændevin var lagt i pakken, nu kom drengene med en større, stærkere flaske, den de havde fundet; i den kunne der gå mere end i den lille, og det var just sådan en god snaps for en dårlig mave; der var sat hypericum på. Det var ikke den røde vin som før, flasken fik, den fik de bitre dråber, men de er også gode - for maven. Den nye flaske og ikke den lille skulle med; - og så kom flasken igen på vandring, den kom ombord til Peter Jensen, og det var netop på det samme skib, hvor den unge styrmand var, men han så ikke

with which it had once been filled; these were bitter drops, but they are of great use sometimes– for the stomach. The new large bottle was to go, not the little one: so the bottle once more started on its travels. It was taken on board (for Peter Jensen was one of the crew) the very same ship in which the young mate was to sail. But the mate did not see the bottle: indeed, if he had he would not have known it, or supposed it was the one out of which they had drunk to the felicity of the betrothed and to the prospect of a marriage on his own happy return.

flasken og havde heller ikke kendt den igen eller tænkt: det er den, hvoraf vi drak forlovelsens og hjemkomstens skål.

Certainly the bottle no longer poured forth wine, but it contained something quite as good; and so it happened that whenever Peter Jensen brought it out, his messmates gave it the name of "the apothecary," for it contained the best medicine to cure the stomach, and he gave it out quite willingly as long as a drop remained. Those were happy days, and the bottle would sing when rubbed with a cork, and it was called a great lark, "Peter Jensen's lark."

Der var rigtignok ikke længere vin i den, men der var noget lige så godt; den blev også altid, når Peter Jensen tog den frem, af kammeraterne kaldt: "Apotekeren;" den skænkede den gode medicin, den der hjalp for maven; og den hjalp så længe der var en dråbe i den. Det var en fornøjelig tid, og flasken sang, når man strøg den med proppen, den fik da navn af den store lærke, "Peter Jensens lærke."

Long days and months rolled by, during which the bottle stood empty in a corner, when a storm arose– whether on the passage out or home it could not tell, for it had never been ashore. It was a terrible storm, great waves arose, darkly

Lang tid var gået, den stod tom i en krog, da skete det - ja, om det var på udrejsen eller hjemrejsen, vidste flasken ikke så nøje, den havde ikke været i land: Da rejste sig en storm; store søer væltede sorte og tunge, de løftede og

heaving and tossing the vessel to and fro. The main mast was split asunder, the ship sprang a leak, and the pumps became useless, while all around was black as night. At the last moment, when the ship was sinking, the young mate wrote on a piece of paper, "We are going down: God's will be done." Then he wrote the name of his betrothed, his own name, and that of the ship. Then he put the leaf in an empty bottle that happened to be at hand, corked it down tightly, and threw it into the foaming sea. He knew not that it was the very same bottle from which the goblet of joy and hope had once been filled for him, and now it was tossing on the waves with his last greeting, and a message from the dead.

kastede fartøjet; masten knækkede, en sø slog en planke ind, pumperne kunne ikke mere gøre nytte; det var bælgmørk nat; skibet sank, men i det sidste minut skrev den unge styrmand på et blad: "I Jesu navn! vi forliser!" han skrev sin bruds navn, sit og skibets, stak sedlen ind i en tom flaske der stod, pressede proppen fast og kastede flasken ud i det stormende hav; han vidste ikke, at det var den flaske, hvoraf var skænket glædens og håbets skål for ham og hende; den gyngede nu på bølge med hilsen og dødsbud.

The ship sank, and the crew sank with her; but the bottle flew on like a bird, for it bore within it a loving letter from a loving heart. And as the sun rose and set, the bottle felt as at the time of its first existence, when in the heated glowing stove it had a longing to fly away. It outlived the storms and the calm, it struck against no rocks, was not devoured by sharks, but drifted on for more than a year, sometimes towards the north, sometimes towards the south, just as the current carried it. It was in all other ways its own master, but even of that one may get tired.

Skibet sank, mandskabet sank, den fløj som en fugl, den havde jo hjerte, et kærestebrev inde i sig. Og solen stod op og solen gik ned, det var for flasken at se, ligesom i dens begyndelsestid den røde gloende ovn, den havde længsel efter at flyve igen derind. Den fornam havblik og nye storme; ikke stødte den mod noget klippestykke, ikke blev den slugt af nogen haj; mere end år og dag drev den om, snart mod nord, snart mod syd, som strømningerne førte den. Den var i øvrigt sin egen herre, men det kan man også blive ked af.

The written leaf, the last farewell of the bridegroom to his bride, would only bring sorrow when once it reached her hands; but where were those hands, so soft and delicate, which had once spread the table-cloth on the fresh grass in the green wood, on the day of her betrothal? Ah, yes! where was the furrier's daughter? and where was the land which might lie nearest to her home? The bottle knew not, it travelled onward and onward, and at last all this wandering about became wearisome; at all events it was not its usual occupation. But it had to travel, till at length it reached land– a foreign country. Not a word spoken in this country could the bottle understand; it was a language it had never before heard, and it is a great loss not to be able to understand a language.

Det beskrevne blad, det sidste farvel fra brudgom til brud ville kun bringe sorg, kom det engang i de rette hænder, men hvor var de hænder, de der havde skinnet så hvide da de bredte dugen i det friske græs, i den grønne skov, på forlovelsens dag? Hvor var buntmagerens datter? Ja, hvor var landet, og hvilket land lå vel nærmest? Det vidste flasken ikke; den drev og den drev og var til sidst så også ked af at drive, det var ikke dens bestemmelse, men den drev alligevel, til endelig den nåede land, et fremmed land. Den forstod ikke et ord af hvad her blev talt, det var ikke det tungemål, den før havde hørt tale, og der går én meget tabt, når man ikke forstår sproget.

The bottle was fished out of the water, and examined on all sides. The little letter contained within it was discovered, taken out, and turned and twisted in every direction; but the people could not understand what was written upon it. They could be quite sure that the bottle had been thrown overboard from a vessel, and that something about it was written on this paper: but what was written? that was the question,– so the paper was put back into the bottle, and then both were put away in a large cupboard of one of the great

Flasken blev taget op og betragtet; sedlen inde i den blev set, taget ud, vendt og drejet, men de forstod ikke, hvad der var skrevet der, de begreb nok, at flasken var kastet over bord, og at der stod noget om det på papiret, men hvad stod dér, det var mærkeligheden, - og den blev puttet i flasken igen, og denne stillet op i et stort skab, i en stor stue, i et stort hus.

houses of the town.

Whenever any strangers arrived, the paper was taken out and turned over and over, so that the address, which was only written in pencil, became almost illegible, and at last no one could distinguish any letters on it at all. For a whole year the bottle remained standing in the cupboard, and then it was taken up to the loft, where it soon became covered with dust and cobwebs. Ah! how often then it thought of those better days– of the times when in the fresh, green wood, it had poured forth rich wine; or, while rocked by the swelling waves, it had carried in its bosom a secret, a letter, a last parting sigh.

Hver gang fremmede kom, blev sedlen taget frem, vendt og drejet, så at skriften, der kun var med blyant, blev mere og mere ulæselig; til sidst kunne ingen mere se, at det var bogstaver. Og flasken stod endnu et år i skabet, kom så på loftet og blev skjult af støv og spindelvæv; da tænkte den på bedre dage, da den skænkede rødvin i den friske skov, og da den gyngede på bølgerne og havde en hemmelighed at bære, et brev, et afskedssuk.

For full twenty years it stood in the loft, and it might have stayed there longer but that the house was going to be rebuilt. The bottle was discovered when the roof was taken off; they talked about it, but the bottle did not understand what they said– a language is not to be learnt by living in a loft, even for twenty years. "If I had been down stairs in the room," thought the bottle, "I might have learnt it."

Og nu stod den på loftet i tyve år; den kunne have stået længere, skulle ikke huset have været bygget om. Taget blev revet af, flasken set og omtalt, men den forstod ikke sproget; det lærer man ikke af at stå på loftet, selv i tyve år. "Var jeg blevet nede i stuen," mente den rigtignok, "så havde jeg nok lært det!"

It was now washed and rinsed, which process was really quite necessary, and afterwards it looked clean and transparent, and felt young again in its old age; but the paper which it had carried so faithfully was destroyed in the

Den blev nu vasket og skyllet, den kunne trænge til det; den følte sig ganske klar og gennemsigtig, den var ung igen på sin gamle alder, men sedlen, den havde båret på, den var gået i vasken.

washing.

They filled the bottle with seeds, though it scarcely knew what had been placed in it. Then they corked it down tightly, and carefully wrapped it up. There not even the light of a torch or lantern could reach it, much less the brightness of the sun or moon. "And yet," thought the bottle, "men go on a journey that they may see as much as possible, and I can see nothing." However, it did something quite as important; it travelled to the place of its destination, and was unpacked.

Flasken fyldtes nu med frøkorn, den kendte ikke den slags; den blev tilproppet og svøbt vel ind, den så hverken lygte eller lys, end sige sol eller måne, og noget skal man dog se, når man går på rejser, mente flasken, men den så ikke noget, dog det vigtigste gjorde den - den rejste og kom hen, hvor den skulle, der blev den pakket ud.

"What trouble they have taken with that bottle over yonder!" said one, "and very likely it is broken after all." But the bottle was not broken, and, better still, it understood every word that was said: this language it had heard at the furnaces and at the wine merchant's; in the forest and on the ship,– it was the only good old language it could understand. It had returned home, and the language was as a welcome greeting. For very joy, it felt ready to jump out of people's hands, and scarcely noticed that its cork had been drawn, and its contents emptied out, till it found itself carried to a cellar, to be left there and forgotten. "There's no place like home, even if it's a cellar." It never occurred to him to think that

"Hvor de der udenlands har gjort dem ulejlighed med den!" blev der sagt, "og så er den dog vel knækket!" men den var ikke knækket. Flasken forstod hvert evige ord, der blev sagt, det var i det tungemål, den havde hørt ved smelteovnen og hos vinhandleren og i skoven og på skibet, det eneste rigtige gode gamle sprog, det man kunne forstå; den var kommet hjem til sit land, den fik velkomsthilsen! den var af bare glæde nær sprunget dem ud af hænderne, den mærkede knap til, at proppen kom af, og den selv blev rystet ud og sat ned i kælderen for at blive gemt og glemt; hjemmet er bedst, selv i kælderen! det faldt den dér aldrig ind at tænke over, hvor længe den dér lå, den lå godt og det i åringer, så kom der en dag folk

he might lie there for years, he felt so comfortable. For many long years he remained in the cellar, till at last some people came to carry away the bottles, and ours amongst the number.

herned, tog flaskerne og den med.

Out in the garden there was a great festival. Brilliant lamps hung in festoons from tree to tree; and paper lanterns, through which the light shone till they looked like transparent tulips. It was a beautiful evening, and the weather mild and clear. The stars twinkled; and the new moon, in the form of a crescent, was surrounded by the shadowy disc of the whole moon, and looked like a gray globe with a golden rim: it was a beautiful sight for those who had good eyes.

Udenfor i haven var gjort stor stads; brændende lamper hang i guirlander, papirslygter strålede som store tulipaner i transparent; det var også en dejlig aften, vejret stille og klart; stjernerne skinnede så blanke og nyet var tændt, egentligt så man den hele runde måne som en blågrå kugle med gylden halvkant, det så godt ud, for gode øjne.

The illumination extended even to the most retired of the garden walks, at least not so retired that any one need lose himself there. In the borders were placed bottles, each containing a light, and among them the bottle with which we are acquainted, and whose fate it was, one day, to be only a bottle neck, and to serve as a water-glass to a bird's-cage. Everything here appeared lovely to our bottle, for it was again in the green wood, amid joy and feasting; again it heard music and song, and the noise and murmur of a crowd, especially in that part of the garden where the lamps blazed, and the paper

I de afsides gange var også nogen illumination, i det mindste så megen, at man kunne se at komme frem; der stod mellem hækkene opstillet flasker, hver med et lys i, dér stod også flasken, som vi kender, den der engang skulle ende som flaskehals, som fugleglas; den fandt i dette øjeblik her alt så mageløst dejligt, den var igen i det grønne, var igen med til glæde og fest, fornam sang og musik, surren og murren af de mange mennesker, især fra den kant af haven, hvor lamperne brændte og papirslygterne viste kulører. Selv stod den vel i en afsides gang, men just det havde noget for tanken,

lanterns displayed their brilliant colors. It stood in a distant walk certainly, but a place pleasant for contemplation; and it carried a light; and was at once useful and ornamental. In such an hour it is easy to forget that one has spent twenty years in a loft, and a good thing it is to be able to do so.

flasken stod og bar sit lys, stod her til nytte og fornøjelse, og det er det rette; i en sådan time glemmer man tyve år på loftet - og det er godt at glemme.

Close before the bottle passed a single pair, like the bridal pair– the mate and the furrier's daughter– who had so long ago wandered in the wood. It seemed to the bottle as if he were living that time over again. Not only the guests but other people were walking in the garden, who were allowed to witness the splendor and the festivities. Among the latter came an old maid, who seemed to be quite alone in the world. She was thinking, like the bottle, of the green wood, and of a young betrothed pair, who were closely connected with herself; she was thinking of that hour, the happiest of her life, in which she had taken part, when she had herself been one of that betrothed pair; such hours are never to be forgotten, let a maiden be as old as she may. But she did not recognize the bottle, neither did the bottle notice the old maid. And so we often pass each other in the world when we meet, as did these two, even while together in the same town.

Tæt forbi den gik et enkelt par, arm i arm, som brudeparret ude i skoven: styrmanden og buntmagerens datter; det var for flasken, som om den levede det om igen! I haven gik gæster og der gik folk, som turde se på dem og stadsen, og mellem disse gik en gammel pige, frændeløs, men ikke venneløs, hun tænkte netop på det samme som flasken, hun tænkte på den grønne skov og på et ungt brudepar, der kom hende meget ved, hun var part deri, hun var halvparten, det var i hendes lykkeligste time, og den glemmer man aldrig, selv om man bliver nok så gammel en jomfru. Men hun kendte ikke flasken, og den kendte ikke hende, således går man hinanden forbi i verden - til man mødes igen, og det gjorde de to, de var jo kommet i by sammen.

The bottle was taken from the garden, and again sent to a wine merchant, where it was once more filled with wine, and sold to an aeronaut, who was to make an ascent in his balloon on the following Sunday. A great crowd assembled to witness the sight; military music had been engaged, and many other preparations made. The bottle saw it all from the basket in which he lay close to a live rabbit. The rabbit was quite excited because he knew that he was to be taken up, and let down again in a parachute. The bottle, however, knew nothing of the "up," or the "down;" he saw only that the balloon was swelling larger and larger till it could swell no more, and began to rise and be restless. Then the ropes which held it were cut through, and the aerial ship rose in the air with the aeronaut and the basket containing the bottle and the rabbit, while the music sounded and all the people shouted "Hurrah."

Flasken kom fra haven til vinhandleren, blev igen fyldt med vin og solgt til luftskipperen, der næste søndag skulle gå op med ballonen. Der var en stimmel af mennesker, for at se til, der var regimentsmusik og mange tilberedelser, flasken så det fra en kurv, hvori den lå ved en levende kanin, der var ganske forknyt, idet den vidste, den skulle op med for at gå ned med faldskærm, flasken vidste hverken om op eller ned, den så, at ballonen bovnede så stor, så stor, og da den ikke kunne blive større, begyndte at løfte sig højere og højere, blive så urolig, tovene, der holdt den, skar man over og den svævede med luftskipperen, kurven, flasken og kaninen; musikken klang, og alle mennesker råbte: Hurra!

"This is a wonderful journey up into the air," thought the bottle; "it is a new way of sailing, and here, at least, there is no fear of striking against anything."

"Det er løjerligt sådan at gå til vejrs!" tænkte flasken, "det er en ny sejlads; deroppe kan man da ikke løbe på!"

Thousands of people gazed at the balloon, and the old maid who was in the garden saw it also; for she stood at the open window of the garret, by which hung the cage

Og mange tusinde mennesker så efter ballonen, og den gamle jomfru så også efter den; hun stod ved sit åbne kvistvindue, hvor buret hang med den lille irisk, der

containing the linnet, who then had no water-glass, but was obliged to be contented with an old cup. In the window-sill stood a myrtle in a pot, and this had been pushed a little on one side, that it might not fall out; for the old maid was leaning out of the window, that she might see. And she did see distinctly the aeronaut in the balloon, and how he let down the rabbit in the parachute, and then drank to the health of all the spectators in the wine from the bottle. After doing this, he hurled it high into the air. How little she thought that this was the very same bottle which her friend had thrown aloft in her honor, on that happy day of rejoicing, in the green wood, in her youthful days.

dengang ikke havde vandglas, men måtte nøjes med en kop. I vinduet selv stod et myrtetræ, det var lidt flyttet til side, for ikke at stødes ud, idet den gamle pige bøjede sig frem for at se; og hun så i ballonen tydeligt luftskipperen, der lod kaninen gå ned med faldskærm og derpå drak alle menneskers skål og kastede så flasken højt i luften; ikke tænkte hun på, at hun havde set just den flyve højt for hende og hendes ven på glædens dag i den grønne skov, i ungdoms tid.

The bottle had no time to think, when raised so suddenly; and before it was aware, it reached the highest point it had ever attained in its life. Steeples and roofs lay far, far beneath it, and the people looked as tiny as possible.

Flasken fik ikke tid til at tænke, det kom den så uventet med ét at være på sit livs højdepunkt. Tårne og tage lå dybt nede, menneskene var så bittesmå at se.

Then it began to descend much more rapidly than the rabbit had done, made somersaults in the air, and felt itself quite young and unfettered, although it was half full of wine. But this did not last long. What a journey it was! All the people could see the bottle; for the sun shone upon it. The balloon was already far away, and very

Nu sank den og det med en anderledes fart end kaninen; flasken gjorde kolbøtter i luften, den følte sig så ung, så ellevild, den var halvfuld af vinen, men ikke længe. Hvilken rejse! Solen skinnede på flasken, alle mennesker så efter den, ballonen var alt langt borte, og snart var også flasken borte, den faldt på et

soon the bottle was far away also; for it fell upon a roof, and broke in pieces. But the pieces had got such an impetus in them, that they could not stop themselves. They went jumping and rolling about, till at last they fell into the court-yard, and were broken into still smaller pieces; only the neck of the bottle managed to keep whole, and it was broken off as clean as if it had been cut with a diamond.

af tagene og så var den itu, men der var en sådan flugt i stumperne, at de ikke kunne blive liggende, de sprang og de trillede, til de nåede ned i gården og lå i endnu mindre stykker, kun flaskehalsen holdt, og den var som skåret af med en diamant.

"That would make a capital bird's glass," said one of the cellar-men; but none of them had either a bird or a cage, and it was not to be expected they would provide one just because they had found a bottle neck that could be used as a glass. But the old maid who lived in the garret had a bird, and it really might be useful to her; so the bottle neck was provided with a cork, and taken up to her; and, as it often happens in life, the part that had been uppermost was now turned downwards, and it was filled with fresh water. Then they hung it in the cage of the little bird, who sang and twittered more merrily than ever.

"Den kunne godt bruges til fugleglas!" sagde kældermanden, men han havde selv hverken fugl eller bur og det var for meget at anskaffe sig disse, fordi han nu havde flaskehalsen, der kunne bruges som glas, den gamle jomfru på kvisten kunne have brug for den, og så kom flaskehalsen derop, fik en prop i sig, og hvad der før vendte op, kom nu ned, således som det tit sker ved forandringer, fik frisk vand og blev hængt foran buret til den lille fugl, der sang, så det klang efter.

"Ah, you have good reason to sing," said the bottle neck, which was looked upon as something very remarkable, because it had been in a balloon; nothing further was known of its history. As it hung there in the bird's-cage, it

"Ja, du kan sagtens synge!" var det, flaskehalsen sagde; og den var jo mærkelig, den havde været i ballonen, - mere vidste man ikke af dens historie. Nu hang den som fugleglas, kunne høre folk rumle og tumle nede på gaden, høre den

could hear the noise and murmur of the people in the street below, as well as the conversation of the old maid in the room within. An old friend had just come to visit her, and they talked, not about the bottle neck, but of the myrtle in the window.

gamle piges tale inde i kamret: der var just besøg, en jævnaldrende veninde, de talte sammen - ikke om flaskehalsen, men om myrtetræet ved vinduet.

"No, you must not spend a dollar for your daughter's bridal bouquet," said the old maid; "you shall have a beautiful little bunch for a nosegay, full of blossoms. Do you see how splendidly the tree has grown? It has been raised from only a little sprig of myrtle that you gave me on the day after my betrothal, and from which I was to make my own bridal bouquet when a year had passed: but that day never came; the eyes were closed which were to have been my light and joy through life. In the depths of the sea my beloved sleeps sweetly; the myrtle has become an old tree, and I am a still older woman. Before the sprig you gave me faded, I took a spray, and planted it in the earth; and now, as you see, it has become a large tree, and a bunch of the blossoms shall at last appear at a wedding festival, in the bouquet of your daughter."

"Du skal sandelig ikke kaste to rigsdaler bort for en brudebuket til din datter!" sagde den gamle pige, "du skal hos mig få en nydelig én, fuld af blomster! Ser du, hvor dejligt træet står. Ja, det er såmænd en stikling af det myrtetræ, du gav mig dagen efter min forlovelsesdag, det jeg selv skulle, når året var omme, tage mig min brudebuket af, men den dag kom ikke! de øjne blev lukkede, som skulle have lyst for mig til glæde og velsignelse i dette liv. På havsens bund sover han sødt, den englesjæl! - Træet blev et gammelt træ, men jeg blev endnu ældre, og da træet sygnede hen, tog jeg den sidste friske gren, satte den i jorden, og grenen er nu blevet sådan et stort træ og kommer så dog til sidst til bryllupsstads, bliver brudebuket for din datter!"

There were tears in the eyes of the old maid, as she spoke of the beloved of her youth, and of their betrothal in the wood. Many thoughts came into her mind; but

Og der stod tårer i den gamle piges øjne; hun talte om sin ungdoms ven, om forlovelsen i skoven; hun tænkte på skålen der blev drukket, tænkte på det første kys, - men det

the thought never came, that quite close to her, in that very window, was a remembrance of those olden times,– the neck of the bottle which had, as it were shouted for joy when the cork flew out with a bang on the betrothal day. But the bottle neck did not recognize the old maid; he had not been listening to what she had related, perhaps because he was thinking so much about her.

sagde hun ikke, hun var jo en gammel pige; hun tænkte på så meget, men tænkte slet ikke på, at lige udenfor hendes vindue var endnu et minde fra hin tid: halsen af den flaske, der sagde svup, da proppen knaldede af til skålen. Men flaskehalsen kendte heller ikke hende, for den hørte ikke efter hvad hun fortalte - dels og formedelst, at den tænkte alene på sig selv.

The farm-yard cock and the weather-cock

Gårdhanen og vejrhanen

There were two cocks– one on the dung-hill, the other on the roof. They were both arrogant, but which of the two rendered most service? Tell us your opinion– we'll keep to ours just the same though.

Der var to haner, en på møddingen og en på taget, hovmodige begge to; men hvem udrettede mest? Sig os din mening, - vi beholder vor egen alligevel.

The poultry yard was divided by some planks from another yard in which there was a dung-hill, and on the dung-hill lay and grew a large cucumber which was conscious of being a hot-bed plant.

Hønsegården var ved et plankeværk skilt fra en anden gård, hvori lå en mødding, og på den voksede en stor agurk, der var sig bevidst at være en mistbænkvækst:

"One is born to that," said the cucumber to itself. "Not all can be born cucumbers; there must be other things, too. The hens, the ducks, and all the animals in the next yard are creatures too. Now I have a great opinion of the yard cock on the plank; he is certainly of much more importance than the weather-cock who is placed so high and can't even creak, much

"Det fødes man til!" sagde det inden i den! "ikke alle kan fødes til agurker, der må også være andre levende arter! Hønsene, ænderne og hele nabogårdens besætning er også skabninger. Gårdhanen ser jeg nu op til på plankeværket, han er rigtignok af anderledes betydenhed end vejrhanen, der er sat så højt og ikke engang kan knirke, endsige gale! han har hverken høns eller

less crow. The latter has neither hens nor chicks, and only thinks of himself and perspires verdigris. No, the yard cock is really a cock! His step is a dance! His crowing is music, and wherever he goes one knows what a trumpeter is like! If he would only come in here! Even if he ate me up stump, stalk, and all, and I had to dissolve in his body, it would be a happy death," said the cucumber.

In the night there was a terrible storm. The hens, chicks, and even the cock sought shelter; the wind tore down the planks between the two yards with a crash; the tiles came tumbling down, but the weather-cock sat firm. He did not even turn round, for he could not; and yet he was young and freshly cast, but prudent and sedate. He had been born old, and did not at all resemble the birds flying in the air– the sparrows, and the swallows; no, he despised them, these mean little piping birds, these common whistlers. He admitted that the pigeons, large and white and shining like mother-of-pearl, looked like a kind of weather-cock; but they were fat and stupid, and all their thoughts and endeavours were directed to filling themselves with food, and besides, they were tiresome things to converse with. The birds of passage had also paid the weather-cock a visit and told him of foreign countries, of airy

kyllinger, han tænker kun på sig selv og sveder spanskgrønt! nej, gårdhanen, det er en hane! se ham gøre trit, det er dans! høre ham gale, det er musik! hvor han kommer, får man at høre hvad en trompeter er! Om han kom herind, om han åd mig op med blad og stilk, om jeg gik op i hans krop, det var salig død!" sagde agurken.

Ud på natten blev det et frygteligt vejr; høns, kyllinger og hanen med, søgte ly; plankeværket mellem gårdene blæste ned så det gav et stærkt rabalder; tagstenene faldt, men vejrhanen sad fast, den drejede sig ikke engang, den kunne ikke, og dog var den ung, nystøbt, men sindig og adstadig; den var født gammel, lignede ikke de flagrende himlens fugle, spurve og svaler, dem foragtede den, "pipfuglene, ringe af størrelse og ordinære!" Duerne var store, blanke og skinnende, som perlemor, så ud som en slags vejrhane, men de var tykke og dumme, al deres tanke gik ud på at få noget i skrutten, sagde vejrhanen, kedelige i omgang var de. Trækfuglene havde også gjort visit, fortalt om fremmede lande, om luftkaravaner og frygtelige røverhistorier med rovfuglene, det var nyt og interessant, første gang, men senere vidste vejrhanen at de gentog sig, at det altid var det

caravans and robber stories that made one's hair stand on end. All this was new and interesting; that is, for the first time, but afterwards, as the weather-cock found out, they repeated themselves and always told the same stories, and that's very tedious, and there was no one with whom one could associate, for one and all were stale and small-minded.

samme og det er kedeligt! De var kedelige og alt var kedeligt, ingen var til omgang, hver og en var fad og flov.

"The world is no good!" he said. "Everything in it is so stupid."

"Verden dur ikke!" sagde den. "Vrøvl det hele!"

The weather-cock was puffed up, and that quality would have made him interesting in the eyes of the cucumber if it had known it, but it had eyes only for the yard cock, who was now in the yard with it.

Vejrhanen var hvad man kalder blasert, og det havde bestemt gjort ham interessant for agurken, havde hun vidst det, men hun så kun op til gårdhanen og nu var den inde i gården hos hende.

The wind had blown the planks, but the storm was over.

Plankeværket var blæst om, men lyn og torden var forbi.

"What do you think of that crowing?" said the yard cock to the hens and chickens. "It was a little rough– it wanted elegance."

"Hvad siger I om det hanegal?" sagde gårdhanen til høns og kyllinger. "Det var noget råt, elegancen manglede!"

And the hens and chickens came up on the dung-hill, and the cock strutted about like a lord.

Og høns og kyllinger trådte ind på møddingen, hanen kom med ryttertrin.

"Garden plant!" he said to the cucumber, and in that one word his deep learning showed itself, and it forgot that he was pecking at her and eating it up.

"Havevækst!" sagde han til agurken, og i det ene ord fornemmede hun hele hans udstrakte dannelse og glemte at han hakkede i hende og åd hende.

"A happy death!"

"Salig død!"

The hens and the chickens came,

Og hønsene kom og kyllingerne

for where one runs the others run too; they clucked, and chirped, and looked at the cock, and were proud that he was of their kind.

kom og når den ene løber, så løber den anden med, og de klukkede og de pippede og de så på hanen, de var stolte af ham, han var af deres art.

"Cock-a-doodle-doo!" he crowed, "the chickens will grow up into great hens at once, if I cry it out in the poultry-yard of the world!"

"Kykliky!" galede han, "kyllinger bliver straks til store høns, når jeg siger det i verdens hønsegård!"

And hens and chicks clucked and chirped!

Og høns og kyllinger klukkede og pippede bag efter!

And the cock announced a great piece of news.

Og hanen forkyndte en stor nyhed.

"A cock can lay an egg! And do you know what's in that egg? A basilisk. No one can stand the sight of such a thing; people know that, and now you know it too– you know what is in me, and what a champion of all cocks I am!"

"En hane kan lægge et æg! og ved I hvad der ligger i det æg? Der ligger en basilisk! Synet af den kan ingen udholde! det ved menneskene, og nu ved I det med, ved, hvad der bor i mig! ved, hvad jeg er for en allerhønsegårds karl!"

With that the yard cock flapped his wings, made his comb swell up, and crowed again; and they all shuddered, the hens and the little chicks– but they were very proud that one of their number was such a champion of all cocks. They clucked and chirped till the weather-cock heard; he heard it; but he did not stir.

Og så slog gårdhanen med vingerne, rejste kammen og galede igen; og det gøs i alle hønsene og i alle de små kyllinger, men de var frygteligt stolte af, at en af deres var sådan en allerhønsegårds karl; de klukkede og de pippede, så at vejrhanen måtte høre det, og han hørte det, men han rørte sig ikke derved.

"Everything is very stupid," the weather-cock said to himself. "The yard cock lays no eggs, and I am too lazy to do so; if I liked, I could lay a wind-egg. But the world is not worth even a wind-egg. Everything

"Vrøvl det hele!" sagde det inden i vejrhanen. "Gårdhanen lægger aldrig æg og jeg gider ikke! ville jeg, kunne jeg nok lægge et vindæg! men verden er ikke et vindæg værd! Vrøvl det hele! - Nu gider jeg ikke

is so stupid! I don't want to sit here any longer."

With that the weather-cock broke off; but he did not kill the yard cock, although the hens said that had been his intention. And what is the moral?

"Better to crow than to be puffed up and break off!

engang sidde!"

Og så knækkede vejrhanen af, men han slog ikke gårdhanen ihjel, "skønt det var det beregnet på!" sagde hønsene; og hvad siger moralen.

"Det er dog bedre at gale, end at være blasert og knække af!

Two brothers

On one of the Danish islands, where old Thingstones, the seats of justice of our forefathers, still stand in the cornfields, and huge trees rise in the forests of beech, there lies a little town whose low houses are covered with red tiles. In one of these houses strange things were brewing over the glowing coals on the open hearth; there was a boiling going on in glasses, and a mixing and distilling, while herbs were being cut up and pounded in mortars. An elderly man looked after it all.

"One must only do the right thing," he said; "yes, the right– the correct thing. One must find out the truth concerning every created particle, and keep to that."

In the room with the good housewife sat her two sons; they were still small, but had great thoughts. Their mother, too, had always spoken to them of right and justice, and exhorted them to keep

To brødre

På en af de danske øer, hvor gamle tingsteder løfter sig i kornmarkerne og mægtige træer i bøgeskovene, ligger en lille stad med røde tage på de lave huse; inde i et af disse blev over gløder og emmer på skorstenen lavet underlige ting; der kogtes i glas, der blev blandet og destilleret, der stødtes urter i morterne; en ældre mand stod for det hele.

"Man må vel passe det rette!" sagde han, "ja, det rette, det rigtige, sandheden i hver skabt del, skal man kende og holde sig til."

Inde i stuen hos den brave husmoder sad to af sønnerne, endnu små, men med voksne tanker. Om ret og skel havde også moder altid talt til dem, om at holde på sandheden, det var

to the truth, which she said was the countenance of the Lord in this world.

Vorherres ansigt i denne verden.

The elder of the boys looked roguish and enterprising. He took a delight in reading of the forces of nature, of the sun and the moon; no fairy tale pleased him so much. Oh, how beautiful it must be, he thought, to go on voyages of discovery, or to find out how to imitate the wings of birds and then to be able to fly! Yes, to find that out was the right thing. Father was right, and mother was right– truth holds the world together.

Den ældste af drengene så skælmsk og kæk ud, hans lyst var at læse om naturens kræfter, om sol og stjerner, intet eventyr var ham dejligere. Oh, hvor lykkeligt, at kunne gå på rejseopdagelser, eller at udfinde, hvorledes fuglens vinger lade sig eftergøre, og da at kunne flyve! ja, det var at finde det rigtige! Fader havde ret og moder havde ret. Sandheden holdt verden sammen.

The younger brother was quieter, and buried himself entirely in his books. When he read about Jacob dressing himself in sheep-skins to personify Esau, and so to usurp his brother's birthright, he would clench his little fist in anger against the deceiver; when he read of tyrants and of the injustice and wickedness of the world, tears would come into his eyes, and he was quite filled with the thought of the justice and truth which must and would triumph.

Den yngre broder var mere stille og gav sig ganske hen i bøgerne; læste han om Jacob, som klædte sig i fåreskind for at ligne Esau og derved tilsvige sig førstefødselsret, da knyttede han i harme sin lille hånd, vred på bedrageren; læste han om tyranner og al den uret og ondskab, der øvedes i verden, da stod tårer i hans øjne. Tanken om det rette, sandheden, der skulle og måtte sejre, opfyldte ham så mægtigt. En aften, den lille var allerede i seng, men gardinerne om den ikke helt trukket til, lyset skinnede ind til ham, lå han med sin bog og måtte endelig læse historien om Solon ud.

One evening he was lying in bed, but the curtains were not yet drawn close, and the light streamed in upon him; he had taken his book

Og tankerne løftede og bar ham så sælsomt vidt; det var, som om sengen blev et helt fartøj for fulde sejl; drømte han, eller hvad var det?

into bed with him, for he wanted to finish reading the story of Solon. His thoughts lifted and carried him away a wonderful distance; it seemed to him as if the bed had become a ship flying along under full sail. Was he dreaming, or what was happening? It glided over the rolling waves and across the ocean of time, and to him came the voice of Solon; spoken in a strange tongue, yet intelligible to him, he heard the Danish motto: "By law the land is ruled."

Han gled hen over rullende vande, tidens store søer, han hørte Solons røst, forståeligt og dog i fremmed mål lød det danske valgsprog: "Med lov skal man land bygge!"

The genius of the human race stood in the humble room, bent down over the bed and imprinted a kiss on the boy's forehead: "Be thou strong in fame and strong in the battle of life! With truth in thy heart fly toward the land of truth!"

Og menneskeslægtens genius stod i den fattige stue, bøjede sig over sengen og trykkede et kys på drengens pande: "Bliv stærk i hæder og stærk i livets kamp! med sandhed i dit bryst, flyv mod sandhedens land!"

The elder brother was not yet in bed; he was standing at the window looking out at the mist which rose from the meadows. They were not elves dancing out there, as their old nurse had told him; he knew better– they were vapours which were warmer than the air, and that is why they rose. A shooting star lit up the sky, and the boy's thoughts passed in a second from the vapours of the earth up to the shining meteor. The stars gleamed in the heavens, and it seemed as if long golden threads hung down from them to the earth.

Den ældre broder var endnu ikke tilsengs, han stod ved vinduet, så ud på tågerne der løftede sig fra engen; det var ikke elverpigerne, som dansede der, det havde rigtignok et gammelt tyende sagt ham, men han vidste bedre besked, det var dampene, varmere end luften, og så løftede de sig. Et stjerneskud lyste, og drengens tanker var i samme nu fra jordens dunster, helt oppe ved det lysende meteor. Himlens stjerner blinkede, det var, som om der hang lange guldtråde fra dem ned til vor jord.

"Fly with me," sang a voice, which the boy heard in his heart. And the mighty genius of mankind, swifter than a bird and than an arrow– swifter than anything of earthly origin– carried him out into space, where the heavenly bodies are bound together by the rays that pass from star to star. Our earth revolved in the thin air, and the cities upon it seemed to lie close to each other. Through the spheres echoed the words:

"Flyv med mig!" sang og klang det lige ind i drengens hjerte; og slægternes mægtige genius, hurtigere end fuglen, end pilen, end alt hvad jordisk der flyve kan, bar ham ud i rummet, hvor stråle fra stjerne til stjerne bandt kloderne til hinanden; vor jord drejede sig i den tynde luft, by syntes tæt ved by. Gennem sfærerne klang det:

"What is near, what is far, when thou art lifted by the mighty genius of mind?"

"Hvad er nær, hvad er fjern, når åndens mægtige genius løfter dig!"

And again the boy stood by the window, gazing out, whilst his younger brother lay in bed. Their mother called them by their names: "Anders Sandoe" and "Hans Christian."

Og atter stod den lille ved vinduet og så ud, den yngre broder lå i sin seng, moder kaldte dem ved deres navn: "Anders og Hans Christian!"

Denmark and the whole world knows them– the two brothers Oersted.

Danmark kender dem, verden kender de to brødre – Ørsted.

The windmill

Vejrmøllen

A windmill stood upon the hill, proud to look at, and it was proud too.

Der stod på bakken en vejrmølle, stolt at se på og stolt følte den sig:

"I am not proud at all," it said, "but I am very much enlightened without and within. I have sun and moon for my outward use, and for inward use too; and into the bargain I have stearine candles, train oil and lamps, and tallow

"Aldeles ikke stolt er jeg!" sagde den, "men jeg er meget oplyst, uden og inden. Sol og måne har jeg til udvortes brug og til indvendig med, og så har jeg desuden stearinlys, tranlampe og tælleprås; jeg tør sige, at jeg er oplyst; jeg er

candles. I may well say that I'm enlightened. I'm a thinking being, and so well constructed that it's quite delightful. I have a good windpipe in my chest, and I have four wings that are placed outside my head, just beneath my hat. The birds have only two wings, and are obliged to carry them on their backs. I am a Dutchman by birth, that may be seen by my figure– a flying Dutchman. They are considered supernatural beings, I know, and yet I am quite natural. I have a gallery round my chest, and house-room beneath it; that's where my thoughts dwell. My strongest thought, who rules and reigns, is called by others 'The Man in the Mill.' He knows what he wants, and is lord over the meal and the bran; but he has his companion, too, and she calls herself 'Mother.' She is the very heart of me. She does not run about stupidly and awkwardly, for she knows what she wants, she knows what she can do, she's as soft as a zephyr and as strong as a storm; she knows how to begin a thing carefully, and to have her own way. She is my soft temper, and the father is my hard one. They are two, and yet one; they each call the other 'My half.' These two have some little boys, young thoughts, that can grow. The little ones keep everything in order. When, lately, in my wisdom, I let the father and the boys examine

et tænkende væsen og så velskabt at det er en fornøjelse. Jeg har en god kværn i brystet, jeg har fire vinger og de sidder mig oppe i hovedet, lige under hatten; fuglene har kun to vinger og må bære dem på ryggen. Jeg er en hollænder af fødsel, det kan ses på min skabelon; en flyvende hollænder; den regnes til det overnaturlige, ved jeg, og dog er jeg meget naturlig. Jeg har galleri om maven og beboelseslejlighed i nederdelen; der huser mine tanker. Min stærkeste tanke, den der styrer og råder, kaldes af de andre tanker: Manden på møllen. Han ved hvad han vil, han står højt over mel og gryn, men har dog sin mage og hun kaldes mutter; hun er hjertelaget; hun løber ikke avet om, også hun ved hvad hun vil, hun ved hvad hun kan, hun er mild som et vindpust, hun er stærk som blæsten; hun forstår at lirke, at få sin vilje. Hun er mit bløde sind, fatter er mit hårde; de er to og dog én, de kalder også hinanden 'min halvpart'. De har rollinger de to: små tanker, som kan vokse. De små gør et styr! Forleden, da jeg i dybsindighed lod 'fatter' og hans svende se kværn og hjul efter i mit bryst, jeg ville vide hvad der var i vejen, thi der var noget i vejen inden i mig, og man skal ransage sig selv, så gjorde de små et forfærdeligt styr, der ikke tager sig ud, når man, som jeg, står højt oppe på bakken; man må huske at

my throat and the hole in my chest, to see what was going on there,– for something in me was out of order, and it's well to examine one's self,– the little ones made a tremendous noise. The youngest jumped up into my hat, and shouted so there that it tickled me. The little thoughts may grow– I know that very well; and out in the world thoughts come too, and not only of my kind, for as far as I can see, I cannot discern anything like myself; but the wingless houses, whose throats make no noise, have thoughts too, and these come to my thoughts, and make love to them, as it is called. It's wonderful enough– yes, there are many wonderful things. Something has come over me, or into me,– something has changed in the mill-work. It seems as if the one half, the father, had altered, and had received a better temper and a more affectionate helpmate– so young and good, and yet the same, only more gentle and good through the course of time. What was bitter has passed away, and the whole is much more comfortable." - "The days go on, and the days come nearer and nearer to clearness and to joy; and then a day will come when it will be over with me; but not over altogether. I must be pulled down that I may be built up again; I shall cease, but yet shall live on. To become quite a different being, and yet remain the

man står i belysning: Omdømmet er også belysning. Men hvad jeg ville sige, det var et forfærdeligt styr af de små! Den mindste fór mig lige op i hatten og trallede så det kildrede i mig. De små tanker kan vokse, det har jeg fornummet, og udefra kommer også tanker og ikke ganske af min slægt, for jeg ser ingen af den, så langt jeg ser, ingen uden mig selv; men de vingeløse huse, hvor kværnen ikke høres, de har også tanker, de kommer til mine tanker og forlover sig med dem, som de kalder det. Underligt nok, ja der er meget underligt. Det er kommet over mig eller i mig; noget har forandret sig i mølleværket, det er som om fatter havde skiftet halvpart, fået et endnu mildere sind, en endnu kærligere mage, så ung og from og dog den samme, men blødere, frommere med tiden. Hvad besk var er fordunstet; det er meget fornøjeligt det hele. Dagene går og dagene kommer, altid fremad til klarhed og glæde, og så, ja det er sagt og skrevet, så kommer der en dag, at det er forbi med mig og aldeles ikke forbi! jeg skal rives ned for at rejse mig ny og bedre, jeg skal høre op og dog blive ved at være! blive en ganske anden og dog den samme! det er mig svært at begribe, ihvor oplyst jeg end er, ved sol, måne, stearin, tran og tælle! mit gamle tømmer og murværk skal rejse sig igen af gruset. Jeg vil håbe at jeg beholder

same! That's difficult for me to understand, however enlightened I may be with sun, moon, stearine, train oil, and tallow. My old wood-work and my old brick-work will rise again from the dust!" - "I will hope that I may keep my old thoughts, the father in the mill, and the mother, great ones and little ones– the family; for I call them all, great and little, the company of thoughts, because I must, and cannot refrain from it." - "And I must also remain 'myself,' with my throat in my chest, my wings on my head, the gallery round my body; else I should not know myself, nor could the others know me, and say, 'There's the mill on the hill, proud to look at, and yet not proud at all.'"

de gamle tanker: Fatter på møllen, mutter, store og små, familien, den kalder jeg det hele, en og dog så mange, hele tankekompagniet, for det kan jeg ikke undvære! og mig selv må jeg også blive, med kværn i brystet, vinger på hovedet, altan om maven, ellers kan jeg ikke kende mig selv, og de andre kan heller ikke kende mig og sige, der har vi jo møllen på bakken, stolt at se, dog aldeles ikke stolt!"

That is what the mill said. Indeed, it said much more, but that is the most important part.

Det sagde møllen, den sagde meget mere, men dette var nu det vigtigste.

And the days came, and the days went, and yesterday was the last day.

Og dagene kom og dagene gik, og den yderste var den sidste.

Then the mill caught fire. The flames rose up high, and beat out and in, and bit at the beams and planks, and ate them up. The mill fell, and nothing remained of it but a heap of ashes. The smoke drove across the scene of the conflagration, and the wind carried it away.

Der gik ild i møllen; flammerne løftede sig, slog ud, slog ind, slikkede bjælker og brædder, åd dem op. Møllen faldt, der var kun en askehob tilbage; røgen fór hen over brandstedet, vinden bar den bort.

Whatever had been alive in the mill

Hvad levende der havde været på

remained, and what had been gained by it has nothing to do with this story. The miller's family– one soul, many thoughts, and yet only one– built a new, a splendid mill, which answered its purpose. It was quite like the old one, and people said, "Why, yonder is the mill on the hill, proud to look at!" But this mill was better arranged, more according to the time than the last, so that progress might be made. The old beams had become worm-eaten and spongy– they lay in dust and ashes. The body of the mill did not rise out of the dust as they had believed it would do. They had taken it literally, and all things are not to be taken literally.

møllen blev, det kom ikke noget til ved den begivenhed, det vandt ved den. Møllerfamilien, en sjæl, mange tanker og dog kun en, fik sig en ny, dejlig mølle, den kunne være tjent med, den lignede aldeles den gamle, man sagde: Der står jo møllen på bakken, stolt at se! men denne var bedre indrettet, mere tidssvarende, for det går fremad. Det gamle tømmer, der var ormstukket og svampet, lå i støv og aske; den møllekrop rejste sig ikke, som den havde troet; den tog det lige efter ordene, og man skal ikke tage alting lige efter ordene!

The toad

The well was deep, and therefore the rope had to be a long one; it was heavy work turning the handle when any one had to raise a bucketful of water over the edge of the well. Though the water was clear, the sun never looked down far enough into the well to mirror itself in the waters; but as far as its beams could reach, green things grew forth between the stones in the sides of the well.

Down below dwelt a family of the Toad race. They had, in fact, come head-over-heels down the well, in the person of the old Mother-Toad, who was still alive. The green Frogs, who had been

Skrubtudsen

Brønden var dyb, derfor var snoren lang; vinden gik trangt om, når man skulle have spanden med vand over brøndkanten. Solen kunne aldrig nå ned at spejle sig i vandet, hvor klart det end var, men så langt den nåede at skinne, voksede grønt mellem stenene.

Der boede en familie af skrubtudseslægten, den var indvandret, den var egentlig kommet der hovedkulds ned ved gamle skrubtudsemor, som levede endnu; de grønne frøer, som langt

established there a long time, and swam about in the water, called them "well-guests." But the new-comers seemed determined to stay where they were, for they found it very agreeable living "in a dry place," as they called the wet stones.

tidligere var hjemme her og svømmede i vandet, erkendte fætterskabet og kaldte dem "brøndgæsterne." Disse havde nok i sinde at blive der; de levede her meget behageligt på det tørre, som de kaldte de våde stene.

The Mother-Frog had once been a traveller. She happened to be in the water-bucket when it was drawn up, but the light became too strong for her, and she got a pain in her eyes. Fortunately she scrambled out of the bucket; but she fell into the water with a terrible flop, and had to lie sick for three days with pains in her back. She certainly had not much to tell of the things up above, but she knew this, and all the Frogs knew it, that the well was not all the world. The Mother-Toad might have told this and that, if she had chosen, but she never answered when they asked her anything, and so they left off asking.

Frømor havde engang rejst, været i vandspanden, da den gik op, men det blev hende for lyst, hun fik øjenklemme, heldigvis slap hun ud af spanden; hun faldt med et forfærdeligt plump i vandet, og lå i tre dage derefter af rygpine. Meget skulle hun ikke kunne fortælle om verden ovenfor, men det vidste hun, og det vidste de alle, at brønden var ikke hele verden skrubtudsemor kunne nok have fortalt et og andet, men hun svarede aldrig, når man spurgte, og så spurgte man ikke.

"She's thick, and fat and ugly," said the young green Frogs; "and her children will be just as ugly as she is."

"Tyk og styg, led og fed er hun!" sagde de unge, grønne frøer. "Hendes unger bliver lige så lede!"

"That may be," retorted the mother-Toad, "but one of them has a jewel in his head, or else I have the jewel."

"Kan gerne være!" sagde skrubtudsemor, "men en af dem har en ædelsten i hovedet, eller jeg har den!"

The young frogs listened and stared; and as these words did not

Og de grønne frøer hørte og de gloede, og da de ikke syntes om

please them, they made grimaces and dived down under the water. But the little Toads kicked up their hind legs from mere pride, for each of them thought that he must have the jewel; and then they sat and held their heads quite still. But at length they asked what it was that made them so proud, and what kind of a thing a jewel might be.

"Oh, it is such a splendid and precious thing, that I cannot describe it," said the Mother-Toad. "It's something which one carries about for one's own pleasure, and that makes other people angry. But don't ask me any questions, for I shan't answer you."

"Well, I haven't got the jewel," said the smallest of the Toads; she was as ugly as a toad can be. "Why should I have such a precious thing? And if it makes others angry, it can't give me any pleasure. No, I only wish I could get to the edge of the well, and look out; it must be beautiful up there."

"You'd better stay where you are," said the old Mother-Toad, "for you know everything here, and you can tell what you have. Take care of the bucket, for it will crush you to death; and even if you get into it safely, you may fall out. And it's not every one who falls so cleverly as I did, and gets away with whole legs and whole bones."

det, så vrængede de og gik til bunds. Men skrubtudseungerne strakte bagbenene af bare stolthed; enhver af dem troede at have ædelstenen; og så sad de ganske stille med hovedet, men endelig spurgte de om, hvad de var stolte af, og hvad en sådan ædelsten egentlig var.

"Det er noget så herligt og kosteligt!" sagde skrubtudsemor, "at jeg ikke kan beskrive det! Det er noget, man går med for sin egen fornøjelse, og som de andre går og ærgrer sig over. Men spørg ikke, jeg svarer ikke!"

"Ja, jeg har ikke ædelstenen!" sagde den mindste skrubtudse; den var så styg, som den kunne være. "Hvorfor skulle jeg have sådan en herlighed? Og når den ærgrer andre, kan den jo ikke fornøje mig! nej, jeg ønsker kun, at jeg engang måtte komme op til brøndkanten og se ud; der må være yndigt!"

"Bliv du helst hvor du er!" sagde den gamle, "det kender du, det ved du hvad er! Tag dig i agt for spanden, den kvaser dig; og kommer du vel i den, så kan du falde ud, ikke alle falder så heldigt, som jeg, og beholder lemmerne hele og æggene hele!"

"Quack!" said the little Toad; and that's just as if one of us were to say, "Aha!"

"Kvak!" sagde den lille, og det var ligesom når vi mennesker siger "ak!"

She had an immense desire to get to the edge of the well, and to look over; she felt such a longing for the green, up there; and the next morning, when it chanced that the bucket was being drawn up, filled with water, and stopped for a moment just in front of the stone on which the Toad sat, the little creature's heart moved within it, and our Toad jumped into the filled bucket, which presently was drawn to the top, and emptied out.

Den havde sådan en lyst til at komme op ved brøndkanten og se ud; den følte sådan en længsel efter det grønne deroppe; og da næste morgen, tilfældigt, spanden fyldt med vand, løftedes op, og den et øjeblik blev stående stille foran stenen, hvorpå skrubtudsen sad, bævrede det indeni det lille dyr, den sprang i den fyldte spand, faldt til bunds i vandet, som derefter kom op og hældtes ud.

"Ugh, you beast!" said the farm laborer who emptied the bucket, when he saw the toad. "You're the ugliest thing I've seen for one while." And he made a kick with his wooden shoe at the toad, which just escaped being crushed by managing to scramble into the nettles which grew high by the well's brink. Here she saw stem by stem, but she looked up also; the sun shone through the leaves, which were quite transparent; and she felt as a person would feel who steps suddenly into a great forest, where the sun looks in between the branches and leaves.

"Fy, for en ulykke!" sagde karlen, som så den. "Det er da det ledeste jeg har set!" og så sparkede han med sin træsko efter skrubtudsen, der nær var blevet lemlæstet, men slap dog ved at komme ind mellem de høje brændenælder. Den så stilk ved stilk, den så også opad! Solen skinnede på bladene; de var ganske transparente; det var for den, som for os mennesker, når vi med ét kommer ind i en stor skov, hvor solen skinner mellem grene og blade.

"It's much nicer here than down in the well! I should like to stay here my whole life long!" said the little Toad. So she lay there for an hour, yes, for two hours. "I wonder what

"Her er langt dejligere end nede i brønden! Her kan man have lyst til at blive sin hele levetid!" sagde den lille skrubtudse. Den lå der en time, den lå der i to! "Hvad mon der er

is to be found up here? As I have come so far, I must try to go still farther." And so she crawled on as fast as she could crawl, and got out upon the highway, where the sun shone upon her, and the dust powdered her all over as she marched across the way.

udenfor? Er jeg kommet så langt, må jeg se at komme videre!" og den krøb så rask den krybe kunne og kom ud på vejen, hvor solen skinnede på den og hvor støvet pudrede den, idet den marcherede tværs over landevejen.

"I've got to a dry place now, and no mistake," said the Toad. "It's almost too much of a good thing here; it tickles one so."

"Her er man rigtig på det tørre!" sagde skrubtudsen, "jeg får næsten for meget af det gode, det kriller i mig!"

She came to the ditch; and forget-me-nots were growing there, and meadow-sweet; and a very little way off was a hedge of whitethorn, and elder bushes grew there, too, and bindweed with white flowers. Gay colors were to be seen here, and a butterfly, too, was flitting by. The Toad thought it was a flower which had broken loose that it might look about better in the world, which was quite a natural thing to do.

Nu nåede den grøften; der voksede forglemmigej og spiræa, der var levende gærde tæt ved med hyld og hvidtjørn; der groede "Marias hvide særkeærmer" som slyngplanter; her var kulører at se; også fløj der en sommerfugl; skrubtudsen troede, at det var en blomst, der havde revet sig løs for des bedre at se sig om i verden, det var jo så rimeligt.

"If one could only make such a journey as that!" said the Toad. "Croak! how capital that would be."

"Kunne man sådan tage fart som den," sagde skrubtudsen, "kvak! ak! hvilken dejlighed!"

Eight days and eight nights she stayed by the well, and experienced no want of provisions. On the ninth day she thought, "Forward! onward!" But what could she find more charming and beautiful? Perhaps a little toad or a few green frogs. During the last night there

Den blev otte nætter og dage her ved grøften og den savnede ikke føde. Den niende dag tænkte den: "Videre frem!" – men hvad dejligere kunne der vel findes? Måske en lille skrubtudse eller nogle grønne frøer. Det havde i den sidste nat lydt i vinden, som

had been a sound borne on the breeze, as if there were cousins in the neighborhood.

var der "fætre" i nærheden

"It's a glorious thing to live! glorious to get out of the well, and to lie among the stinging-nettles, and to crawl along the dusty road. But onward, onward! that we may find frogs or a little toad. We can't do without that; nature alone is not enough for one." And so she went forward on her journey.

"Det er dejligt at leve! komme op af brønden, ligge i brændenælder, krybe hen ad den støvede vej og hvile ud i den våde grøft! men videre frem! se at finde frøer eller en lille skrubtudse, det kan man dog ikke undvære, naturen er en ikke nok!" Og så tog den igen på vandring.

She came out into the open field, to a great pond, round about which grew reeds; and she walked into it.

Den kom i marken til en stor dam med siv om; den søgte derind.

"It will be too damp for you here," said the Frogs; "but you are very welcome! Are you a he or a she? But it doesn't matter; you are equally welcome."

"Her er nok for vådt for Dem?" sagde frøerne; "men De er meget velkommen! – Er De en han eller en hun? Det er nu det samme, De er lige velkommen!"

And she was invited to the concert in the evening– the family concert; great enthusiasm and thin voices; we know the sort of thing. No refreshments were given, only there was plenty to drink, for the whole pond was free.

Og så blev den indbudt til koncert om aftnen, familiekoncert: Stor begejstring og tynde stemmer; det kender vi. Der var ingen beværtning, kun fri drikkevarer, hele dammen, om de kunne.

"Now I shall resume my journey," said the little Toad; for she always felt a longing for something better.

"Nu rejser jeg videre!" sagde den lille skrubtudse; den følte altid trang til noget bedre.

She saw the stars shining, so large and so bright, and she saw the moon gleaming; and then she saw the sun rise, and mount higher and higher.

Den så stjernerne blinke, så store og så klare, den så nymånen lyse, den så solen stå op, højere og højere.

"Perhaps after all, I am still in a well, only in a larger well. I must get higher yet; I feel a great restlessness and longing." And when the moon became round and full, the poor creature thought, "I wonder if that is the bucket which will be let down, and into which I must step to get higher up? Or is the sun the great bucket? How great it is! how bright it is! It can take up all. I must look out, that I may not miss the opportunity. Oh, how it seems to shine in my head! I don't think the jewel can shine brighter. But I haven't the jewel; not that I cry about that– no, I must go higher up, into splendor and joy! I feel so confident, and yet I am afraid. It's a difficult step to take, and yet it must be taken. Onward, therefore, straight onward!"

"Jeg er nok endnu i brønden, i en større brønd, jeg må højere op! jeg har en uro og længsel!" og da månen blev hel og rund, tænkte det stakkels dyr: "Mon det er spanden, der trisses ned, og som jeg må springe i for at komme højere op? eller er solen den store spand? hvor den er stor, hvor den er strålende, den kan rumme os alle sammen! jeg må passe på lejligheden! oh, hvor det lyser i mit hoved! jeg tror ikke at ædelstenen kan lyse bedre! men den har jeg ikke og den græder jeg ikke for, nej, højere op i glans og glæde! jeg har en forvisning, og dog en angst, – det er et svært skridt at gøre! men det må man! fremad! lige ud ad landevejen!"

She took a few steps, such as a crawling animal may take, and soon found herself on a road beside which people dwelt; but there were flower gardens as well as kitchen gardens. And she sat down to rest by a kitchen garden.

Og den tog skridt, som sådant et kravledyr kan, og så var den på alfarvej, hvor menneskene boede; der var både blomsterhaver og kålhaver. Den hvilede ud ved en kålhave.

"What a number of different creatures there are that I never knew! and how beautiful and great the world is! But one must look round in it, and not stay in one spot." And then she hopped into the kitchen garden. "How green it is here! how beautiful it is here!"

"Hvor der dog er mange forskellige skabninger, jeg aldrig har kendt! og hvor verden er stor og velsignet! men man skal også se sig om i den og ikke blive siddende på ét sted." Og så hoppede den ind i kålhaven. "Hvor her er grønt! hvor her er kønt!"

"I know that," said the Caterpillar, on the leaf, "my leaf is the largest here. It hides half the world from me, but I don't care for the world."

"Det ved jeg nok!" sagde kålormen på bladet. "Mit blad er det største herinde! det skjuler den halve verden, men den kan jeg undvære!"

"Cluck, cluck!" And some fowls came. They tripped about in the cabbage garden. The Fowl who marched at the head of them had a long sight, and she spied the Caterpillar on the green leaf, and pecked at it, so that the Caterpillar fell on the ground, where it twisted and writhed. The Fowl looked at it first with one eye and then with the other, for she did not know what the end of this writhing would be.

"Kluk! kluk!" sagde det, der kom høns; de trippede i kålhaven. Den forreste høne var langsynet; hun så ormen på det krusede blad og huggede efter den, så at den faldt på jorden, hvor den vred og vendte sig. Hønen så først med det ene øje, så med det andet, for den vidste ikke hvad der kunne komme ud af den vridning.

"It doesn't do that with a good will," thought the Fowl, and lifted up her head to peck at the Caterpillar. The Toad was so horrified at this, that she came crawling straight up towards the Fowl.

"Den gør det ikke godvilligt!" tænkte hønen og løftede hovedet for at hugge til. Skrubtudsen blev så forfærdet, at den kravlede lige hen imod hønen.

"Aha, it has allies," quoth the Fowl. "Just look at the crawling thing!" And then the Fowl turned away. "I don't care for the little green morsel; it would only tickle my throat." The other fowls took the same view of it, and they all turned away together.

"Så den har hjælpetropper!" sagde den. "Se mig til det kravl!" og så vendte hønen om. "Jeg bryder mig ikke om den lille, grønne mundfuld, den giver kun kildren i halsen!" De andre høns var af samme mening, og så gik de.

"I writhed myself free," said the Caterpillar. "What a good thing it is when one has presence of mind! But the hardest thing remains to be done, and that is to get on my leaf again. Where is it?"

"Jeg vred mig fra den!" sagde kålormen; "det er godt at have åndsnærværelse; men det sværeste er tilbage, at komme op på mit kålblad. Hvor er det?"

And the little Toad came up and expressed her sympathy. She was glad that in her ugliness she had frightened the fowls.

Og den lille skrubtudse kom og ytrede sin deltagelse. Den var glad ved at den i sin styghed havde skræmt hønsene.

"What do you mean by that?" cried the Caterpillar. "I wriggled myself free from the Fowl. You are very disagreeable to look at. Cannot I be left in peace on my own property? Now I smell cabbage; now I am near my leaf. Nothing is so beautiful as property. But I must go higher up."

"Hvad mener De dermed?" spurgte kålormen. "Jeg vred mig jo selv fra dem. De er meget ubehagelig at se på! må jeg have lov at være i mit eget? Nu lugter jeg kål! Nu er jeg ved mit blad! Der er ikke noget så dejligt, som ens eget. Men højere op må jeg!"

"Yes, higher up," said the little Toad; "higher-up! She feels just as I do; but she's not in a good humor to-day. That's because of the fright. We all want to go higher up." And she looked up as high as ever she could.

"Ja, højere op!" sagde den lille skrubtudse, "højere op! den føler ligesom jeg! men den er ikke i humør i dag, det kommer af forskrækkelsen. Vi vil alle højere op!" og den så så højt den kunne.

The stork sat in his nest on the roof of the farm-house. He clapped with his beak, and the Mother-stork clapped with hers.

Storken sad i reden på bondens tag; han knebrede og storkemor knebrede.

"How high up they live!" thought the Toad. "If one could only get as high as that!"

"Hvor de bor højt!" tænkte skrubtudsen. "Hvem der kunne komme derop!"

In the farm-house lived two young students; the one was a poet and the other a scientific searcher into the secrets of nature. The one sang and wrote joyously of everything that God had created, and how it was mirrored in his heart. He sang it out clearly, sweetly, richly, in well-sounding verses; while the other investigated created matter

Inde i bondehuset boede to unge studenter: Den ene var poet, den anden naturforsker; den ene sang og skrev i glæde om alt, hvad Gud havde skabt, og som det spejlede sig i hans hjerte; han sang det ud, kort, klart og rigt i klangfulde vers; den anden tog fat på tingen selv, ja sprættede den op, når så måtte være. Han tog Vorherres gerning

itself, and even cut it open where need was. He looked upon God's creation as a great sum in arithmetic– subtracted, multiplied, and tried to know it within and without, and to talk with understanding concerning it; and that was a very sensible thing; and he spoke joyously and cleverly of it. They were good, joyful men, those two,

som et stort regnestykke, subtraherede, multiplicerede, ville kende det ud og ind og tale med forstand derom, og det var hel forstand, og han talte i glæde og med klogskab derom. Det var gode, glade mennesker, begge to.

"There sits a good specimen of a toad," said the naturalist. "I must have that fellow in a bottle of spirits."

"Der sidder jo et godt eksemplar af en skrubtudse!" sagde naturforskeren; "den må jeg have i spiritus!"

"You have two of them already," replied the poet. "Let the thing sit there and enjoy its life."

"Du har jo allerede to andre!" sagde poeten; "lad den sidde i ro og fornøje sig!"

"But it's so wonderfully ugly," persisted the first.

"Men den er så dejlig grim!" sagde den anden.

"Yes, if we could find the jewel in its head," said the poet, "I too should be for cutting it open."

"Ja, når vi kan finde ædelstenen i hovedet på den!" sagde poeten, "så ville jeg selv være med at sprætte den op!"

"A jewel!" cried the naturalist. "You seem to know a great deal about natural history."

"Ædelstenen!" sagde den anden, "du kan godt naturhistorie!"

"But is there not something beautiful in the popular belief that just as the toad is the ugliest of animals, it should often carry the most precious jewel in its head? Is it not just the same thing with men? What a jewel that was that Aesop had, and still more, Socrates!"

"Men er der ikke just noget meget smukt i den folketro, at skrubtudsen, det allergrimmeste dyr, tit gemmer i sit hoved den kosteligste ædelsten! Går det ikke med menneskene ligeså? Hvilken ædelsten havde ikke Æsop, og nu Sokrates?" –

The Toad did not hear any more, nor did she understand half of what she had heard. The two friends walked on, and thus she escaped the fate of being bottled up in spirits.

Mere hørte skrubtudsen ikke, og den forstod ikke det halve deraf. De to venner gik, og den slap for at komme i spiritus.

"Those two also were speaking of the jewel," said the Toad to herself. "What a good thing that I have not got it! I might have been in a very disagreeable position."

"De talte også om ædelstenen!" sagde skrubtudsen. "Det er godt, at jeg ikke har den, ellers var jeg kommet i ubehagelighed!"

Now there was a clapping on the roof of the farm-house. Father-Stork was making a speech to his family, and his family was glancing down at the two young men in the kitchen garden.

Da knebrede det på bondens tag; storkefar holdt foredrag for familien, og denne så skævt ned på de to unge mennesker i kålhaven.

"Man is the most conceited creature!" said the Stork. "Listen how their jaws are wagging; and for all that they can't clap properly. They boast of their gifts of eloquence and their language! Yes, a fine language truly! Why, it changes in every day's journey we make. One of them doesn't understand another. Now, we can speak our language over the whole earth– up in the North and in Egypt. And then men are not able to fly, moreover. They rush along by means of an invention they call 'railway;' but they often break their necks over it. It makes my beak turn cold when I think of it. The world could get on without men. We could do without them very well, so long as we only keep frogs

"Mennesket er det mest indbildske kræ!" sagde storken. "Hør, hvor kneveren går på dem! og så kan de dog ikke slå en rigtig skralde. De kror sig af deres talegaver, deres sprog! det er et rart sprog: Det løber over i det uforståelige for dem ved hver dagrejse, vi gør; den ene forstår ikke den anden. Vort sprog kan vi tale over hele jorden, både i Danmark og i Ægypten. Flyve kan menneskene heller ikke! de tager fart ved en opfindelse, som de kalder 'jernbanen'; men de brækker da også der tit halsen. Jeg får kuldegys i næbbet, når jeg tænker derpå! verden kan bestå uden mennesker. Vi kan undvære dem! Må vi bare beholde frøer og regnorme!"

and earth-worms."

"That was a powerful speech," thought the little Toad. "What a great man that is yonder! and how high he sits! Higher than ever I saw any one sit yet; and how he can swim!" she cried, as the Stork soared away through the air with outspread pinions.

"Det var da en mægtig tale!" tænkte den lille skrubtudse. "Hvor det er en stor mand! og hvor han sidder højt, som jeg endnu ingen har set sidde! og hvor han kan svømme!" udbrød den, da storken med udbredte vinger tog fart igennem luften.

And the Mother-Stork began talking in the nest, and told about Egypt and the waters of the Nile, and the incomparable mud that was to be found in that strange land; and all this sounded new and very charming to the little Toad.

Og storkemor talte i reden, fortalte om Ægyptens land, om Nilens vand og om al det mageløse mudder, der var i fremmed land; det lød ganske nyt og yndeligt for den lille skrubtudse.

"I must go to Egypt!" said she. "If the Stork or one of his young ones would only take me! I would oblige him in return. Yes, I shall get to Egypt, for I feel so happy! All the longing and all the pleasure that I feel is much better than having a jewel in one's head."

"Jeg må til Ægypten!" sagde den. "Bare storken ville tage mig med, eller en af dens unger. Jeg ville tjene den igen på dens bryllupsdag. Jo, jeg kommer til Ægypten, for jeg er så lykkelig! Al den længsel og lyst jeg har, den er rigtignok bedre end at have en ædelsten i hovedet!"

And it was just she who had the jewel. That jewel was the continual striving and desire to go upward–ever upward. It gleamed in her head, gleamed in joy, beamed brightly in her longing.

Og så havde den just ædelstenen: den evige længsel og lyst, opad, altid opad! den lyste derinde, den lyste i glæde, den strålede i lyst.

Then, suddenly, up came the Stork. He had seen the Toad in the grass, and stooped down and seized the little creature anything but gently. The Stork's beak pinched her, and the wind whistled; it was not exactly agreeable, but she was

Da kom i det samme storken; den havde set skrubtudsen i græsset, slog ned og tog just ikke lempeligt på det lille dyr. Næbbet klemte, vinden susede, det var ikke behageligt, men opad gik det, opad til Ægypten, vidste den; og derfor

going upward– upward towards Egypt– and she knew it; and that was why her eyes gleamed, and a spark seemed to fly out of them.

skinnede øjnene, det var, som der fløj en gnist ud af dem:

"Quunk!– ah!"

"Kvak! ak!"

The body was dead– the Toad was killed! But the spark that had shot forth from her eyes; what became of that?

Kroppen var død, skrubtudsen dræbt. Men gnisten fra dens øjne, hvor blev den af?

The sunbeam took it up; the sunbeam carried the jewel from the head of the toad. Whither?

Solstrålen tog den, solstrålen bar ædelstenen fra skrubtudsens hoved. Hvorhen?

Ask not the naturalist; rather ask the poet. He will tell it thee under the guise of a fairy tale; and the Caterpillar on the cabbage, and the Stork family belong to the story. Think! the Caterpillar is changed, and turns into a beautiful butterfly; the Stork family flies over mountains and seas, to the distant Africa, and yet finds the shortest way home to the same country– to the same roof. Nay, that is almost too improbable; and yet it is true. You may ask the naturalist, he will confess it is so; and you know it yourself, for you have seen it.

Du skal ikke spørge naturforskeren, spørg helst poeten; han fortæller dig det som et eventyr; og kålormen er med deri, og storkefamilien er med deri. Tænk! kålormen forvandles, og bliver en dejlig sommerfugl! Storkefamilien flyver over bjerge og have bort til det fjerne Afrika, og finder dog den korteste vej hjem igen til det danske land, til det samme sted, det samme tag! ja, det er rigtignok næsten alt for eventyrligt, og dog er det sandt; du kan gerne spørge naturforskeren, han må indrømme det; og du selv ved det også, for du har set det.

But the jewel in the head of the toad?

– Men ædelstenen i skrubtudsens hoved?

Seek it in the sun; see it there if you can.

Søg den i solen! se den om du kan!

The brightness is too dazzling there. We have not yet such eyes as

Glansen der er for stærk. Vi har endnu ikke øjne til at se ind i al den

can see into the glories which God has created, but we shall receive them by-and-by; and that will be the most beautiful story of all, and we shall all have our share in it.

herlighed, Gud har skabt, men vi får dem nok, og det bliver det dejligste eventyr, for vi er selv med deri!

The goblin and the woman

Nissen og madammen

You know the Goblin, but do you know the Woman-the Gardener's wife? She was very well read and knew poems by heart; yes, and she could write them, too, easily, except that the rhymes-"clinchings," as she called them-gave her a little trouble. She had the gift of writing and the gift of speech; she could very well have been a parson or at least a parson's wife.

Nissen kender du, men kender du madammen, gartnerens madam? Hun havde læsning, kunne vers udenad, ja med lethed skrive dem selv; kun rimene, "klinkningen," som hun kaldte det, voldte hende lidt besvær. Hun havde skrivegave og talegave, hun kunne godt have været præst, i det mindste præstekone.

"The earth is beautiful in her Sunday gown," she said, and this thought she had expanded and set down in poetic form, with "clinchings," making a poem that was so long and lovely.

"Jorden er dejlig i sin søndagskjole!" sagde hun, og den tanke havde hun sat i stil og "klinkning," sat den i en vise, så skøn og lang.

The Assistant Schoolmaster, Mr. Kisserup (not that his name matters at all), was her nephew, and on a visit to the Gardener's he heard the poem. It did him good, he said, a lot of good. "You have soul, Madam," he said.

Seminaristen hr. Kisserup, navnet gør ikke til sagen, var søskendebarn og i besøg hos gartnerens; han hørte madammens digt og havde godt deraf, sagde han, inderlig godt. "De har ånd, madame!" sagde han.

"Stuff and nonsense!" said the Gardener. "Don't be putting such ideas in her head! Soul! A wife should be a body, a good, plain, decent body, and watch the pot, to keep the porridge from burning."

"Snikke mig snak!" sagde gartneren, "sæt mig ikke sådan noget i hende! en kone skal være krop, anstændig krop, og passe sin gryde at grøden ikke bliver sveden."

"I can take the burnt taste out of the porridge with a bit of charcoal," said the Woman. "And I can take the burnt taste out of you with a little kiss. You pretend you don't think of anything but cabbage and potatoes, but you love the flowers, too." Then she kissed him. "Flowers are the soul!"

"Det svedne tager jeg bort med en trægløð!" sagde madammen, "og det svedne tager jeg fra dig med et lille kys. Man skulle tro at du kun tænkte på kål og kartofler, og dog elsker du blomsterne!" og så kyssede hun ham. "Blomsterne er ånden!" sagde hun.

"Mind your pot!" he said, as he went off to the garden. That was his pot, and he minded it.

"Pas din gryde!" sagde han og gik i haven, den var hans gryde og den passede han.

But the Assistant Schoolmaster stayed on, talking to the woman. Her lovely words, "Earth is beautiful," he made a whole sermon of, which was his habit.

Men seminaristen sad hos madammen og talte med madammen; hendes skønne ord "jorden er dejlig," holdt han ligesom en hel prædiken over, på sin måde.

"Earth is beautiful, and it shall be subject unto you! was said, and we became lords of the earth. One person rules with the mind, one with the body; one comes into the world like an exclamation mark of astonishment, another like a dash that denotes faltering thought, so that we pause and ask, why is he here? One man becomes a bishop, another just a poor assistant schoolmaster, but everything is for the best. Earth is beautiful and always in her Sunday gown. That was a thought-provoking poem, Madam, full of feeling and geography!"

"Jorden er dejlig, gør Eder den underdanig, blev sagt, og vi blev herskabet. En er det ved ånden, en ved legemet, en blev sat ind i verden som et forbavselsens udråbstegn, en anden som en tankestreg, så at man nok kan spørge, hvad skulle han her? En bliver bisp, en anden kun fattig seminarist, men alt er viseligt. Jorden er dejlig og altid i søndagskjole! Det var et tankevækkende digt, madammens, fuldt af følelse og geografi."

"You have soul, Mr. Kisserup," said the Woman, "a great deal of

"De har ånd, hr. Kisserup!" sagde madammen, "megen ånd, det

soul, I assure you. After talking with you, one clearly understands oneself."

And so they talked on, equally well and beautifully. But out in the kitchen somebody else was talking, and that was the Goblin, the little gray-dressed Goblin with the red cap-you know the fellow. The Goblin was sitting in the kitchen, acting as pot watcher. He was talking, but nobody heard him except the big black Pussycat-"Cream Thief," the Woman called him.

The Goblin was mad at her because he had learned she didn't believe in his existence. Of course, she had never seen him, but with all her reading she ought to have realized he did exist and have paid him a little attention. On Christmas Eve she never thought of setting out so much as a spoonful of porridge for him, though all his ancestors had received that, and even from women who had no learning at all. Their porridge used to be so swimming with cream and butter that it made the Cat's mouth water to hear about it.

"She calls me just a notion!" said the Goblin. "And that's more than I can understand. In fact, she simply denies me! I've listened to her saying so before, and again just now in there, where she's driveling to that boy whipper, that Assistant

forsikrer jeg Dem! Man får klarhed i sig selv, når man taler med Dem."

Og så talte de videre, lige smukt og lige godt; men ude i køknet var der også en som talte, det var nissen, den lille gråklædte nisse med den røde hue; du kender ham! nissen sad i køknet og var pottekigger; han talte, men ingen hørte ham uden den store sorte missekat, "Flødetyven," som madammen kaldte ham.

Nissen var så vred på hende, thi hun troede ikke på hans tilværelse, vidste han; hun havde rigtignok aldrig set ham, men hun måtte dog med al hendes læsning vide at han var til og da vise ham en lille opmærksomhed. Det faldt hende aldrig ind juleaften at sætte så meget som en skefuld grød hen til ham, det havde alle hans forfædre fået, og det af madammer, der slet ikke havde læsning; grøden havde svømmet i smør og fløde. Katten blev ganske våd om skægget ved at høre derom.

"Hun kalder mig et begreb!" sagde nissen, "det går over alle mine begreber. Hun fornægter mig jo! Det har jeg luret mig til og nu har jeg luret igen; hun sidder og hvæser for drengebankeren, seminaristen. Jeg siger med fatter: 'Pas din gryde!'

Schoolmaster. I say with Pop, 'Mind the pot!' That she doesn't do, so now I am going to make it boil over!"

Det gør hun ikke; nu skal jeg få den til at koge over!"

And the Goblin blew on the fire till it burned and blazed up. "Surre-rurre-rup!" And the pot boiled over.

Og nissen pustede til ilden, der blussede og brændte. "Surrerurre-rup!" der kogte gryden over.

"And now I'm going to pick holes in Pop's socks," said the Goblin. "I'll unravel a large piece, both in toe and heel, so she'll have something to darn; that is, if she is not too busy writing poetry. Madam Poetess, please darn Pop's stocking!"

"Nu skal jeg ind og pille huller i fatters sokker!" sagde nissen. "Jeg vil trævle op et stort hul i tå og hæl, så bliver der noget at stoppe, dersom hun ikke skal hen at digte; digtemadam, stop fatters hoser!"

The Cat sneezed; he had caught a cold, though he always wore a fur coat.

Katten nøs derved; han var forkølet, uagtet han altid gik i skindpels.

"I've opened the door to the larder," said the Goblin. "There's boiled cream in there as thick as paste. If you won't have a lick I will."

"Jeg har lukket spisekammerdøren op," sagde nissen; "der står henkogt fløde, så tyk som melpap. Vil du ikke slikke, så vil jeg!"

"If I am going to get all the blame and the whipping for it, anyway," said the Cat, "I'll lick my share of the cream."

"Skal jeg have skylden og bankene," sagde katten, "så lad mig også slikke fløden!"

"First a lick, then a kick!" said the Goblin. "But now I'm off to the Assistant Schoolmaster's room, where I'll hang his suspenders on the mirror, put his socks into the water pitcher, and make him think the punch was too strong and has his brain in a whirl. Last night I sat

"Først flø'en, så kløen'!" sagde nissen. "Men nu skal jeg ind i seminaristens stue, hænge hans seler på spejlet og putte hans sokker i vandfadet, så tror han at punchen har været for stærk og han ør i hovedet. I nat sad jeg på brændestablen ved hundehuset; jeg

on the woodpile by the kennel. I have a lot of fun teasing the watchdog; I let my legs dangle in front of him. The dog couldn't reach them, no matter how hard he jumped; that made him mad, he barked and barked, and I dingled and dangled; we made a lot of noise! The Assistant Schoolmaster woke up and jumped out of bed three times, but he couldn't see me,though he was wearing his spectacles. He always sleeps with his spectacles on."

har megen fornøjelse af at drille lænkehunden; jeg lod mine ben hænge ned og dingle. Hunden kunne ikke nå dem, ihvor højt han sprang; det ærgrede ham; han gøede og gøede, jeg dinglede og danglede; det var et spektakel. Seminaristen vågnede derved, stod tre gange op og kiggede ud, men han så mig ikke, uagtet han havde briller på; han sover altid med briller."

"Say mew when you hear the Woman coming," said the Cat. "I'm a little deaf. I don't feel well today."

"Sig miav, når madammen kommer!" sagde katten. "Jeg hører ikke godt, jeg er syg i dag."

"You have the licking sickness," said the Goblin. "Lick away; lick your sickness away. But be sure to wipe your whiskers, so the cream won't show on it. I'm off to do a little eavesdropping."

"Du er sliksyg!" sagde nissen, "slik væk! slik sygdommen væk! men tør dig om skægget, at fløden ikke hænger i! Nu går jeg og lurer."

So the Goblin stood behind the door, and the door stood ajar. There was nobody in the parlor except the Woman and the Assistant Schoolmaster. They were discussing things which, as the Assistant Schoolmaster so nobly observed, ought to rank in every household above pots and pans-the Gifts of the Soul.

Og nissen stod ved døren og døren stod på klem, der var ingen i stuen uden madammen og seminaristen; de talte om hvad seminaristen så skønt kaldte det, man skal sætte over potten og gryden i enhver husholdning: åndens gaver.

"Mr. Kisserup," said the Woman, "since we are discussing this subject, I'll show you something

"Hr. Kisserup!" sagde madammen, "nu skal jeg i den anledning vise Dem noget, som jeg endnu aldrig

along that line which I've never yet shown to a living soul-least of all a man. They're my smaller poems; however, some of them are rather long. I have called them 'Clinchings by a Danneqvinde.' You see, I am very fond of old Danish words!"

har vist til nogen jordisk sjæl, mindst til et mandfolk, mine småvers, nogle er jo rigtignok noget lange, jeg har kaldt dem: 'Klinkninger af en dannekvinde!' jeg holder så meget af gamle danske ord."

"Yes, we should hold onto them," said the Assistant Schoolmaster. "We should root the German out of our language."

"Dem skal man også holde på!" sagde seminaristen; "man skal rydde det tyske ud af sproget."

"That I am doing, too!" said the Woman. "You'll never hear me speak of Kleiner or Butterteig;no, I call them fatty cakes and paste leaves."

"Det gør jeg også!" sagde madammen; "aldrig skal De høre mig sige 'klejner' eller 'butterdej', jeg siger fedtkager og bladdej."

Then she took a writing book, in a light green cover, with two blotches of ink on it, from her drawer.

Og hun tog ud af skuffen en skrivebog med lysegrønt omslag og to blækklatter.

"There is much in this book that is serious," she said. "My mind tends toward the melancholy. Here is my 'The Sign in the Night,' 'My Evening Red,' and 'When I Got Klemmensen'-my husband; that one you may skip over, though it has thought and feeling. 'The Housewife's Duties' is the best one-sorrowful, like all the rest; that's my best style. Only one piece is comical; it contains some lively thoughts-one must indulge in them occasionally-thoughts about-now, you mustn't laugh at me-thoughts about being a poetess! Up to now

"Der er megen alvor i den bog!" sagde hun. "Jeg har stærkest fornemmelse til det sørgelige. Her er nu 'Sukket i natten', 'Min aftenrøde', og 'Da jeg fik Klemmensen', min mand; det kan De springe over, uagtet det er følt og tænkt. 'Husmoderens pligter' er det bedste stykke; alle meget sørgelige, deri har jeg min evne. Kun et eneste stykke er spøgefuldt, det er nogle muntre tanker, som man jo også kan have dem, tanker om - De må ikke le ad mig! - tanker om - at være digterinde; det er kun kendt af mig selv, min

it has been a secret between me and my drawer; now you know it, too, Mr. Kisserup. I love poetry; it haunts me; it jeers, advises, and commands. That's what I mean by my title, 'The Little Goblin.' You know the old peasants' superstitions about the Goblin who is always playing tricks in the house. I myself am the house, and my poetical feelings are the Goblin, the spirit that possesses me. I have written about his power and strength in 'The Little Goblin'; but you must promise with your hands and lips never to give away my secret, either to my husband or to anyone else. Read it loud, so that I can tell if you understand the meaning."

skuffe, og nu også af Dem, hr. Kisserup! Jeg holder af poesien, den kommer over mig, den driller, råder og regerer. Jeg har udtalt det med overskrift: 'Lille nisse'. De kender nok den gamle bondetro om husnissen, der altid er på spil i huset; jeg har tænkt mig at jeg selv var huset, og at poesien, fornemmelserne i mig, var nissen, gejsten der råder; hans magt og storhed har jeg besunget i 'Lille nisse!' men De må love mig med hånd og mund aldrig at røbe det for min mand eller nogen. Læs det højt, at jeg kan høre om De forstår min skrift."

And the Assistant Schoolmaster read, and the Woman listened, and so did the little Goblin. He was eavesdropping, you'll remember, and he came just in time to hear the title 'The Little Goblin.'

Og seminaristen læste og madammen hørte og den lille nisse hørte; han lurede, ved du, og var netop kommet idet der læstes overskriften: Lille nisse.

"That's about me!" he said. "What could she have been written about me? Oh, I'll pinch her! I'll chip her eggs, and pinch her chickens, and chase the fat off her fatted calf! Just watch me do it!"

"Det angår jo mig!" sagde han. "Hvad kan hun have skrevet om mig? Ja, jeg skal nappe hende, nappe hendes æg, nappe hendes kyllinger, jage fedtet af fedekalven: Se mig til madammen!"

And then he listened with pursed lips and long ears; but when he heard of the Goblin's power and glory, and his rule over the woman (she meant poetry, you know, but the Goblin took the name literally),

Og han hørte efter med spids mund og lange øren; men alt som han hørte om nissens herlighed og magt, hans herredømme over madammen, det var digtekunsten, ved du, hun mente, men nissen tog

the little fellow began grinnning more and more. His eyes brightened with delight; then the corners of his mouth set sternly in lines of dignity; he drew himself up on his toes a whole inch higher than usual; he was greatly pleased with what was written about the Little Goblin.

det lige efter overskriften, blev den lille mere og mere smilende, hans øjne glinsede i glæde, der kom ligesom noget fornemt i mundvigene på ham, han løftede sine hæle, stod på sine tæer, blev en hel tomme højere end før; han var henrykt over hvad der blev sagt om lille nisse.

"I've done her wrong! The Woman has soul and fine breeding! How, I have done her wrong! She has put me into her 'Clinchings,' and they'll be printed and read. Now I won't allow the Cat to drink her cream; I'll do that myself! One drinks less than two, so that'll be a saving; and that I shall do, and pay honor and respect to the Woman!"

"Madammen har ånd og stor dannelse! Hvor har jeg gjort den kone uret! Hun har sat mig ind i sin 'klinkning', den vil blive trykt og læst! Nu skal katten ikke få lov til at drikke hendes fløde, det skal jeg selv gøre! En drikker mindre end to, det er altid en besparelse, og den vil jeg indføre, agte og ære madammen!"

"He's a man all right, that Goblin," said the old Cat. "Just one sweet mew from the Woman, a mew about himself, and he immediately changes his mind! She is a sly one, the Woman!"

"Hvor han er menneske, den nisse!" sagde den gamle kat. "Bare et sødt mjav af madammen, et mjav om ham selv, så skifter han straks sind. Hun er lun, madammen!"

But the Woman wasn't sly; it was just that the Goblin was a man.

Men hun var ikke lun, det var nissen som var menneske.

If you can't understand this story, ask somebody to explain it to you; but don't ask the Goblin or the Woman, either.

Kan du ikke forstå denne historie, så spørg, men du skal ikke spørge nissen, heller ikke madammen.

The days of the week

Ugedagene

The days of the week once wanted to be free to get together and have a party. But each of the seven days was so occupied, the year around,

Ugedagene ville også engang slå sig løs, komme sammen og holde gilde. Hver dag var i øvrigt så optaget, at de, året rundt, ikke

that they had no time to spare. They wanted a whole extra day; but then they had that every four years, the intercalary day that comes in February for the purpose of keeping order in chronology.

havde fritid at råde over; de måtte have en aparte hel dag, men den havde de da også hvert fjerde år: Skuddagen, der lægges i februar for at bringe orden i tidsregningen.

On the intercalary day they would get together for a party, and, as February is the month of carnivals, they would come in costumes of each one's taste and choice; they would eat well, drink well, make speeches, and be complimentary and disagreeable to one another in unrestrained comradeship. While the vikings of olden times used to throw their gnawed-off bones at each other's heads during mealtime, the days of the week intended to throw jokes and sarcastic witticisms such as might be in keeping with the innocent carnival spirit.

På skuddagen ville de altså komme sammen til gilde, og da februar er fastelavnsmåned, ville de komme karnevalsklædte efter hvers fornemmelse og bestemmelse; spise godt, drikke godt, holde taler og sige hverandre behageligheder og ubehageligheder i ugenert kammeratskab. Oldtidens kæmper kastede hverandre, ved måltiderne, de afgnavede kødben i hovedet, ugedagene ville derimod dænge hverandre over med mundgodt af brandere og skarnagtige vittigheder, som de kan falde i uskyldige fastelavnsløjer.

So when it was intercalary day, they assembled.

Så var det skuddag, og så kom de sammen.

Sunday, foreman of the days of the week, appeared in a black silk cloak; pious people thought he was dressed for church in a minister's gown, but the worldly minded saw that he was attired in a domino for merriment and that the flashing carnation he wore in his buttonhole was a little red theater lantern on which it said, "All sold our; see now that you enjoy yourselves!"

Søndag, formand for ugedagene, trådte op i sort silkekappe; fromme mennesker ville tro, at han var præsteklædt til at gå i kirke; verdensbørn så, at han var i domino for at gå på lystighed, og at den blussende nellike, han bar i knaphullet, var teatrets lille røde lygte, som sagde: "Alt er udsolgt, se nu til at I morer eder!"

Monday, a young fellow related to Sunday, and very fond of pleasures, came next. He left his workshop, he said, whenever he heard the music of the parade of the guard.

Mandag, ungt menneske, i familie med søndagen, og særligt hengiven til fornøjelse, fulgte efter. Han forlod værkstedet, sagde han, når vagtparaden trak op.

"I must go out and listen to Offenbach's music; it doesn't go to my head or to my heart; it tickles my leg muscles; I must dance, have a few drinks, get a black eye, sleep it off, and then the next day go to work. I am the new part of the week!"

"Jeg må ud at høre Offenbachs musik; den går mig ikke til hovedet og ikke til hjertet, den kriller mig i benmusklerne, jeg må danse, have en svir, få et blåt øje at sove på og så tage fat på arbejdet næste dag. Jeg er nyet i ugen!"

Tuesday is Tyr's day, the day of strength.

Tirsdag: Tyrs dag, kraftens dag. –

"Yes, that I am," said Tuesday. "I take a firm grip on my work; I fasten Mercury's wings onto the merchant's boots, see that the wheels in the factory are oiled and turning, that the tailor sits at his table, and that the street paver is by his paving stones; each attends to his business, for I keep my eye on all. Accordingly, I am here in a police uniform and call myself Tuesday, a well-used day! If this is a bad joke, then you others try to think of a better one!"

"Ja, det er jeg!" sagde Tirsdag. "Jeg tager fat på arbejdet, spænder Merkurs vinger på købmandens støvler, ser til i fabrikkerne om hjulene er smurte og drejer sig, holder over at skrædderen sidder på bordet og brolæggeren på brostenene; hver passer sin dont! jeg holder øje med det hele, derfor møder jeg i politiuniform og kalder mig Politirsdag. Er det en dårlig brander, forsøg I andre at give en, der er bedre!"

"Then I come," said Wednesday. "I'm in the middle of the week. The Germans call me Herr Mittwoch. I stand like a journeyman in a store and like a flower in the midst of the other esteemed days of the week! If we

"Så kommer jeg!" sagde Onsdag. "Jeg står midt i ugen. Tysken kalder mig Hr. Mittwoch. Jeg står som svend i butikken, som blomst midt imellem de andre ærede ugedage! Marcherer vi alle op, så har jeg tre dage for, tre dage bag,

all march up in order, then I have three days before me and three days behind; they are like an honor guard, so I should think that I am the most prominent day in the week!"

det er som en æresvagt; jeg må tro, at jeg er den anseligste dag i ugen!"

Thursday appeared dressed as a coppersmith, with a hammer and a copper kettle, as a symbol of his noble descent.

Torsdag mødte klædt som kobbersmed med hammer og kobberkedel, det var hans adels attribut.

"I am of the highest birth," he said, "paganish, godlike! In the Northern countries I am named after Thor, and in the Southern countries after Jupiter, who both knew how to thunder and lighten, and that has remained in the family!"

"Jeg er af den højeste byrd!" sagde han, "hedensk, guddommelig! i Nordens lande er jeg kaldt op efter Tor, og i sydens lande efter Jupiter, som begge forstod at tordne og lyne; det er blevet i familien!"

And then he beat his copper kettle, thereby proving his high birth.

Og så slog han på kobberkedlen og beviste sin høje byrd.

Friday was dressed as a young girl, and called herself Freia, also Venus for a change, depending upon the language of the country in which she appeared. She was of a quiet, cheerful character, she said, but today she felt gay and free, for this was intercalary day, which, according to an old custom, gives a woman the right to dare propose to a man and not have to wait for him to propose to her.

Fredag var klædt ud som ung pige og kaldte sig Freja, også til en forandring Venus, det kom an på sprogbrugen i de lande hvor hun trådte op. Hun var i øvrigt af en stille, blid karakter, sagde hun, men i dag flot og fri; det var jo skuddag, og den giver frihed for kvinden, da tør hun, efter gammel brug, fri selv og behøver ikke at lade sig fri til.

Saturday appeared as an old housekeeper with a broom and other cleaning articles. Her favorite dish was beer soup, though at this festive occasion she did not

Lørdag trådte op som gammel husholderske med kost og renselses-attribut. Hendes livret var øllebrød, dog forlangte hun ikke, at den ved denne festlige lejlighed

request that it be served for everyone, only that she get it, and she got it.

skulle sættes med på bordet for dem alle, men kun at hun måtte få den, og hun fik den.

And so the days of the week had their party.

Og så bænkede ugedagene sig.

Here they are in print, all seven of them, ready for use as tableaux at family parties. There you can make them as funny as you wish; we give them here as a joke on February, the only month with an extra day.

Her er de nedtegnet alle syv, brugbare for tableauer i familiekredse; der kan de gives så morsomme, man mægter det, vi giver dem her kun som en spøg i februar, den eneste måned, der får en dag i tillæg.

The rags

Laserne

Outside the paper mill, masses of rags lay piled in high stacks; they had been gathered from far and wide. Every rag had a tale to tell, and told it, too; but we can't listen to all of them. Some of the rags were native; others came from foreign countries.

Uden for fabrikken stod i stakke højt opstablede kludebunker, samlet vidt og bredt fra; hver las havde sin historie, hver førte sin tale, men man kan ikke høre dem alle sammen. Nogle laser var indenlandske, andre var fra fremmede lande. Her lå nu en dansk las op til en norsk las; pæredansk var den ene, og ravnorsk var den anden, og det var det morsomme ved de to, vil hver fornuftig norsk og dansk sige.

Now here lay a Danish rag beside a rag from Norway; one was decidedly Danish, the other decidedly Norse, and that was the amusing part about the two, as any good Dane or Norwegian could tell you. They could understand each other well enough, though the two languages were as different, according to the Norwegian, as French and Hebrew. "We go to the

De kendte nu hinanden på sproget, uagtet hvert af disse, sagde den norske, var så forskelligt, som fransk og hebraisk. "Vi går til ås for at få det råt og oprindeligt og dansken laver sig sin suttesøde fade bragesnak."

hills for our language, and there get it pure and firsthand, while the Dane cooks up some sort of a suckling-sweet lingo!"

So the rags talked - and a rag is a rag in every land the world over; they are considered of no value except in the rag heap.

Laserne talte og las er las i ethvert land, de gælder kun noget i kludebunken.

"I am Norse!" said the Norwegian. "And when I've said I'm Norse I guess I've said enough. I'm firm of fiber, like the ancient granite rocks of old Norway. The land up there has a constitution, like the free United States. It makes my fibers tingle to think what I am and to sound out my thoughts in words of granite!"

"Jeg er norsk!" sagde den norske, "og når jeg siger, at jeg er norsk, så tror jeg at have sagt nok! jeg er fast i trævlerne, som urfjeldene i gamle Norge, landet, der har en konstitution, som det frie Amerika! det kildrer mig i trævlerne at tænke hvad jeg er og lade tanken malmklinge i granit-ord!"

"But we have literature," said the Danish rag. "Do you understand what that is?"

"Men vi har en litteratur!" sagde den danske las. "Forstår De hvad det er?"

"Understand?" repeated the Norwegian. "Lowland creature! Shall I give him a shove uphill and show him a northern light, rag that he is? When the sun of Norway has thawed the ice, then Danish fruit barges come up to us with butter and cheese - an eatable cargo, I grant you - but by way of ballast they bring Danish literature, too! We don't need the stuff. You don't need stale beer where fresh springs spout, and up there is a natural well that has never been tapped or been made known to Europeans by the cackling of

"Forstår!" gentog den norske, "fladelands beboer, skal jeg løfte ham tilfjelds og nordlyse ham, klud som han er! Når isen tør for den norske sol, da kommer danske pæreskuder op til os med smør og ost, ret ædelige varer! og der følger til ballast dansk litteratur. Vi behøver den ikke! man undværer helst dovent øl, der hvor det friske væld sprudler, og her er det en brønd, der ikke er boret, ikke skvaldret europæisk kendt ved aviser, kammeratskab og forfatteres rejser i udlandet. Frit taler jeg fra lungen, og dansken må

newspapers, jobbers, and traveling authors in foreign countries. I speak freely from the bottom of my lungs, and the Dane must get used to a free voice. And so he will someday, when as a fellow Scandinavian he wants to cling to our proud mountain country, the summit of the world!"

vænne sig til den frie lyd, og det vil han i sin skandinaviske klamren til vort stolte klippeland, verdens urknold!"

"Now a Danish rag could never talk like that - never!" said the Dane. "It's not in our nature. I know myself, and all the other rags are like me. We're too good-natured, too unassuming; we think too little of ourselves. Not that we gain much by our modesty, but I like it; I think it's quite charming. Incidentally, I'm perfectly aware of my own good values, I assure you, but I don't talk about them; nobody can ever accuse me of that. I'm soft and easy going; bear everything patiently, envy nobody, and speak good of everybody - though there isn't much good to be said of most other people, but that's their business. I can afford to smile at them; I know I'm so gifted."

"Således kunne nu aldrig en dansk las tale!" sagde den danske. "Det er ikke vor natur. Jeg kender mig selv, og som jeg er alle vore laser, vi er så godmodige, så beskedne, vi tror for lidet om os selv, og det vinder man rigtignok ikke noget ved, men jeg kan så godt lide det, jeg finder det så yndigt! Forresten, det kan jeg forsikre dem, kender jeg tilfulde min egen gode bonitet, men jeg taler ikke om den, sådan fejl skal ingen kunne beskylde mig for. Jeg er blød og bøjelig, tåler alt, misunder ingen, taler godt om alle, uagtet der er ikke meget godt at sige om de fleste andre, men lad dem om det! jeg gør nu altid grin af det, for jeg er så begavet!"

"Don't speak to me in that lowland, pasteboard language - it makes me sick!" said the Norwegian, as he caught a puff of wind and fluttered away from his own heap to another.

"Tal mig ikke dette fladelandets bløde klistersprog, jeg vamles ved det!" sagde den norske og løste sig i vinden fra bunken og kom over i en anden.

They both became paper; and, as it turned out, the Norwegian rag

Papir blev de begge to, og tilfældet ville, at den norske las blev et

became a sheet on which a Norwegian wrote a love letter to a Danish girl, while the Danish rag became the manuscript for a Danish poem praising Norway's beauty and strength.

papir, hvorpå en nordmand skrev et trofast elskovsbrev til en dansk pige, og den danske las blev manuskript for en dansk ode til pris for Norges kraft og herlighed.

So something good may come even of rags when they have once come out of the rag heap and the change has been made into truth and beauty; they keep up understanding relations between us, and in that there is a blessing.

Der kan også komme noget godt ud af laserne, når de først er af kludebunken og forvandlingen er sket til sandhed og skønhed, de lyser i god forståelse og i den er velsignelse.

That is the story. It's rather amusing and offends no one - but the rags.

Det er historien, den er ganske fornøjelig og fornærmer aldeles ingen uden – laserne.

What one can invent

Hvad man kan hitte på

There was once a young man who was studying to be a poet. He wanted to become one by Easter, and to marry, and to live by poetry. To write poems, he knew, only consists in being able to invent something; but he could not invent anything. He had been born too late– everything had been taken up before he came into the world, and everything had been written and told about.

Der var en ung mand, som studerede til at være digter, han ville være det til påske, gifte sig og leve af digteriet, og det er, vidste han, bare at hitte på, men han kunne ikke hitte på. Han var født for silde, alt var taget op før han kom til verden, alt var der digtet og skrevet om.

"Happy people who were born a thousand years ago!" said he. "It was an easy matter for them to become immortal. Happy even was he who was born a hundred years ago, for then there was still something about which a poem could be written. Now the world is

"De lykkelige mennesker der fødtes for tusinde år siden!" sagde han. "De kunne sagtens blive udødelige! lykkelig selv den der fødtes for hundred år siden, da var der dog endnu noget at digte om; nu er verden digtet ud, hvad skal jeg kunne digte ind!"

written out, and what can I write poetry about?"

Han studerede på det, så at han blev syg og dårlig, det elendige menneske; ingen doktor kunne hjælpe ham, men måske den kloge kone. Hun boede i det lille hus ved markleddet, som hun lukkede op for kørende og ridende; hun kunne rigtignok lukke mere op end leddet, hun var klogere end doktoren, der kører i egen vogn og betaler rangskat.

Then he studied till he became ill and wretched, the wretched man! No doctor could help him, but perhaps the wise woman could. She lived in the little house by the wayside, where the gate is that she opened for those who rode and drove. But she could do more than unlock the gate. She was wiser than the doctor who drives in his own carriage and pays tax for his rank.

"I must go to her," said the young man.

"Jeg må ud til hende!" sagde den unge mand.

The house in which she dwelt was small and neat, but dreary to behold, for there were no flowers near it– no trees. By the door stood a bee-hive, which was very useful. There was also a little potato-field, very useful, and an earth bank, with sloe bushes upon it, which had done blossoming, and now bore fruit, sloes, that draw one's mouth together if one tastes them before the frost has touched them.

Huset, hun boede i, var lille og net, men kedeligt at se på; der var ikke et træ, ikke en blomst; der stod en bistade ud for døren, meget nyttig! der var en lille kartoffelmark, meget nyttig! og en grøft med slåentjørne, der havde afblomstret og sat bær, som rimper munden sammen, når man smager dem før de har fået frost.

"That's a true picture of our poetryless time, that I see before me now," thought the young man; and that was at least a thought, a grain of gold that he found by the door of the wise woman.

"Det er livagtig vor poesiløse tid, jeg her ser!" tænkte den unge mand, og det var altid en tanke, et guldkorn, han fandt ved den kloge kones dør.

"Write that down!" said she. "Even crumbs are bread. I know why you come hither. You cannot invent

"Skriv det op!" sagde hun; "smuler er også brød! hvorfor du kommer her, ved jeg; du kan ikke hitte på,

anything, and yet you want to be a poet by Easter."

og dog vil du være digter til påske!"

"Everything has been written down," said he. "Our time is not the old time."

"Alt er skrevet op!" sagde han. "Vor tid er ikke gammel tid!"

"No," said the woman. "In the old time wise women were burnt, and poets went about with empty stomachs, and very much out at elbows. The present time is good, it is the best of times; but you have not the right way of looking at it. Your ear is not sharpened to hear, and I fancy you do not say the Lord's Prayer in the evening. There is plenty here to write poems about, and to tell of, for any one who knows the way. You can read it in the fruits of the earth, you can draw it from the flowing and the standing water; but you must understand how– you must understand how to catch a sunbeam. Now just you try my spectacles on, and put my ear-trumpet to your ear, and then pray to God, and leave off thinking of yourself"

"Nej!" sagde konen; "i gammel tid blev de kloge koner brændt, og poeterne gik om med slunken tarm og hul på albuen. Tiden er just god, den er den allerbedste! men du har ikke rigtig syn på sagen, du har ikke skærpet hørelsen og læser nok aldrig dit 'fadervor' om aftnen. Her er fuldt op i alle måder til at digte og fortælle om, når man kan fortælle. Du kan løse det ud af jordens vækster og grøde, øse det op af det rindende og af det stillestående vand, men du må forstå det, forstå at fange en solstråle. Prøv nu engang mine briller, få mit hørerør i øret, bed så til Vorherre og lad være at tænke på dig selv!"

The last was a very difficult thing to do– more than a wise woman ought to ask.

Det sidste var nu meget svært, mere, end en klog kone kan forlange.

He received the spectacles and the ear-trumpet, and was posted in the middle of the potato-field. She put a great potato into his hand. Sounds came from within it; there came a song with words, the

Han fik brillerne og hørerøret, blev så stillet midt i kartoffelmarken; hun gav ham i hånden en stor kartoffel; det klang i den; der kom en sang med ord, kartoflernes historie, interessant, - en

history of the potato, an every-day story in ten parts, an interesting story. And ten lines were enough to tell it in.

hverdagshistorie i ti dele, ti linjer var nok.

And what did the potato sing?

Og hvad sang kartoflen?

She sang of herself and of her family, of the arrival of the potato in Europe, of the misrepresentation to which she had been exposed before she was acknowledged, as she is now, to be a greater treasure than a lump of gold.

Den sang om sig og sin familie: Kartoflernes ankomst til Europa, den miskendelse, de havde prøvet og lidt, før de, som nu, stod erkendte som en større velsignelse end en guldklump.

"We were distributed, by the King's command, from the council-houses through the various towns, and proclamation was made of our great value; but no one believed in it, or even understood how to plant us. One man dug a hole in the earth and threw in his whole bushel of potatoes; another put one potato here and another there in the ground, and expected that each was to come up a perfect tree, from which he might shake down potatoes. And they certainly grew, and produced flowers and green watery fruit, but it all withered away. Nobody thought of what was in the ground– the blessing– the potato. Yes, we have endured and suffered, that is to say, our forefathers have; they and we, it is all one. "What a story it was!

"Vi blev på kongeligt bud uddelt på rådhuset i alle byer; der blev givet kundgørelse om vor store betydning, men man troede ikke på den, forstod ikke engang at plante os. En gravede et hul og kastede hele sin skæppe kartofler derned; en anden stak en kartoffel her, en der, ned i jorden og ventede at den skulle skyde op som et helt træ, hvoraf man kunne ryste kartofler. Der kom også vækst, blomster, vandfyldt frugt, men det hele visnede. Ingen tænkte på hvad der lå på bunden, velsignelsen: Kartoflerne. Ja vi har prøvet og lidt, det vil sige, vore forfædre, de og vi, det kommer nu ud på et! hvilke historier!"

"Well, and that will do," said the

"Ja, nu kan det være nok!" sagde

woman. "Now look at the sloe bush."

"We have also some near relations in the home of the potatoes, but higher towards the north than they grew," said the Sloes. "There were Northmen, from Norway, who steered westward through mist and storm to an unknown land, where, behind ice and snow, they found plants and green meadows, and bushes with blue-black grapes– sloe bushes. The grapes were ripened by the frost just as we are. And they called the land 'Wine-land,' that is, 'Groenland,' or 'Sloeland.' "

"That is quite a romantic story," said the young man.

"Yes, certainly. But now come with me," said the wise woman, and she led him to the bee-hive. He looked into it. What life and labor! There were bees standing in all the passages, waving their wings, so that a wholesome draught of air might blow through the great manufactory; that was their business. Then there came in bees from without, who had been born with little baskets on their feet; they brought flower-dust, which was poured out, sorted, and manufactured into honey and wax. They flew in and out. The queen-bee wanted to fly out, but then all the other bees must have gone with her. It was not yet the time

konen. "Betragt slåentjørnene!"

"Vi har også," sagde slåentjørnene, "nær familie i kartoflernes hjemland, højere nordpå, end de groede. Der kom nordmænd fra Norge, de styrede vestpå gennem tåge og storme til et ukendt land, hvor de, bag is og sne, fandt urter og grønt, buske med vinens sortblå bær: Slåentjørne, de frøs til modne druer, det gør også vi. Og landet fik navn 'Vinland – dvs. Grønland – dvs. Slåenland!'"

"Det er en hel romantisk fortælling!" sagde den unge mand.

"Ja kom nu med!" sagde den kloge kone og førte ham hen til bistaden. Han så ind i den. Hvilket liv og røre! Der stod bier i alle gange og viftede med vingerne for at der kunne være sundt lufttræk i hele den store fabrik, det var deres bestilling; nu kom udefra bier, født med kurve på benene, de bragte blomsterstøv, det blev rystet ud, sondret og lavet til honning og voks; de kom, de fløj; bidronningen ville også flyve, men da må de alle med! det var nu ikke tiden; flyve ville hun dog; så bed de vingerne af Hendes Majestæt, og så måtte hun blive.

for that, but still she wanted to fly out; so the others bit off her majesty's wings, and she had to stay where she was.

"Now get upon the earth bank," said the wise woman. "Come and look out over the highway, where you can see the people."

"Stig nu op på grøften!" sagde den kloge kone, "kom og se ud over landevejen hvor godtfolk er at se!"

"What a crowd it is!" said the young man. "One story after another. It whirls and whirls! It's quite a confusion before my eyes. I shall go out at the back."

"Det var da en myldrende mængde!" sagde den unge mand, "historie på historie! det snurrer og surrer! det bliver mig ganske broget! jeg går bagover!"

"No, go straight forward," said the woman. "Go straight into the crowd of people; look at them in the right way. Have an ear to hear and the right heart to feel, and you will soon invent something. But, before you go away, you must give me my spectacles and my ear-trumpet again." And so saying, she took both from him.

"Nej, gå ligefrem!" sagde konen, "gå lige ind i menneskevrimlen, hav syn på den, øre for den og hjerte med! så skal du snart hitte på! men før du går, må jeg have mine briller og mit hørerør!" og så tog hun begge dele.

"Now I do not see the smallest thing," said the young man, "and now I don't hear anything more."

"Nu ser jeg ikke det mindste!" sagde den unge mand, "nu hører jeg ikke mere!"

"Why, then, you can't be a poet by Easter," said the wise woman.

"Ja, så kan du ikke blive digter til påske!" sagde den kloge kone.

"But, by what time can I be one?" asked he.

"Men når da?" spurgte han.

"Neither by Easter nor by Whitsuntide! You will not learn how to invent anything."

"Hverken til påske eller pinse! du lærer ikke at hitte på."

"What must I do to earn my bread by poetry?"

"Hvad skal jeg da gøre for at komme i levebrød ved poesien?"

"You can do that before Shrove Tuesday. Hunt the poets! Kill their writings and thus you will kill them. Don't be put out of countenance. Strike at them boldly, and you'll have carnival cake, on which you can support yourself and your wife too."

"Der kan du allerede komme til fastelavn! slå poeterne af tønden! slå deres skrifter, det er at slå dem selv. Lad dig bare ikke forbløffe; slå raskvæk, så får du boller, hvormed du kan føde både dig og din kone!"

"What one can invent!" cried the young man. And so he hit out boldly at every second poet, because he could not be a poet himself.

"Hvad man kan hitte på!" sagde den unge mand, og så slog han af tønde hver anden poet, da han ikke selv kunne blive poet.

We have it from the wise woman. She knows What One Can Invent.

Vi har det fra den kloge kone, hun ved hvad man kan hitte på.

The Tallow Candle

Tællelyset

It sizzled and fizzled as the flames fired the cauldron.. it was the Tallow Candle's cradle - and out of the warm cradle came a flawless candle; solid, shining white and slim it was formed in a way that made everyone who saw it believe that it was a promise of a bright and radiant future – promises that everyone who looked on believed it would really want to keep and fulfil.

Det sydede og bruste, mens Ilden flammede under Gryden, det var Tællelysets Vugge - og ud af den lune Vugge gled Lyset for[m]fuldendt, helstøbt, skinnende hvidt og slankt det var dannet paa en Maade, som fik Alle, der saae det til at troe at det maatte give Løvte om en lys og straalende Fremtid – og Løvterne, som Alle saae, skulde det virkelig holde og opfylde.

The sheep – a fine little sheep – was the candle's mother, and the melting pot its father. Its mother had given it a shiny white body and an inkling about life, but from its father it had been given a craving for the flaming fire that would eventually go through its marrow and bone and shine for it in life.

Faaret - et nydeligt lille Faar - var Lysets Moder og Smeltegryden var dets Fader. Fra dets Moder havde det arvet sin blendende hvide Krop og en Ahnelse om Livet; men fra / dets Fader havde det faaet Lysten til den flammende Ild, der engang skulde gaae det igjennem Marv og Been – og "lyse" for det i Livet.

That's how it was born and had grown; and with the best and brightest anticipation cast itself into existence. There it met so many, many strange creations that it became involved with, wanting to learn about life – and perhaps find the place where it would best fit in. But it had too much faith in the world that only cared about itself, and not at all about the Tallow Candle. A world that failed to understand the value of the candle, and thus tried to use it for its own benefit, holding the candle wrongly; black fingers leaving bigger and bigger blemishes on its pristine white innocence which eventually faded away, completely covered by the dirt of a surrounding world that had come much too close; much closer than the candle could endure, as it had been unable to tell grime from purity – although it remained pristine and unspoiled inside.

Ja saadan var det skabt og udviklet, da det med de bedste, de lyseste Forhaabninger kastede sig ud i Livet. Der traf det saa underlig mange Medskabninger som det indlod sig med; thi det vilde lære Livet at kjende – og maaskee derved finde den Plads, hvor det selv passede bedst. Men det troede altfor godt om Verden; den brød sig kun om sig selv og slet ikke om Tællelyset; thi den kunde ikke forstaae, til hvad Gavn det kunde være, og derfor søgte den saa at bruge det til Fordeel for sig selv og toge forkeert fat paa Lyset, de sorte Fingre satte større og større Pletter paa den reene Uskyldsfarve; denne svandt efterhaanden ganske bort og blev heelt tildækket af Smuds / fra Omverd[e]nen, der var kommet i altfor svær Berøring med det, meget nærmere end Lyset kunde taale, da det ikke havde kundet skjelne Reent fra Ureent, – men endnu var det i sit Inderste uskyldig og ufordærvet.

False friends found they could not reach its inner self and angrily cast the candle away as useless.

Da saae de falske Venner, at de ikke kunde naae det Indre – og vrede kastede de Lyset bort som en unyttig Tingest.

The filthy outer shell kept all the good away – scared as they were to be tainted with grime and blemishes – and they stayed away.

Men de[n] ydre sorte Skal holdt alle de Gode borte, – de vare bange for at smittes af den sorte Farve, for at faae Pletter paa sig, – og saa holdt de sig borte.

So there was the poor Tallow Candle, solitary and left alone, at a

Nu stod det stakkels Tællelys saa ene og forladt, det vidste hverken

loss at what to do. Rejected by the good, it now realised it had only been a tool to further the wicked. It felt so unbelievably unhappy, because it had spent its life to no good end – in fact it had perhaps sullied the better parts of its surroundings. It just could not determine why it had been created or where it belonged; why it had been put on this earth – perhaps to end up ruining itself and others.

More and more, and deeper and deeper, it contemplated – but the more it considered itself, the more despondent it became, finding nothing good, no real substance for itself, no real goal for the existence it had been given at its birth. As if the grimy cape had also covered its eyes.

But then it met a little flame, a tinder box. It knew the candle better than the Tallow Candle knew itself. The tinder box had such a clear view – straight through the outer shell – and inside it found so much good. It came closer and there was bright expectation in the candle – it lit and its heart melted.

Out burst the flame, like the triumphant torch of a blissful wedding. Light burst out bright and clear all around, bathing the way forward with light for its

ud eller ind. Det saae sig forstødt af det Gode og det opdagede nu, at det kun havde været et Redskab til at fremme det slette, det følte sig da saa uendelig ulyksalig, fordi det havde tilbragt dets Liv til ingen Nytte, ja det havde maaskee endogsaa sværtet det Bedre i sin Omgang –, det kunde ikke fatte, hvorfor eller hvortil det egentlig / var skabt, hvorfor det skulde leve paa Jorden – og maaskee ødelægge sig selv og andre.

Meer og meer, dybere og dybere grublede det, men jo meere det tænkte, desto større blev dets Mismod, da det slet ikke kunde finde noget Godt, noget virkeligt Indhold for sig selv – eller see det Maal, som det havde faaet ved dets Fødsel. – Det var ligesom det sorte Dække ogsaa havde tilsløret dets Øine.

Men da traf det en lille Flamme, et Fyrtøi; det kjendte Lyset bedre, end Tællelyset kjendte sig selv; thi Fyrtøiet saae saa klart – tværs igjennem den ydre Skal – og der inden for fandt det saa meget Godt; derfor nærmede det sig til det, og lyse Formodninger vaktes hos Lyset; det antændtes og Hjertet smæltede i det.

Flammen straalede ud – som Formælingens Glædesfakkel, Alt blev lyst og klart rundt omkring, og det oplyste Veien for dets Omgivelser, dets sande Venner –

surroundings – its true friends – who were now able to seek truth in the glow of the candle.

og med Held søgte de nu Sandheden under Lysets Skue.

The body too was strong enough to give sustenance to the fiery flame. One drop upon another, like the seeds of a new life, trickled round and chubby down the candle, covering the old grime with their bodies.

Men ogsaa Legemet var kraftigt nok / til at nære og bære den flammende Ild. – Draabe paa Draabe som Spirer til nyt Liv trillede runde og buttede ned ad stammen og dækkede med deres Legemer – Fortidens Smuds.

They were not just the bodily, but also the spiritual issue of the marriage.

De vare ikke blot Formælingens legemlige men ogsaa deres [a]andelige Udbytte. –

And the Tallow Candle had found its right place in life – and shown that it was a real candle, and went on to shine for many a year, pleasing itself and the other creations around it.

Og Tællelyset havde fundet dets rette Plads i Livet – og viist, at det var et rigtigt Lys, som lyste længe til Glæde for sig selv og dets Medskabninger -

Printed in Great Britain
by Amazon

77571847R00146